Customer focused marketing

CUSTOMER FOCUSED MARKETING

최창복 홍성태

Customer focused marketing

고객중시 마케팅

서비스기업의 경쟁력 강화 전략

도서출판 청람

■ 들어가는글 ■

이른 봄에 피는 진달래꽃, 목련꽃, 벚꽃 등을 보노라면 추운 겨울을 거친 후의 거무스름하고도 앙상한 나뭇가지에서 어떻게 저런 화려한 꽃들이 피어날 수 있을까 하는 경탄의 소리가 저절로 나온다. 아무런 의식도 없어 보이는 식물들도 생존을 위한 몸부림으로 나무줄기만 보아서는 예상할 수도 없는 아름다운 꽃들을 피움으로써 벌이나 나비 등과 같은 벌레들을 유혹하여 꽃가루를 수술에서 암술로 수정시키는 현상을 보노라면 수많은 생물들이 살아가는 이치가 사람들이 사는 방식과 크게 다르지 않다는 느낌을 받는다.

이러한 나무들로부터 마케팅을 전공하는 사람으로서 자신에게 주어진 자원들을 최대한 활용하여 탁월한 제품이나 서비스를 창출함으로써 고객들의 관심을 유도하는 한편, 꿀과 같이 달콤한 것으로 고객들의 필요와 욕구를 충족시켜주어 고객을 만족하도록 만들고 그 반대급부를 통해 기업 생존과 발전의 기회를 모색해야 할 것이라는 교훈을 받게 된다.

하늘을 바라보면 저 끝은 어디일까? 하는 의문을 가지게 된다. 상상력을 아무리 발휘하려 해도 하늘의 끝은 다시 새로운 끝을 계속 만들어 버리기 때문에 어디에라도 미칠 수 있다는 인간의 생각으로 마저 근접할 수 없는 신비함이 바로 눈앞에서 펼쳐지고 있는 것이다.

마케팅 분야에서도 이와 비슷한 느낌이 든다. 수천 년 누적된 거래경험에도 불구하고 공급자와 수요자 간 인식의 거리가 쉽게 좁혀지지 않는다는 사실이 신비로운 현상일 뿐이다. 거의 모든 사람들이 매일 거래상대방을 대하고 있다. 기업가는 자신이 만든 제품/서비스의 구매자를, 금융기관 직원은 금융상품을 물색하는 거래고객을, 샐러리맨은 자신의 서비스 구매자나 직장 상사 및 동료를, 교사는 학생을, 의사는 환자를, 공무원과 공공기관 직원은 국민을 고객으로 상대해야 한다. 각기 다른 분야에서 다양한 형태의 고객들을 맞이한다. 이들 고객들은 예전이나 지금이나 외형은 다르겠지만 근본적으로 유사한 필요와 욕구를 계속 생성해가면서 공급자들이 이를 잘 충족시켜주길 기다리고 있다. 하지만 다양한 형태의 공급자가 고객의 수요나 그 변화를 올바로 파악하지 못해 실수를 하고, 고객들은 자신이 원하는 것을 제대로 충족시켜주지 못하는 공급자들로 인해 실망하는 일이 반복된다.

이러한 현상에 대해 만족하지 못하는 고객에게 문제가 있다고 말할 수는 없다. 문제해결의 실마리는 고객이 원하는 제품이나 서비스를 제공하기 위해 불철주야 노력해야 하는 공급자가 찾아야 한다. 그건 나무들이 마른 가지에서 화사한 꽃을 피워 벌과 나비를 유혹할 수 있을 경우에만 종(種)을 유지해나갈 수 있듯이 공급자들도 자신의 고객이 기대하는 바를 충족시켜줄 탁월한 제품이나 서비스를 통해 고객의 관심을 끌 수 있어야만 생존할 수 있기 때문이다.

이 책은 마케팅 담당자들이 고객과 거래하는 데 있어 어떠한 점들을 고려해야 하는지를 제시함으로써 고객을 확보하고 계속 거래를 유지해 나가는 데 도움을 주기 위해 집필되었다. 독자들이 각자 처한 상황이 다를 것이므로 고객을 상대하면서 당면할 수 있는 문제들에 대한 직접적인 해법을 제시하기보다는 문제해결에 필요한 아이디어의 기본 체계 및 이론적 기초를 제공하고자 하였다.

이 책의 각 장에서는 고객과 관련하여 고려해야 할 사항들을 다음과 같은 체계로 정리하였다.

제1장은 고객중심의 마케팅이 필요한 이유를 기술하였다.

제2장은 고객들이 추구하는 가치판단의 기준은 무엇이며, 그에 따라 고

객이 기대하는 바와 고객의 준거점은 어떻게 되는지, 그리고 어떻게 하면 고객들이 추구하는 가치를 창출하고 유지할 수 있는지를 설명하였다.

제3장은 고객에게 판매하는 제품/서비스를 전달하는 과정에서 고려해야 할 서비스품질과 고객이 지각하는 서비스품질의 측정방법들을 기술하였다.

제4장은 고객만족이란 무엇이며, 그동안 고객만족에 대한 연구흐름은 어떻게 전개되어 왔는지를 소개하고 고객만족과 서비스품질의 관계에 대해 설명하였다.

제5장은 서비스품질 향상과 고객만족 과정을 거쳐 형성된 고객충성도에 대한 정의와 다양한 고객충성도 분류방법 및 발전단계를 소개하는 한편, 고객충성도의 측정방법과 유용성을 개략적으로 설명하였으며, 서비스품질, 고객만족 및 고객충성도 사이의 관계를 기술하였다.

제6장은 신규로 확보한 고객과 기존고객들이 거래관계를 계속 유지하도록 하는 데 고려해야 할 사항과 고객유지를 위한 전략과 방법들을 설명하였다.

제7장에서는 기업이 고객에게 전략적으로 어떻게 접근해야 하는지와 고객중심의 마케팅을 잘하기 위해서는 이를 현장에서 수행하게 되는 기업내부의 종업원들을 어떻게 관리해야 하는지에 대해 기술하였다.

제8장에서는 최근 마케팅 트렌드에 있어서 중요성이 배가되고 있는 고객의 참여가 마케팅에 어떤 변화를 가져오고 이를 기업의 전략적 자산으로 발전시키기 위해서 어떻게 해야 하는가에 대해서 논의하였다.

현재 출판되어 이용가능한 마케팅 관련 서적 중에는 고객과 관련된 주요한 이슈인 서비스품질, 고객만족, 고객충성도 등을 하나의 체계로 망라하여 설명한 것이 많지 않다. 이로 인해 2년 전 모 은행 고객만족부 직원들이 저자를 찾아온 적이 있다. 그 이유는 자기 은행에서 조직개편을 하면서 고객만족부를 폐지하고 다른 부서에 통합하려는 시도가 있기 때문에 이를 저지하기 위해 체계적인 대응논리를 제시하려는 데 참고할만한 서적이 없다는 것이다. 이를 계기로 이 책을 집필하게 되었고, 관련 자료를 나름대로 확보하고 정리하였지만 아직 미흡한 부분이 많다고 생각된다. 특히 마케팅의 전부라고 할 수 있는 고객 문제를 다루다 보니 주제 자체가 너무 방대하여 반드시 다루어야 할 문헌이나 고찰해야 할 문제가 누락되었을 수 있다. 이에 대해서는 독자들의 너그러운 이해를 구하고자 하는 바이다.

그럼에도 불구하고 고객과 관련된 이슈를 해결해야 할 입장에 있거나 이론적 연구를 위해 체계적인 정보가 필요한 독자들에게 이 책은 조금이나마 도움이 될 것으로 기대한다. 앞으로도 관련 자료와 연구를 계속 보완하고 최신화하여 독자들에게 더욱 도움이 되는 정보를 제공할 수 있도록 정진할 것이다.

2012년 12월

저자 일동

▪ 차 례 ▪

고객중시마케팅 필요성과 체계

CHAPTER • 01

1. 고객마케팅 연구 필요성
2. 고객마케팅 연구체계

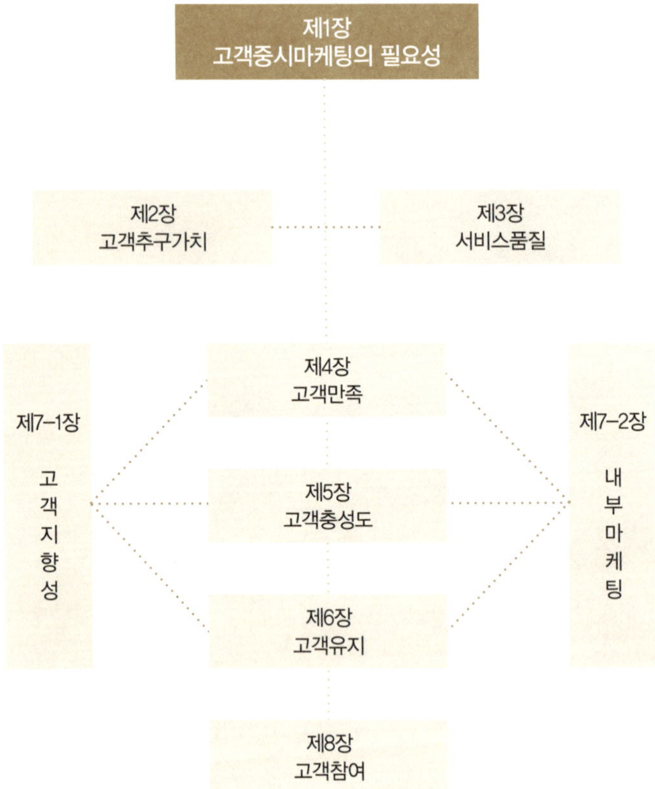
제1장
고객중시마케팅의 필요성
제2장
고객추구가치
제3장
서비스품질
제7-1장
고객지향성
제4장
고객만족
제5장
고객충성도
제6장
고객유지
제7-2장
내부마케팅
제8장
고객참여

1. 고객중시마케팅 연구 필요성

'고객'이 마케팅 연구의 중심이 된 지는 이미 오래 되었다. 고객에 대한 연구도 '소비자행동론(consumer behavior theory)'이라는 세분화된 학문으로 지금부터 50년 전인 1960년대 이래 활발하게 진행되어오고 있다. 또한 마케팅 및 기타 인접 학문에서도 고객과 관련한 많은 연구가 진행되면서 학문적인 성과도 많이 축적되었다.

실무적으로도 시장 현장과 기업을 중심으로 직접적인 수요자로 중요하게 다루어져 왔으며 정부 및 공공기관에서는 환경 및 이해관계자 관리 차원에서 중요성이 크게 확대되어 왔다. 특히 정부의 소비자보호 및 고객중시 정책의 경우 그 어느 때보다도 실무적 관심과 중요성이 커지고 있는 데다 이론적인 연구에도 많은 시사점과 영향을 미치고 있는 것이 사실이다. 그러나 고객과 관련한 연구방법론 측면에서 체계적인 접근이나 통일적인 의견일치가 이루어지지 않고 있을 뿐만 아니라 아직도 논란의 여지가 많은 실정이다.

고객과 관련한 문제에 대해 지난한 접근과 노력에도 불구하고 이에 대한 일치된 견해의 부재는 고객 자체가 이해하기가 매우 어려운 존재라는 근본적인 문제에 기인한다고 할 수 있다. 사람은 '묘한 존재'라고 묘사된 바와 같이 고객도 '알 수 없는' , '변덕스러운' 존재라는 사실은 소비자행동 모델의 시발점이 '블랙박스 모델(Black box Model)'에서 출발한 것을 보면 잘 알 수 있다.[1)] 이러한 난해한 문제를 해결하고자 심리학, 사회학 및 문화인류학과 같은 기존의 여러 학문을 토대로 많은 연구 결실을 이루어 이제는 '소비자행동론'이 마케팅이론의 주춧돌 역할을 하는 한편, 더 나아가 광고론, 판매촉진론, 유통론 및 브랜드관리론 등과 같은 여러 응용학문과 함께 실무에서 유용하게 활용되는 방향으로 발전해 왔다. 이러한 노력이 마케팅 이론뿐만 아니라 더 큰 범주인 경영학의 기본적인 과제라 할 수 있는 시장과 고객의 문제를 규명하고자 하였다는 점에서 가치 있는 시도였고 앞으로도 꾸준히 연구를 진전시켜 나가야 하는 상황이다.

마케팅이라는 학문의 발전에 크게 기여해 온 코틀러(Kotler)에 의하면, 전통적인 마케팅에 대해 "교환 프로세스(exchange process)를 통하여 고객의 요구 및 욕구(needs and wants)를 충족시키고자 지향하는 인간 행동"이라고 정의한 바 있다. 1973년 J. A. Howard는 이러한 '요구 및 욕구 이론'을 다음과 같은 프로세스로 설명한 바 있다.[2)]

① 고객 요구의 확인(identifying customer needs)
② 조직의 생산 역량을 활용한 고객 요구의 개념화(conceptualizing those needs in terms of an organization's capability to produce)
③ 조직 내 파워에 대한 적절한 개념화의 커뮤니케이션(communicating that conceptualization to the appropriate laws of power in the organization)
④ 확인된 고객 요구를 충족하는 연속 산출물의 개념화(conceptualizing the consequent output in terms of the customer needs earlier identified)
⑤ 개념화된 것을 고객에게 전달(communicating that conceptualization to the customer)

마케팅에서 '고객'은 시작이자 출발점으로 프로세스의 핵심이 된다는 점은 앞에서 언급한 바와 같이 매우 오래전부터 받아들여진 일이고 현재까지도 환경변화, 방법론상 진전 및 기술 발달에도 불구하고 여전히 불변의 진리로 남아있다고 할 수 있다. 이같이 마케팅에서 고객이 차지하는 위상은 마케팅에 대한 최근의 공식적 정의에서도 그대로 반영되고 있다. 미국마케팅협회(American Marketing Association)에서는, "마케팅이란 고객, 단골, 파트너, 그리고 사회 전체에 가치가 있는 제공물들을 창출, 커뮤니케이션, 전달, 교환하기 위한 활동, 기관들의 집합, 그리고 과정이다(Marketing is the activity, set of institutions, and processes for creating, communicating, delivering, and exchanging offerings that have value for customers, clients, partners, and society at large."[3]라고 정의한다. 또한 마케팅관리란 목표시장을 선정하고, 뛰어난 고객가치를 창출, 전달, 소통함으로써 고객들을 확보, 유지, 그리고 증가시키는 기술이자 과학으로 본다.[4]

2. 고객중시마케팅 연구체계

고객중시마케팅은 고객을 마케팅의 핵심 대상으로 하므로 일반적인 마케팅과 기본 맥락이 동일하다고 해도 과언이 아니다. 본서에서는 고객중시마케팅을 서비스산업, 특히 금융서비스산업의 시각에서 살펴보고자 하므로 고객의 가치에 대해 살펴보고 서비스품질에 대한 논의에서부터 출발하고자 한다. 서비스 품질은 오랜 기간 동안 이론 구축, 측정 및 관련 이슈에 대해서 학파적 논쟁이 있었던 분야이다. 여기서는 이 중에서 양대산맥이라고 할 수 있는 서비스품질 모형(SERVQUAL Model)과 서비스선호 모형(SERVPERF model)에 대해 설명함으로써 서비스품질 논의의 초점과 발전과정에 대해 이해할 수 있는 단초를 제공하고자 한다.

고객만족(customer satisfaction)은 기업성과를 평가하는 중요한 변수로서 간주되고 활용되어 왔다. 또한 매출액, 이익 등과 같은 계량적인 지표에 의존한 성과측정의 한계를 극복하게 해주고 기업의 과거 마케팅 활동성과에 대한 판단은 물론 미래 성장가능성 예측에 이용할 수 있는 중요한 지표가 되고 있다. 고객만족의 중요성은 널리 인식되고 있을 뿐만 아니라 마케팅 실무자와 학자들에 의해서도 오랫동안 가장 중요하게 평가받아 온 개념이라고 할 수 있다.

이러한 중요성에 따라 CSI(customer satisfaction index)와 같은 지표가 개발되어 사회적으로도 널리 이용되는 상황에 이르게 되었으며, 기업은 물론 공기업, 정부기관, 대학 등과 같은 거의 모든 형태의 조직에서 '고객만족'을 경영활동의 결과이자 달성하여야 할 중요한 목표로서의 가치를 인정하고 있는 실정이다. 특히 본서의 주된 관심사인 금융서비스 업종이 속해 있는 서비스산업에서는 고객만족이 더욱 중요한 역할을 하고 있으므로 보다 많은 관심을 갖고 업종의 특성에 적합한 개념을 가지고 논의를 전개할 필요가 있다.

한편 고객만족에서 출발한 유사하면서도 차별화된 개념으로 고객감동(customer delight), 고객성공(customer success) 등이 있다. 고객감동이란 단순히 고객을 만족시키는 관점에서 진일보하여 고객이 감동을 받아 흥분할 정도까지를 생각하는 것으로, 대면접촉을 통한 고객과의 상호작용이 중요한 모든 서비스 업종에서 핵심 과제이자 중요한 이슈로 인식되어왔고 최근 감성경영과 감성마케팅의 유행을 가져온 배경의 하나가 되었다.

또한 고객성공이란 고객의 만족에 그치지 않고 미래지향적인 관점에서 고객의 장래 성공을 담보하여야만 기업과 고객이 상생할 수 있다는 것으로 고객만족이 담지 못하는 많은 시사점을 제공해주는 개념이다. 예를 들어 은행이 고객에게 대출을 해주면서 단지 이자와 원금의 회수에만 신경을 쓸 것이 아니라 고객이 대출받은 자금을 잘 사용토록 함으로써 미래의 성장가능성을 가져올 수 있는지에 대해서도 관심을 갖고 지도해 줄 수 있을 정도의 노력을 기울일 필요가 있다는 것이다. 이것이 결국 은행과 고객은 물론 사회전체 시스템을 성공의 선순환으로 만들 수 있다는 점에서 마케팅의 미래 발전방향과 관련하여 우리에게 던지는 시사점이 매우 의미심장하다. 이러한 개념들은 결국 고객만족에서 출발하여 더욱 고객중심적으로 생각하고 전향적인 시각에서 마케팅활동을 실행에 옮기도록 한다는 점을 고려할 때, 고객만족이 실무적으로나 이론적으로 마케팅의 중요한 개념으로 자리 잡고 발전해 왔다는 점을 알 수 있을 것이다.

고객만족과 더불어 마케팅활동의 결과를 진단할 수 있는 중요한 지표이자 이론적으로 많은 논의가 제기되어 온 개념으로 고객충성도(customer loyalty)를 들 수 있다. 고객충성도는 동적인 관점에서의 기업과 고객 간 관계의 결과이자 기업의 마케팅활동에 대한 미래예측을 가능하게 해주는 바로미터라고 할 수 있다. 고객충성도는 주지하는 바와 같이 다의적인 개념일 뿐만 아니라 학자에 따라 다양한 관점과 시각에서 접근하고 있으므로 통일된 시각에서 일관되게 설명하는 것이 쉽지 않은 상황이다. 그럼에도 불구하고 본서에서는 고객충성도에 대한 정의와 측정의 문제 및 관련 개념과의 관계에 대해서 간략하게 살펴보고자 한다. 아울러 고객충성도 연구와 관련하여 더욱 강조될 뿐만 아니라 중요성도 인정되는 고객유지의 개념에 대해서도 살펴보기로 한다.

인터넷으로 대표되는 디지털 환경의 도래에 따라 시장에서 발생한 큰 변화 중의 하나는 시장의 주도권이 기업으로부터 고객에게로 넘어갔다는 점이다. 이같이 고객이 주도하는 상황이 한편으로는 고객에게 파워를 증가시키게 되었지만 다른 한편으로는 제품이나 서비스의 산출이나 그 과정에 고객이 직접적으로 참여하거나 일부로서 역할을 하는 것이 필요한 상황임을 나타낸다고 할 수 있다.

고객참여는 단순히 고객의 아이디어를 수집하거나 고객의 사용 관련 행태를 분석해서 생산 및 마케팅활동에 반영하는 소극적인 차원에서 나아가 고객이 기업의 가치사슬에서 중요한 역할을 하는 한편, 경영활동에서 고객의 협조가 반드시 필요하다고 인식되는 수준으로 발전하였음을 보여준다. 특히 서비스 업종에서는 고객 자신을 대상으로 하는 경우가 대부분이어서 고객의 참여도를 높임으로써 서비스 산출과 품질 수준을 높이는 효과를 가져 올 수 있을 것이다. 이런 시각에서 본서에서도 고객참여에 대해 서술하고, 특히 금융기관과 관련된 사항을 중심으로 이의 활용방안을 모색해보기로 한다.

마케팅 분야에서의 여러 구성개념(constructs)과 이들 사이의 관계는 오랜 기간 동안 수많은 학자들에 의해서 연구되어 온 주제들이다. 본서에서는 이들 둘 혹은 그 이상의 변수 간의 인과관계 및 영향력 등에 대한 연구결과가 학자들 간에 일치하지도 않고 일관적이지도 않으며 일부의 경우에는 혼동되는 결과를 보여주기도 한다. 현재까지 일치하지 않는 이러한 복합적인 연구결과들은 향후 더욱 많은 관심과 연구가 필요하다는 점을 제시하고 있는 것이다.

이상의 여러 개념 외에 마케팅 논의의 출발선이자 결승점이라고 할 수 있는 고객중시마케팅과 이의 근간이 되는 고객지향성에 대해서 종합적으로 살펴보는 것도 의미 있는 작업일 것이다. 현대적인 의미에서의 고객지향성은 기업이 가장 중시하는 마케팅 이슈로서 고객에 대한 강조를 마케팅 철학과 전략에 그 뿌리를 두고 있다. 금융기관과 같은 서비스 기업에서는 서비스의 주체인 기업이나 경영자보다도 고객접점에서 고객에게 서비스를 제공하는 일선 종업원이 더욱 중요하므로 이를 대상으로 하는 내부마케팅도 비중 있게 다루어야 할 것이다. 이는 일관되게 고객지향성의 가치가 조직 내에 어떻게 파급되고, 고객지향성이 일선 종업원에게서 고객에게 어떻게 전달되는지를 파악하게 해준다는 의미에서 기업의 마케팅 철학 구상과 전략 개발에 가치 있는 정보를 제공해준다고 할 수 있다.

위에서 언급한 바와 같이 중요하고 일반적인 개념이나 변수들에 대해 언급할 때는 매우 신중할 필요가 있다. 이를 고려하여 본서에서는 개념들 사이의 관계에 있어서 기존 연구 결과를 제시하면서 조심스럽게 서술해나가기로 하겠다. 이러한 정리와 서술에 대한 시도는 완벽한 것이 아니고 경우에 따라서는 추가적인 노력이 필요하다는 점을 다시 한 번 밝히고 싶다. 한편 이러한 시도가 마케팅이나 관련 학문을 학습하거나 연구하는 사람들에게 조금이나마 보탬이 되고 더욱 좋은 연구 결과를 생성토록 하는 데 미력

하나마 도움이 될 수 있지 않을까 하는 판단에서 가치 있는 작업이라고 볼 수 있을 것이다. 마지막으로 이 책에서 서술하고자 하는 중요한 내용들의 체계를 다음 [그림 1-1]과 같이 정리하여 제시하기로 한다.

그림 1-1 ▮ 고객중시마케팅 체계

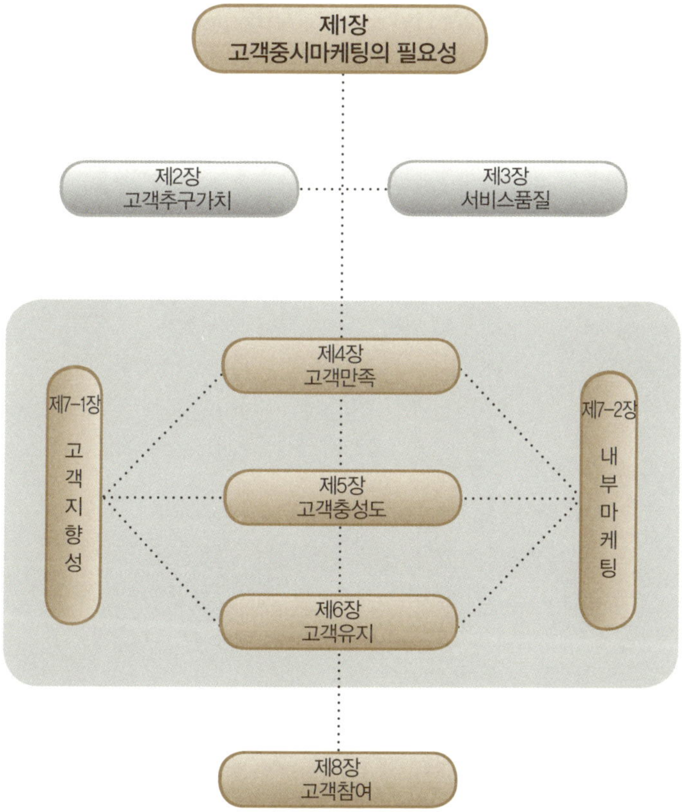

참 | 고 | 문 | 헌

1) Engel, James F., Roger D. Blackwell, and D. T. Kollat(1982), *Consumer Behavior*, The Dryden Press.

2) Ries, Al and Jack Trout(1986), *Marketing Warfare*, McGraw–Hill, Inc.

3) www.marketingpower.com by America Marketing Association.

4) Kotler, Keller, 조호현 · 홍성태 · 신종칠 · 김동진 지음(2012), Kotler Keller 핵심 마케팅관리(A Framework for Marketing Management), 제5판 PEARSON.

고객추구가치

CHAPTER • 02

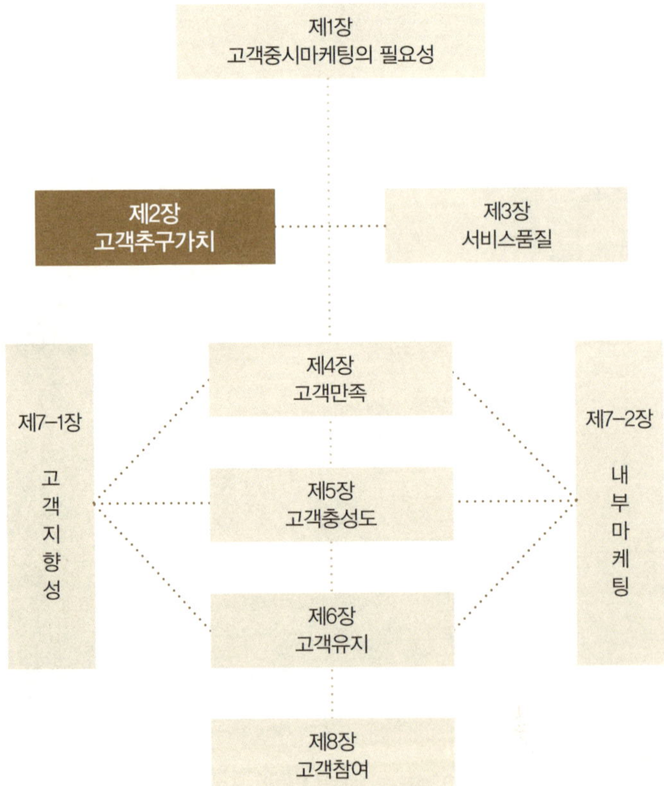
제1장
고객중시마케팅의 필요성
제2장
고객추구가치
제3장
서비스품질
제7-1장
고객지향성
제4장
고객만족
제5장
고객충성도
제6장
고객유지
제7-2장
내부마케팅
제8장
고객참여

1. 고객의 가치판단기준

고객이 특정 기업의 제품이나 서비스를 경쟁기업의 것보다 선호하여 반복적으로 구매하였다면, 그 기업의 제품이나 서비스는 비교우위를 갖는다고 할 수 있을 것이다. 기업의 입장에서는 고객이 경쟁관계에 있는 제품이나 서비스들을 비교 · 평가하여 특정 제품이나 서비스를 선택할 때의 가치판단기준을 알아내는 것이 중요하다. 이러한 고객의 가치판단기준을 확인할 수 있다면 고객이 추구하는 가치를 창출할 수 있는 이론을 개발하고 그 이론을 실증적으로 검증하는 데 도움이 될 것이다. 마케팅 학자들은 고객이 가치를 판단하는 4개의 핵심적인 기준으로 ① 속성, ② 혜택, ③ 태도, ④ 네트워크효과를 제시하였다.[1)2)]

여기서 속성이란 제품의 유형적 특성 및 기능적 속성('탐색속성'이라고도 일컫는다)을 말한다. 그리고 혜택이란 지각된 신뢰성, 사용편의와 같은 무형적 요소들로 구성되는 경험상의 혜택('경험속성'이라고 한다)을 말한다. 한편 태도는 속성과 혜택에 대한 고객의 평가결과를 일부 반영하면서 해당 기업이나 브랜드 명칭 및 제안에 대해 고객들이 갖게 되는 태도를 말한다. 마지막으로 네트워크효과는 고객들이 판매회사의 제안과 관련하여 판매회사 조직이 대외적으로 관계를 맺고 있는 네트워크에서 가치를 추가적으로 획득하게 되는 것을 말한다. 즉 개별기업이 외부 주체들과의 공식 및 비공식 관계를 확장해가면서 관계시너지 효과를 통해 기업의 가치창출 능력이 자신의 보유자원 이상으로 크게 확대되면서 추가로 제공될 수 있는 것들이다.

최근 들어 기업의 네트워크효과가 강조되는데 이는 고객이 느끼는 제품의 가치는 거래고객, 보완제품, 서비스생산자는 물론 경쟁기업까지도 포함한 기업의 네트워크 크기에 따라 확대될 수 있기 때문이다. 이로 인해 이제는 기업 간 경쟁에서 최선의 제품이 승리하기보다는 최선의 네트워크화된 제품들이 승리하게 되는 상황으로 발전하였다. 결과적으로, 네트워크화된 시장중심제품은 단독 제품의 가치 이상으로 고객이 필요로 하는 가치를 창출한다고 할 수 있다. 이와 같이 관련기업과의 관계를 수직적 통합에서 수평적 제휴로 변화시켜가는 현상은 기업 독자적인 경쟁에서 네트워크화된 경쟁관계로의 이동 필요성을 강조하는 것이다. 아울러 수평적 제휴에서는 보다 확대된 협력관계, 정보공유 및 가치사슬(value chain) 사이의 신뢰가 더욱 중요한 의미를 갖게 된다.[3)]

2. 고객의 기대와 준거점

2.1 고객의 기대

고객의 기대는 고객이 제품이나 서비스를 구매할 경우 해당 제품이나 서비스를 평가하는 데 이용될 수 있는 '비교기준'으로서의 역할을 하게 된다.[4)] 이러한 기준에는 소비자가 희망하는 이상적인 성과수준이 반영되는 '이상적 기준(ideal standard)'과 소비자들이 지불하는 비용의 반대급부로 나타나야 한다고 느끼는 성과수준이 반영된 '바람직한 기준(deserved standard)' 및 소비자가 수용가능한 최소수준의 성과를 반영하는 '최소감내기준(minimum tolerance standard)' 등이 있다.[5)]

기업이 고객의 '최소감내기준'을 충족시켰다고 해서 해당 고객이 계속 거래하게 되는 단골고객이 되기를 기대해서는 안될 것이다. 경쟁기업들이 고객이 생각하고 있는 '바람직한 기준'이나 '이상적 기준'을 충족시켜 줄 경우에는 순식간에 고객을 빼앗길 수 있기 때문이다. 따라서 기업이 고객의 최소 수용가능한 수준 이하로 서비스를 제공할 경우에는 고객을 잃게 될 것이며, 고객과 관계를 계속 유지하기 위해서는 고객이 판단하는 바람직한 수준을 초과하는 성과를 가끔씩 제공함으로써 고객이 감동받을 수 있도록 노력해야 할 것이다.[6)]

고객의 기대는 구매 전 단계에서 상품/서비스의 브랜드나 형태에 대한 소비자의 선택에 영향을 미치고, 소비단계에서는 제품이나 서비스의 품질을 평가하는 기준 역할을 하며 간접적으로 재구매 의사결정에도 영향을 미치게 된다. 따라서 기업이 장기적으로 성공해 나가기 위해서는 고객의 기대를 올바로 이해하고 효과적으로 관리하는 것이 매우 중요한 관건이 된다.

아울러 기업이 바람직한 성과를 얻기 위해 고객의 어떠한 기대기준에 집중적인 영향을 미치도록 할 것이냐를 결정하는 것이 필요하다. 특히 구매의사결정에 영향을 미친 기대가 고객만족에 반영되는 기대기준이나 제품이나 서비스 품질평가, 재구매 의사결정과 구전 추천에 영향을 미치는 기대기준과 어떻게 다른지를 확인하고 관리하여야 한다.

한편 고객이 소비경험을 쌓을수록 제품이나 서비스에 대한 기대가 정제되고 확고해지므로 경험을 통해 굳어진 믿음을 변화시키기 위해서는 새롭고도 강력한 증거가 필요하다. 하지만 소비경험이 없는 고객의 기대는 구체적이지 않을 뿐만 아니라 이미 형성된 기대를 고수하기 위해 방어적이지도 않기 때문에 새로운 정보에 보다 쉽게 영향을 받게 된다. 그러므로 사회초년생이거나 본격적인 소비자가 아닌 학생들을 대상으로 하는 마케팅 활동은 장기적 관점에서 보다 효과적일 수 있다.

Oliver와 Winer[7)]에 따르면 고객의 기대는 환기, 지식수준, 불확실성/모호성의 3가지 차원으로 형성된다고 하였다.

여기서 환기(arousal)는 고객이 자신의 기대를 찾아보는데 취하는 행동이 의식적인 경우를 말하는데, 이러한 행동이 의식적인지 여부에 따라 적극적 기대와 소극적 기대로 구분된다. 적극적 기대는 고객들이 의식적으로 자신의 기대를 생각하는 것으로 제품이나 서비스 구매 시 평가수단이 될 수 있는 것이다. 소극적 기대는 고객들이 자신의 기대를 의식적으로는 인식하지 않는 것이다. 예를 들어 고객들이 은행 안전금고의 보안이 당연한 것으로 여기는 것과 은행의 안전금고 안에 있는 자신의 재산이 보호될 것이라고 일반적으로 믿는 것과 같은 것이다.

그리고 지식수준(knowledge)은 기대를 발생시키는 지식의 즉시성을 말한다. 만약 고객이 거래와 관련된 지식을 갖고 있는 경우에는 해당 거래에 대한 기대를 즉각 형성시킬 수 있지만 이러한 지식이 결여된 경우에는 기대 형성을 위한 정보수집 과정이 필요하게 될 것이다.

또한 불확실성/모호성(uncertainty/ambiguity)은 고객이 제품이나 서비스에 대한 구체적인 정보를 갖고 있지 않을 경우 발생한다. 만약 고객이 서비스를 평가할 지식이 없다면 구매의사결정에 있어 고객의 관심과 확신도 줄어들게 된다. 이러한 경우 고객이 구매의사결정을 내리기는 쉽지 않을 것이다. 금융기관의 경우에는 고객교육과 금융상품에 대한 지식을 늘릴 수 있는 정보의 제공을 통해 고객의 관심과 확신을 제고시킬 수 있을 것이다. 그런데 고객의 금융지식이 늘어날 경우 금융상품 간 맹목적인 수익률 비교보다는 금융회사가 제공하는 서비스의 가치를 평가하게 되고 유사한 금융상품들 사이의 수익률과 리스크 차이 등을 구별하려 할 것이다.

한편 고객의 기대는 기대-불일치(expectancy-disconfirmation) 모델에서 고객만족을 설명하고, 서비스품질을 평가하는 데 광범위하게 사용되어 왔다.[8] 이 모델에서 불일치/일치는 고객들이 자신의 기대를 성과와 비교한 결과 나타나며, 성과가 기대와 일치하면 만족하게 되고 성과가 기대와 불일치하면 불만족하게 되므로 성과와 기대의 일치 정도에 따라 고객만족의 수준이 결정된다고 한다. 예를 들어, 제품을 구매할 때 기대했던 성능이나 효과를 소비를 통해 경험하게 되면 고객은 해당 구매로 인해 만족을 느끼게 되지만 기대했던 제품 성능이나 효과가 나타나지 않으면 실망하게 된다는 것이다. 한편 반복적인 소비가 이루어지는 경우 고객이 제품을 평가하는 데 있어 사용상황, 고객의 관여수준과 전문성 및 친밀성 등은 고객의 기대가 미칠 수 있는 역할에 영향을 준다고 한다.

그리고 광고를 통해 형성된 고객의 상품에 대한 신뢰는 확실한 상품소비 경험을 갖고 있는 고객보다는 모호한 상품소비 경험만 갖고 있는 고객의 상품평가에 더 큰 영향을 미치게 될 것이다. 따라서 광고는 고객이 쉽게 이해하기 어려운 상품이나 서비스에 대한 고객의 기대에 영향을 미침으로써 판매기회와 고객만족을 제고시키기 위한 목적으로 이용될 수 있다.

금융거래의 경우에도 금융서비스를 둘러싼 불확실성과 모호성이 높아질수록 명확한 기대를 형성하려는 고객의 능력이 약화될 수 있고, 이 경우 금융서비스에 대한 확신이 줄어들게 되어 고객들이 해당 금융서비스에 대한 구매의사결정을 주저할 수 있다. 따라서 고객이 다양한 금융서비스에 대해 갖고 있는 기대와, 구매 및 평가 과정에서 실제 사용하는 기대 등의 형태를 어떻게 형성하는지에 대한 통찰력이 필요하며 이를 얻기 위해서는 고객과의 심층면담과 같은 질적 측면의 조사과정이 필요하다.

한편 고객의 수요를 일정하게 충족시켜 줄 경우 고객의 기대가 클수록 고객만족의 크기가 줄어들고, 반대로 고객의 기대가 낮을수록 고객만족의 크기가 늘어날 수 있다. 그리고 고객의 기대충족과 고객만족과의 관계는 비선형적인 모양을 갖는다고 할 수 있는데 이들 간 관계의 형태에 대해 중간부분이 급경사이고 양극단이 평평한 S자형 함수관계와 이와 반대로 중간이 평평하고 양극단이 급경사인 역S자형 함수관계를 고려해 볼 수 있다.[9)10)]

고객의 기대충족과 고객만족의 관계가 S자형 함수관계인 경우 일정 범위 내에서는 고객의 기대를 충족하는 수준에 따라 고객만족이 크게 변화할 수 있지만 이 범위를 벗어난 경우에는 고객만족에 대한 영향이 미미해지게 된다. 그러나 고객의 기대충족과 고객만족이 역S자형 함수관계의 경우 일정범위 내에서의 고객의 기대충족은 고객만족에 변화를 별로 줄 수 없지만 기대충족 수준이 이러한 범위를 벗어나는 경우 고객의 기대를 충족시켜주는 정도에 따라서 고객만족이 크게 늘어나거나 크게 줄어들게 된다.

그림 2-1 ■ 고객의 기대충족과 고객만족 사이의 관계

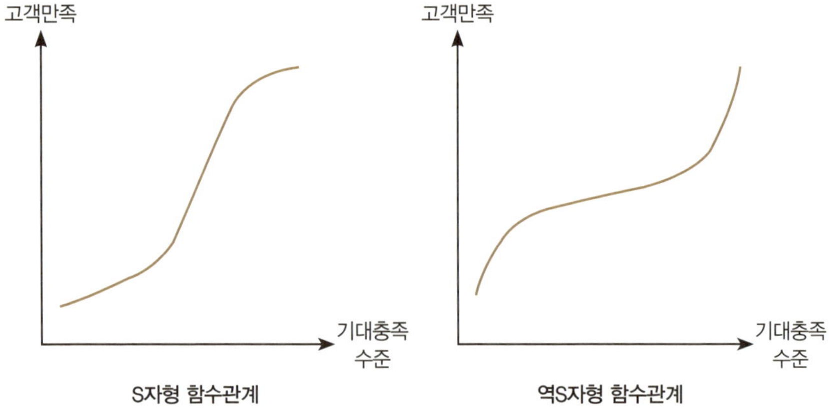

고객의 기대충족과 고객만족 사이의 함수관계에 관한 가설설정에 있어, 두 가지 견해를 고려할 수 있다.

그 하나는 실망이론(disappointment theory)과 고객만족 경험의 감정에 초점을 두는 견해이며, 다른 하나는 기대이론(prospect theory)에 근거한 견해이다.[11)]

먼저 실망이론에서는 고객의 기대충족과 고객만족 간 관계가 역S자형 함수관계로 간주되는데, 고객의 기대와 고객이 지각하는 성과 사이에 커다란 긍정적(기대〈성과) 또는 부정적(기대〉성과)인 불일치가 나타나는 경우 일치한 경우에 비해 훨씬 감정적으로 부담이 된다고 한다. 이때 긍정적 불일치가 기쁨과 의기양양과 같은 감정을 일으키는 반면, 부정적 불일치는 실망의 감정을 일으킨다고 한다.

그러나 단순한 일치의 감정은 고객만족 경험과 관련된 소비 또는 사용경험에 거의 아무런 감정적 만족을 추가하지 않는다고 한다. 따라서 이런 상태를 '차가운 만족'[12]이라고 부른다. 행동주의 의사결정 이론에 근거를 둔 실망이론은 실망과 의기양양의 감정을 효용함수에 결합시켰는데 기대와 성과 사이의 차이가 클수록 인간의 실망이나 의기양양한 감정이 커진다고 한다. 또한 이들 감정은 점증적인 가치를 발생시키는데 감정의 영향이 양극단에서 보다 큰 수준으로 증가한다는 것이다.

이에 비해 기대이론은 고객의 기대충족과 고객만족 사이의 관계가 S자형 함수관계로 간주된다. 그 핵심내용은, 첫째 만족에 대한 판단이 준거(reference)에 의존하며 이 경우 준거점은 예상된 만족수준이라고 한다. 그리고 준거점을 상회하는 만족은 초과이익으로 여겨지고, 준거점 이하의 만족은 손실로 지각된다. 둘째, 초과이익과 손실의 한계가치는 만족이나 불만족이 증가할 경우 체감한다는 것이다.[13]

2.2 준거점

1) 정의

준거점(reference point)이란 고객이 제품이나 서비스를 평가하고 비교하기 위한 기준을 말한다. 준거의 일반적인 정의는 정보의 원천으로 이용되는 것을 의미한다. 그리고 준거점은 우리가 알지 못하는 새로운 자극을 받아들이고 평가하면서 뭔가를 배우게 될 때 기존에 알고 있었던 지식이나 정보와 비교하는 기준으로서의 역할을 하는 것이다. 따라서 어떠한 것을 준거점과 비교하는 행위는 알려진 것들과 비교하여 알지 못하는 특성에 관한 정보를 수집하는 것이다.

우리가 준거점을 어떠한 대상과 비교할 수 있는 표준으로 이용하기 위해서는 준거점의 일부 속성에 대해 잘 알고 있어야 한다. 또한 비교대상이 되는 새로운 자극에 관해서도 우리가 알지 못하는 무엇이 있어야 한다. 만약 우리가 알아야 할 것에 대해 모든 것을 안다면 그것을 다른 어느 것과 비교할 필요가 없을 것이기 때문이다. 그리고 새로운 자극의 알지 못하는 특성은 준거점의 알려진 특성과 비교가 가능하도록 연결고리를 가져야 한다.

다양한 자극이나 대상들 사이에 많은 형태의 관계들이 존재할 수 있지만 준거점이 되기 위해서는 분석대상들 사이에는 어느 정도의 연계성이 있어야 한다. 예를 들어, 자동차와 연필과 같이 연계성이 거의 없는 경우에는 비교의 의미가 없다. 그러나 자동차와 선박은 모두 교통수단이라는 연계성을 통해 속도나 소요비용 등에 관해 비교하는 것이 의미가 있게 된다.[14)]

기업의 경영성과 보고서에 사용되는 가장 일반적인 2가지 준거점은 추세분석과 벤치마킹이 있다. 추세분석은 기업의 현재 성과를 자신의 과거 성과와 비교하는 내부준거점이다. 이에 비해 벤치마킹은 기업의 현재 성과를 동일산업 내 여타 기업의 성과와 비교하는 외부준거점이 된다.[15)]

2) 준거점의 특성 등

어떠한 지식이나 정보가 준거점으로서의 역할을 하기 위해서는 최소한 다음과 같은 5가지의 특성을 갖춰야 한다.

① 친숙성 : 준거점으로 이용하기 위해서는 자극의 일부 측면에 대해 친숙해야 함.

② 연계성 : 준거점은 새로운 자극과 공통된 속성을 공유해야 함.

③ 유사성 : 잠재적 준거점과 새로운 자극 사이의 분류적 연계 이외에 둘 사이에는 여타 유사한 특성들도 공유되어야 함.

④ 시간성 : 준거점은 과거, 현재 또는 미래 중 어느 한 시점의 기준이어야 함.

⑤ 공간성 : 준거점 선택에는 준거점 자체 및 외부 환경적 힘이 영향을 미치며, 준거점 자체는 동시에 내부 또는 외부의 것이 될 수 없음.

그리고 준거점 관련 이론적 견해들이 강조하는 준거점과 문제해결을 위한 기본처방은 다음의 [표 2-1]과 같다.

표 2-1 ▮ 준거점 관련 이론적 견해들과 주요 내용[16)]

이론적 견해	강조하는 준거점	기본 처방	관련 학자
동기이론 (motivation theory)	내부조직 • 개인 • 집단	직무설계와 성과를 위한 목적 설정	• Latham과 Yukl(1975) • Nadler와 Lawler(1977) • Hackman과 Oldham(1980)
자원중심관점 (resource-based view)	내부조건 • 전사적 자원 • 능력(capabilities)	독특한 역량 구축	• Wernerfelt(1984) • Prahalad와 Hamel(1990) • Barney(1991)
산업경제학 (industrial economics)	외부조건 • 산업 • 핵심 경쟁자	경쟁력 강화	• Bain(1956) • Caves(1977) • Porter(1980)
자원의존 (resource dependence)	외부조건 • 공급자 • 고객	자원에 대한 제약을 최소화	• Pfeffer(1972) • Pfeffer와 Nowak(1976) • Pfeffer와 Salancik(1978)
제도학파(institutional theory)	외부조건 • 이해관계자들 • 독립성	사회의 요구를 충족	• Meyer와 Rowan(1977) • DiMaggio와 Powell(1983)
기업 동일성 (corporate identity)	시간 • 과거 전통 • 철학	현재도 가능한 과거의 방법	• Westly와 Mintzbeg(1989) • Torbert(1987) • Dutton과 Dukerich(1991)
전략적 의도 (strategic intent)	시간 • 장기적인 목적 • 사명	전략적 의도가 현재의 의사결정을 알려줌	• Hasegawa(1986) • Imai(1986) • Hamel과 Prahalad(1989)

자료 : Fiegenbaum, A., S. Hart and D. Schendel(1996), "Strategic Reference Point Theory", *Strategic Management Journal*, 17(3), 219-235.

3) 고객평가와 준거점

고객이 제품을 평가할 경우 비교기준이 되는 준거점이 존재하고 이러한 준거점에 따라 동일한 제품에 대한 선호도가 변화할 수 있다. 그러므로 제품선택 과정에서 대안(alternative) 제품에 대한 선호도는 그 대안 제품의 절대적 가치뿐만 아니라 준거점과의 차이 평가를 통한 상대적 가치에 의해서도 영향을 받는다. 일반적으로 준거점에 비해 불리한 요소들이 유리한 요소들보다 고객의 선호도에 더 큰 영향을 미친다고 한다.

평가대상 제품이 준거점보다 유리한 경우와 불리한 경우에 각각 취할 수 있는 전략적 선택들은 다음 [표 2-2]와 같다.

표 2-2 ▮ 준거점과 관련한 기업상황별 전략적 행위의 선택[17)]

	준거점 상회	준거점 미달
자기 회사의 현재 상황	만족 (세계 최고 자리에 있음)	불만족 (바닥으로 떨어진 상태)
새로운 이슈에 대한 인식 (Jackson과 Dutton 1988)	위협요인, 잠재적 손실, 부정적	기회요인, 잠재적 이익, 긍정적
조직적 대응과정 (Staw 등 1981; Dutton과 Jackson 1987)	완고한, 중앙집권적, 위축적	유연적, 분권적, 개방적
반응 또는 행위의 속성 (Kahneman과 Tversky 1979)	위험회피적, 보수적, 방어적	위험수용적, 대담한, 공격적

자료 : Fiegenbaum et al.(1996), *op. cit.*

그리고 비교가능한 대안 제품이 나타날 경우 기존에 갖고 있던 내적 준거점(internal reference point)보다 비교대상 제품이 해당 제품의 선호도에 더 큰 영향을 미친다고 한다. 즉, 개별적으로 평가를 하면 우수하게 지각되던 제품이 비슷하게 매력적인 제품과 비교하게 되면 덜 우수하게 지각될 뿐만 아니라 그 반대의 경우(열등 제품)도 성립한다는 것이다.[18)] 이러한 현상의 원인은 개별적으로 제품을 평가하는 경우 다른 제품과의 비교가 불가능하므로 해당 제품에 관한 기존의 내적 준거정보와 비교하여 제품의 매력도를 지각하지만, 비슷한 종류의 다른 제품과 비교할 경우에는 기존의 내적 준거정보를 덜 이용하고 다른 제품과의 비교에 더 많은 비중을 두어 해당 제품의 매력도를 지각한다는 것이다.

이와 같은 고객의 제품평가에 있어 준거점의 역할과 관련하여 소비자선택모델과 소비자행동연구의 2가지 견해가 제시된다.

대부분의 소비자선택모델은 소비자가 인식하는 제품의 잠재가치를 해당 제품의 속성만으로 설명하였다.[19] 소비자선택모델은 특정 제품의 평가에 있어 비교대상이 되는 제품은 단지 해당 제품이 소비자에게 선택되는 확률에만 영향을 미치며 해당제품의 가치평가에는 영향을 미치지 못한다고 본다. 이러한 소비자선택모델은 무엇보다도 경쟁제품과의 비교효과를 고려하지 않은 오류가 있다. 따라서 비교효과를 생략하고 제품가치를 추정할 경우, 해당 제품의 속성변수에 대한 가치 민감도를 올바로 추정하지 못할 수 있다. 그리고 비교효과가 상당히 존재하는 경우 이를 감안하지 않은 분석결과는 경쟁제품에 대응하기 위한 제품 개발전략에 올바른 도움을 주기 어려울 것이다.

이에 비해 소비자행동연구에서는 소비자들이 제품을 평가할 경우 다른 제품과의 비교를 통해 해당 제품을 평가하는 경향이 있다고 한다. 이 견해에 따르면 제품가치는 상대적인 기준에 따라 변할 수 있는 것이며 그 기준 역할을 하는 것은 주로 비교대상 제품이라는 것이다.

3. 고객추구가치의 창출

마케팅 분야에서는 외부의 시장에서 고객추구가치가 유래한다고 보는데 이러한 인식에는 다음과 같은 2가지 질문이 제기된다.[20]

첫째, 고객욕구에 대한 해결책을 제시해주는 시장기회는 어디에서 발생하는가?

둘째, 시장기회를 창출하고 획득하는 데 필요한 자산과 역량은 어떠한 마케팅 자원에서 발생하는가?

그동안 고객추구가치의 창출에 필요한 자원의 속성을 찾아내고 평가하는 것이 관심의 대상이었으나 자원의 획득 · 개발 · 배치 과정에서 보다 효과적으로 고객추구가치를 창출하기 위해서는 위와 같은 질문에 대한 관심도 필요하다.

3.1 시장기회

시장기회는 궁극적으로 고객추구가치 판단의 기준이라고 할 수 있는 속성 · 혜택 · 태도 및 네트워크효과와 같은 4가지 요소를 새롭게 조합하여 구체화시킨 신제품이나 고객욕구 해결책의 형태로 나타난다. 이와 같은 시장기회를 구상하고 현실화시키기 위해서는 슘페터가 제시한 경영자 혁신적이거나 초과이윤을 창출하는 기업가정신과 같은 비상한 혁신이 필요하다. 따라서 난관을 돌파하는 것과 같은 해결책이나 신제품 개념은, 불확실하고도 복잡한 시장여건에서 독특한 통찰력을 가지고 새로운 고객추구가치 요소들을 제공하는 것과 같은 높은 수준의 위험부담을 경영자들에게 안겨주게 된다.

일반적으로 인정되는 마케팅의 목적과 역할은, 현재와 잠재적인 새로운 세계를 다른 시각으로 통찰력 있게 봄으로써 고객들이 자신의 욕구를 인식하기 전에 먼저 이를 확인하고 구체화시켜 제품과 서비스라는 형태로 만들어나가는 것이다. 하지만 자원준거관점(Resource Based View)의 견해에 따르면, 기업이 보유하는 자산 및 역량으로 구성된 포트폴리오의 고유한 한계로 인해 고객에게 제시할 수 있는 제품 또는 해결방안이나 진입가능한 시장 및 실현가능한 이익수준이 제한된다고 한다. 따라서 만약 어떤 기업이 새로운 시장을 창출하는 전략을 구체화하려 한다면 현재 보유하고 있는 자원에 제약된 모델에서 벗어나 명확한 기업가적 목적을 가지고 새로운 시장기회에 초점을 맞춘 마케팅 전략을 수립해야 한다는 것이다.

이러한 기업가적 전략의 핵심에는 모든 마케팅 분야에서 반드시 해결해야 할 3가지 과제가 있기 마련이다. 첫째는, 현재 및 잠재적인 시장변화를 파악하여 계획을 세우는 것이다. 둘째는, 이러한 변화에 잠복해 있지만 희귀하게 확인되는 잠재적 기회를 파악하는 것이다. 셋째는, 이러한 기회를 고객이 추구하는 가치를 창출하는 해결책으로 전환하는 것이다.

3.2 고객추구가치의 파악 및 해석

고객이 추구하는 가치를 창출하는 데 필요한 기업의 자산과 역량을 고려하기 전에 향후 기업이 목표로 하고자 하는 시장기회를 먼저 명확히 해야 한다. 이러한 작업은 시장기회의 원천이라 할 수 있는 고객이 추구하는 가치의 파악에서부터 시작하여 필요한 자원을 결정하는 단계로 넘어가야 한다.

Drucker[21]에 따르면 시장기회의 원천은 기업이 직면하는 경제적 여건의 내부 변화와 주변의 변화로부터 나타난다고 한다. 예를 들어 기술진부화, 경제적 변동, 인구이동, 정치적 압박과 규제, 사회 · 문화적 혼란, 정상적인 산업역동성 등은 현재와는 크게 다른 새로운 경쟁환경을 조성하게 된다. 그리고 이러한 변화는 시간이 흐름에 따라 더욱 많이 발생하게 된다. 따라서 새로운 환경에 대한 이해를 위해서는 지속적으로 보다 많은 시간과 비용이 투입되어야 할 것이다.

한편 고객추구가치를 올바로 파악하고 해석하기 위해서는 기업 내부는 물론 외부에서 발생하는 변화의 동력들이 새로운 기회를 창출하는 데 있어 향후 어떻게 상호작용할지에 대해 풍부한 상상력과 상당한 수준의 창조적 비전을 가져야 한다. 시나리오 방법을 이용하여 미래의 최종적인 경쟁 상태를 정교하게 분석하기 위해서는 각 시장기회의 핵심에 존재하게 되는 제품이나 해결방안, 특성, 속성, 기능, 태도 및 네트워크효과의 윤곽을 파악해야 한다. 아울러 잠재적인 고객추구가치를 파악하기 위한 마케팅 주도의 '미래로부터 학습'을 위해서는 기업의 현행 자원 포트폴리오가 아닌 미래의 바람직한 자원 포트폴리오를 마련할 필요가 있다.

3.3 시장중심자원

1) 시장중심 역량(capabilities)

기업이 시장기회를 창출하는 데 있어 돌파구를 찾기 위해 현재의 자원 포트폴리오에 체화된 정신적, 문화적 및 조직적 제약에서 완전히 탈출하려면 기업이 보유하고 있는 시장중심 역량들이 시장에 기반을 둔 지적 및 관계적 자산들을 창출해 나가야 한다. 기업이 변화하는 환경여건과 쇠퇴하는 기술에 기인하여 발생하는 기회들을 '감지' 및 예측하기 위해서는 새로운 지식의 개발이 중요하다. 그리고 기업이 새로운 지적 · 관계적 영역에 대해 관심을 갖게 되면 기존의 기업지배구조, 기업운영의 근간이 되는 지식구조 및 세상을 보는 견해들과 직접적으로 마찰을 빚을 수 있게 되므로 그 부작용을 최소화시키도록 대응책도 마련되어야 한다.

Spender가 기업을 "이론을 응용하는 추상적인 지식 시스템이라기보다는 행위를 배우는 시스템'[22]으로 간주한 것과 같이 기업은 내 · 외부의 변화에 대한 시스템적 대응을 통해 생존하고 또한 그러한 생존방법의 피드백을 통해 생존에 필요한 자기학습을 하게 된다. 이와 같은 형태의 현행 및 잠재적인 시장변화에 관한 기업의 명시적 및 암묵적 학습은 시장중심 역량에 대한 연구를 하는 데 있어 최소한 3가지 중요한 시사점을 제시한다.

첫째, 지속적이고 혼란스러운 시장변화로부터 통찰력을 확보하기 위한 목적으로 고객이 추구하는 가치를 파악, 인식, 해석할 경우 기업으로서는 선택의 여지가 없이 고객중심의 핵심적인 영업과정을 적극적으로 재설계하고 발전시켜야 한다.

둘째, 새로운 핵심적인 하부 영업과정들은 현재의 핵심적 영업과정들의 범위 안에서 고객자료와 정보들을 확장시키는 수단으로 필요하게 된다. 예를 들어 인터넷상에서 고객정보의 증가는 새로운 형태의 시장조사방법을 만들어냈고, 제품과 가격을 테스트하기 위한 실시간 시장실험을 가능하게 하였다.

셋째, 새롭게 설계된 이들 영업과정들은 조직 내 · 외의 모든 주체들과의 새로운 형태의 협력을 관리해 나갈 수 있는 역량을 필요로 하게 된다. 예를 들어 고객 상황의 변화, 신흥 기술과의 연계, 나아가 경쟁자의 전략 변화에 관한 조직 내부와 외부 사이의 정보협력 관계를 구축할 필요가 있다. 여기에는 광고대행사, 컨설팅회사 등 전문가 조직과의 파트너십 개발, 기존 또는 새로운 네트워크으로의 진입 등이 포함된다. 이는 시장관리 역량을 제고하기 위해 기본이 되는 유형적 자원과 함께 과정 · 관계라는 무형적 자원들을 통합할 필요가 있음을 의미한다.

2) 시장중심 자산과 성과의 연계

궁극적으로 기업이 보유하는 자원의 가치는 재무적으로 우월한 기업성과로 나타나야 할 것이다. Srivastava 등[23]은 고객관계관리 과정에서 투자를 통해 창출된 고객추구가치로 확보되는 시장중심 자산들이 어떻게 시장성과로 나타나고, 궁극적으로는 주주가치를 제고하기 위해 어떻게 이용될 수 있는지를 보여주는 틀을 제시하였다.

즉 시장중심 자산의 제품속성, 경험적 혜택, 태도, 명망 및 네트워크효과를 통해 고객에게 전달된 가치는 보다 높은 가격, 보다 큰 시장점유율, 보다 반응 좋은 광고 및 판촉, 보다 높은 고객충성도 및 시장에서 강화된 유통부문의 영향력, 경쟁적 주도권의 편향(deflection), 조기 시장침투, 제품라인 확장 등을 통해 우수한 시장성과를 거두는 데 이용될 수 있다고 한다. 그 결과 고객이 갖게 되는 기업에 대한 우호적인 기억은 경쟁자에게 진입장벽이 되고, 이는 경쟁자로부터의 위협을 줄이게 되어 주주가치를 증대시키는 데 기여하게 된다.

4. 고객추구가치 유지에 필요한 우위창출자원

4.1 우위창출자원의 특성

마케팅의 핵심적 목적으로 인식되고 있는 고객추구가치의 유지와 보호는, 고객이 추구하는 가치를 지속적으로 증대시키는 것뿐만 아니라 이러한 가치창출의 토대가 되는 시장중심 자산과 역량을 확대하고 새롭게 하는 능력을 의미한다. 이러한 목적을 효과적으로 성취하기 위해서는 고객이 인식하는 가치와, 기업과의 상호작용을 통한 유쾌한 경험 및 거래를 계속하도록 유혹할 수 있는 기업의 제안 등에 있어 경쟁기업들보다 우위를 확보해야 할 것이다.

고객이 추구하는 가치를 유지하고, 제고시키기 위해서는 기업이 보유하는 핵심적인 자원들이 희소성, 모방곤란성, 영속성, 대체곤란성과 같은 네 가지 속성을 갖춰야 한다.[24)]

1) 희소성

가치를 창출하는 자원이 희소할수록 지속적인 경쟁우위의 원천이 될 가능성이 클 것이다. 따라서 얼마나 많은 기업들이 유사한 자원을 보유하고 있느냐가 경쟁구도를 결정하는 데 있어 중요한 변수가 될 것이다.

만약 경쟁우위를 우월한 고객추구가치의 창출이라는 개념으로 설명한다면, 고객추구가치의 희소성이나 특이성에 관한 이슈들도 고려할 필요가 있다. 그러나 희소한 자원들이 자동적으로 경쟁우위로 귀결되지 않기 때문에, 희소성은 자원에 기인하게 되는 고객추구가치로 평가되어야 한다.

고객추구가치와 자원희소성을 고려하는 데 있어 핵심적인 이슈로 3가지를 들 수 있다. 첫째는, 어떠한 가치가 어느 고객들에 의해 인식되고 경험되는가? 둘째, 고객추구가치의 평가대상이 되는 기업의 제안은 무엇인가? 셋째, 다른 세분시장(segment)의 고객들이 인식하고 경험하는 가치는 얼마나 명확한가? 등이다.

한편 시장중심 자산 및 역량과 관련하여 고려할 사항으로는 다음 4가지를 들 수 있다.

첫째, 고객추구가치는 개별기업에 특유한 여러 가지의 시장중심 자산이나 역량으로도 역추적이 가능하다. 예를 들어, 탁월한 제품기능과 같이 아주 명확한 고객 혜택은 전형적으로 다양한 관계적 자산(예, 원료와 기술공급자의 연계), 지적 자산(예, 고객선호에 대한 지식) 및 마케팅 역량(예, 새로운 취향을 창출하는 신제품을 개발할 능력)에서 기인할 수 있다. 이와 같이 고객추구가치가 대부분 시장중심 자산과 역량의 결합으로부터 기인하기 때문에 희소한 자원을 적절하게 표시하기 위해서는 세심한 관심을 가져야 한다.

둘째, 시장중심 자산과 역량의 구성내용에 따라 고객추구가치 형태들이 다양하게 나타날 수 있다. 서로 다른 고객 세분시장은 속성, 혜택, 태도 및 네트워크효과 등의 측면에서 가치를 다르게 인식하고 경험하게 된다. 따라서 시장중심 자산과 역량을 독특하게 구성할 경우 다양한 형태의 고객기반 우위가 창출될 수 있다.

셋째, 마케팅에서는 핵심적인 자원에 대해 다음 사항들을 중시한다. 즉 현재 몇 개의 기업들이 '가치있는' 자산 또는 역량을 보유하며, 어느 범위까지 보유하고 있는가? 나아가 어떻게 관련 자산 및 역량이 레버리지 될 수 있는가?

넷째, 각각의 자원 속성에서와 같이 자원희소성은 경쟁측면에서 신규 및 잠재적 변화와 관련하여 평가되어야 한다. 이는 현재 폭넓은 고객추구가치를 창출하는 희소하고도 우월한 자산 또는 영업과정이 미래의 변화된 경쟁 환경하에서는 그렇지 못할 수 있기 때문이다.

2) 모방곤란성

어느 기업이 경쟁우위를 지속해 나가기 위해서는 고객추구가치를 창출해내는 보유자원을 다른 기업이 모방하기가 매우 어렵도록 만들어야 한다. 또한 마케팅 담당자들이 고객들의 욕구를 해결해주는 방법을 설계하고 전달하는 경우에도 고객에 의해 인식, 경험 및 이해된 가치형태(value modes : 속성, 혜택, 태도 및 네트워크효과)로 지속적으로 재생산해 나가야 한다.

마케팅 담당자들은 다음 2가지 방법을 통해 고객이 추구하는 가치를 창출할 수 있는 자산과 역량을 경쟁기업이 모방하기 어렵도록 해야 할 뿐만 아니라 그에 대한 자기 기업의 이해도 증진시켜야 한다.

① 기업의 고객추구가치를 모방할 경쟁자의 능력 평가 및 대응책 마련

- 경쟁자가 기업의 고객추구가치 창출방법을 전혀 모르는 경우
  - 경쟁적이거나 우월한 고객추구가치의 창출을 위한 전제조건은 무엇인가?
  - 어떻게 이를 시장에서 검증할 것인가?

–우월한 고객추구가치를 개발 및 전달하기 위해서는 무엇이 필요한가?

• 경쟁자가 기업의 고객추구가치 창출방법을 일부만 모르는 경우

–어떻게 가치창출 자원이 복제될 수 있는가?

–그러한 노력이 시장차원이나 경제적으로 의미가 있는가?

② 기업의 핵심적인 가치창출 자원의 모방곤란성 제고

• 마케팅의 초점을 특정 자산과 기업역량을 제고시키는 것은 물론 그들 사이의 상호작용을 지속적으로 향상시키는 데 두어야 한다. 만약 경쟁우위의 원천이 특정 자산이나 역량에 집중된 경우 경쟁기업의 모방이 용이할 수 있으나 이들 자산과 역량 사이의 시너지효과를 일으키는 조직능력에 의한 것인 경우에는 경쟁기업의 모방이 매우 어려울 것이다. 경쟁기업이 모방을 어렵도록 하는 것은 교차판매(cross sale)와 묶음판매(bundling sale) 같은 다양한 수단을 통해서도 추구할 수 있다.

3) 영속성

경쟁우위 창출 자원의 모방과 관련된 문제들은 고객추구가치는 물론 그 기초가 되는 가치창출자산의 영속성과 관련된 이슈들을 제기한다. 특정한 시장중심 자산 및 역량과 관련된 고객추구가치가 시간이 흐름에 따라 소모되거나 사라질 수 있기 때문에 영속성을 제고하기 위한 대응방안의 마련이 필요하다.

다양한 고객추구가치는 고객중심 우위의 영속성을 창출하고 유지하는 데 있어 몇 가지 통찰력을 제공한다. 첫째, 고객추구가치를 구성하는 내용들이 지속적으로 개선되어야 한다는 것이다. 만약 자동차 회사가 지속적으로 새로운 속성과 혜택의 추가, 태도의 재구성, 네트워크효과의 재창출 등을 하지 않으면, 경쟁자에게 '봉' (sitting–duck)이 될 것이다. 둘째, 고객

중심 우위는 하나의 고객추구가치 형태(속성, 혜택 등)로부터가 아닌 복수의 고객추구가치 형태들의 통합으로부터 나타난다는 것이다. 이러한 경우 고객추구가치의 영속성도 증가할 것이다. 셋째, 마케팅 담당자들은 단기의 모방이 곤란한 고객추구가치가 아닌 장기의 고객중심 우위를 모색한다는 것이다. 이는 다수의 시장대면 과정에서 거둔 우월한 성과를 기반으로 형성된 우위는 보다 영속적인 가치를 가지게 된다는 것을 의미한다.

4) 대체곤란성

경쟁우위의 원천이 되는 어떠한 자원이더라도 이를 대체할 수 있는 자원의 등장에 따른 우위 상실의 위험이 있게 마련이다. 또한 잠재적으로 발생할 수 있는 고객추구가치의 대체가능성도 있기 때문에 고객중심 우위를 지속적으로 유지하기 위해서는 다음 2가지 사항에 유의해야 한다. 첫째, 어디서 전략적으로 동등한 자원구성이 유래하는가? 둘째, 동등한 경쟁력을 갖거나 보다 우월한 고객추구가치를 창출하기 위해서는 자원들이 어떻게 진화되어야 하는가?

이와 관련하여 마케팅 담당자들은, 시장기회의 분석, 새로운 형태의 경쟁 탐지 또는 고객에게 동등한 가치의 해결책을 제시하는 경쟁자를 알아내는 데 있어 전통적인 제품 위주의 시장이나 산업 범주가 적절하지 않음을 오래전부터 인식해 왔다. 따라서 근본적으로 다른 제품이나 해결책으로 시장분석 방법을 바꿀 경우 자원희소성은 더 이상 우위를 갖지 못할 수 있으며, 자원의 모방에 대한 장벽도 대부분 실효성을 잃게 될 수 있다. 또한 자원 및 고객추구가치에 대해 예상되었던 영속성도 급격히 단기화될 수 있음에 유의해야 한다.

4.2 우위창출 자원의 형태

기업의 자원을 설명하기 위해 다양한 용어들이 사용된다. 예를 들어, 역량(competence)이란 용어는 가끔 기업능력(capability)이나 기술이라는 용어와 혼용되기도 한다. 이러한 모호함을 떨쳐내기 위해 자원이란 용어가 포괄적인 개념으로 가장 많이 채택된다.

자원은 유형자산, 무형자산 및 기업능력 등 3개의 그룹으로 분류된다. 이들 중 유형자산은 경쟁자들의 모방 노력을 방어하는데 상대적으로 가장 취약한 편이다. 무형자산은 상표권, 특허권은 물론 상품명과 기업명성, 기업 네트워크와 데이터베이스와 같은 지적재산권을 포함하는데 경쟁자의 모방 노력을 상대적으로 잘 방어해낼 수 있다. 단기적으로 무형자산의 고유한 복잡성과 독특성으로 인해 모방가능성과 대체가능성의 위험을 줄여준다. 마지막으로 기업능력은 설명하기가 가장 어려운 것으로 여겨져 왔으며, 가끔 보이지 않는 자산 또는 중간재로 설명되기도 한다.

기본적으로 기업능력은 개인이나 집단의 기술뿐만 아니라 기업의 모든 자산들이 조직화되고 조정되는 조직의 절차(routine)와 상호작용을 포괄한다. 이것의 예로는 일반적으로 팀워크, 조직문화, 경영층과 근로자 간 신뢰와 같은 것들이 있다. 기업능력의 경우에는 가치평가의 어려움으로 인해 거래의 대상이 되지 않는다. 이들은 학습과 변화의 어려움으로 인해 단기적으로 제한된 잠재능력(capacity)을 갖지만 장기적으로는 다른 자원들에 비해 무한한 잠재능력을 갖는다. 기업능력이 상호작용에 의한 것인 경우 인과관계의 모호성으로 인해 모방하기가 더욱 어려워진다. 자원준거관점 연구에서는 기업능력을 지속가능한 경쟁우위의 가장 유력한 원천으로 보는 경향이 있다.

4.3 경영자에 의한 전략선택

기업은 자신이 보유하는 자원이 여타 기업들의 것과 다른 이질성으로부터 나타날 수 있는 지속가능한 경쟁우위를 통해 경쟁기업보다 우월한 성과를 거둘 수 있다. 그러나 이러한 성과를 정확히 산출하기 위해서는 자원배치 비용도 고려해야 한다.

만약 전략요소시장[01]이 완전경쟁시장이라면 판매가격과 생산비용이 같은 수준이 되므로, 전략적 자원을 획득하는 비용은 자원의 경제적 가치와 거의 동일할 것이다. 하지만 전략요소시장은 불완전하기 마련인데 그 이유는 경쟁자들이 당면하는 경쟁환경의 불확실성으로 인해 전략의 미래가치에 대해 서로 다른 기대를 갖기 때문이다. 따라서 장 · 단기전략을 통해 창출가능한 가치에 대한 통찰력을 가지면서 전략 실행에 필요한 요소들을 경쟁기업보다 적은 비용으로 획득하는 기업이 초과수익을 거둘 수 있을 것이다. 이는 보다 정확한 예측력이나 행운에 기인할 수 있지만 두 가지 모두에 의해서도 기인할 수 있다.

한편 기업의 보유자원이 지속가능한 경쟁우위의 원천으로 형성되어가는 과정에서 경영자가 수행되는 역할의 중요성도 부각되고 있다. 특히 기업의 보유자원을 고객에게 필요한 가치로 전환시키는 것을 경영자의 역할 중 하나로 보는 것이다. 여기에는 기업의 보유자원에 대한 상황 확인과 개발, 보호 및 배치하는 것들이 포함된다. 경쟁우위 창출자원의 특성들이 잘 알려져 있음에도 불구하고 이러한 자원들을 확인하는 것이 기업 외부는 물론 내부에서조차 쉽지 않은 것은 이들 자원에 결부되어 있는 인과관계의 모호성 때문이다. 따라서 경영자는 이들 자원들이 잘 형성될 수 있도록 환경을 조성할 뿐만 아니라 적극 보호해 주어야 한다. 한편 경영자 역할이 매우 광범위하고 복잡다단한 점을 고려한다면 훌륭한 경영진은 그 자체가 바로 지

01 Barney(1986)는 전략수행에 필요한 자원을 획득하는 시장인 전략요소시장의 개념을 도입하여 자원배치 또는 자원전략의 비용을 연구하였다.

속가능한 경쟁우위의 잠재적 원천이 된다.

4.4 우위창출자원에 대한 공감대 형성

1) 공감대 형성의 필요성

기업이 전략을 수립하는 데 있어 자원을 중심으로 한 접근방법을 적용하기 위해서는 무엇보다도 먼저 기업이 통제할 수 있는 여러 자원들 중에서 지속가능한 경쟁우위의 원천으로 발전시켜 나갈 수 있는 자원을 확인해야 한다. 그 다음 이들 자원을 확충해나가기 위한 전략적 지원을 집중하는 것에 대해 조직 내에서 합의를 거친 공감대를 형성해야 한다.

이와 같은 공감대를 형성하는 데 있어 분파성(fragmentation)과 집단적 사고(group think)라는 2가지 요소를 고려해야 한다. 분파성이란 협력을 최소한으로 하면서 자신의 직무만을 우선적으로 추구하는 것을 말한다. 분파성이 강하게 나타나면 조직을 운영하는 데 있어 화합하는 모습이 미흡하게 된다. 이와 반대로 집단적 사고의 경우에는 조직이 매우 단결력이 있고 화합된 것 같은 모습을 보이게 된다. 하지만 집단적 사고방식으로 인한 병리현상이 나타날 수 있고 경우에 따라서는 과도하게 동질적한 마음가짐과 전체주의적인 경향을 갖게 되어 비판적인 분석기능이 저해되므로 장기적으로는 조직에 오히려 더 큰 악영향을 끼칠 수 있게 된다. 따라서 경영자에게는 이들 두 극단 사이에서 조직의 특성에 적합한 위치를 모색하는 것이 과제가 된다. 이러한 문제를 해결하기 위해서는 조직구성원들 모두가 기업의 핵심역량과 능력에 대한 올바른 이해를 공유하는 것이 필요하다.

Prahalad와 Hamel(1990)[25]에 따르면, 어떠한 자원이 핵심역량(core competence)으로 인식되기 위해서는 3가지 요건이 필요하다. 첫째, 고객에게 실질적인 혜택을 제공해야 한다. 둘째, 경쟁자가 모방하기 어려워야 한다. 셋째, 다양한 시장에 이용할 수 있어야 한다. 그리고 기업의 핵심역량은 기술적이거나 지식기반적인 요소를 가지는데 기술과 생산기법의 결합으로부터도 나타난다. 한편 기업의 능력(capability)은 업무를 수행하는 절차와 처리방법으로부터 형성된다. 이러한 능력은 개인과 조직구조 사이의 상호작용을 포함하는 복잡한 과정을 거쳐 형성되기 때문에 경쟁기업들이 모방하기가 어렵다.

전략을 수립하는 데 있어 자원준거 관점을 적용하기 위해서는 경영층이 내부 자원들을 통제할 수 있어야 한다. 경영층은 통제의 과정을 통해 지속적인 경쟁우위를 이끌어나갈 자원들은 더욱 확충하면서 향후 유용성이 떨어질 것으로 예상되는 자원들은 제거해 나가야 한다. 이때 자원의 가치를 결정하는 과정은 객관적인 기준에 따라야 하며, 조직 내에서의 충분한 논의와 분석의 기회가 제공되어야 한다. 이러한 과정을 거쳐 핵심역량과 능력에 대해 조직구성원들이 상호 이해를 공유하면서 수용할 수 있어야 한다. 그렇지 않다면 경영층의 의사결정들이 일관성 있게 추진되기 어려울 것이다.

그림 2-2 ▮ 기업자원의 체계

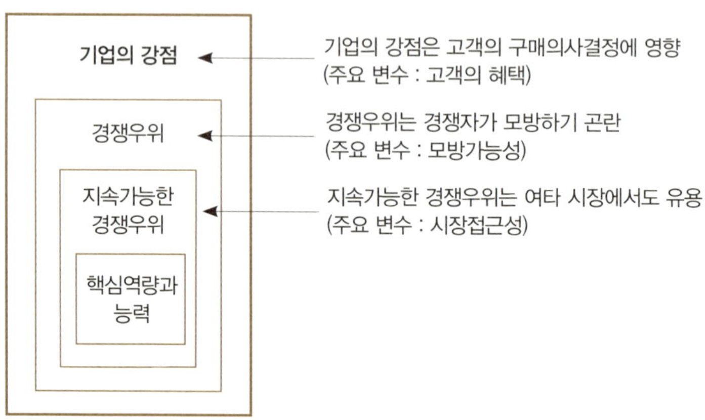

자료 : Prahalad와 Hamel(1990), *op. cit.*

2) 공감대 형성의 단계적 추진

경쟁우위의 원천이 되는 자원에 대해 조직구성원들 간에 공감대를 형성하기 위한 절차들을 2단계로 정리하면 다음 [표 2-3]과 같다.

단계 1은 기업보유 자원들에 대한 내부평가에 초점을 맞춘 것이다. 단계 1의 각 절차들은 다음 3가지의 원칙을 반영한다.

첫째, 자원은 고객의 관점에서 평가되어야 한다. 둘째, 현재의 자원보유 상황이 적절한 출발점이다. 셋째, 자원이 핵심역량으로 인식되기 위한 3가지 요건을 엄격히 적용하는 것이 '집단적 사고'의 병리현상을 회피하면서 객관성을 유지하는 최선의 방법이다.

단계 2에서는 미래지향적인 것으로 향후 변화 상황과 그에 대응한 현재의 핵심능력 평가 및 보완이 필요한 자원의 개발과 신제품/신시장 기회에 관한 의사결정들이 포함된다.

표 2-3 ▮ 공감대 형성을 위한 단계적 추진내용[26)]

단계1 : 핵심능력의 확인

절차	목표	주요 확인사항
1. 현재의 제품/시장 프로파일 준비	• 각 제품라인별로 시장을 분류 • 주요 경쟁자 확인 • 부문별 판매, 수익 및 자산 활용에 대한 각 부문의 기여 정도 설정 • 현행 성장률, 시장점유율, 경쟁적 지위를 검토	누구에게 무엇을 판매해야 하고, 어떻게 해야 하나?
2. 주요 제품/시장 부문에서 경쟁우위 및 열위의 원천 확인	• 현재의 성과 수준을 설명하는 비용, 제품 및 서비스의 속성을 확인	고객이 경쟁자가 아닌 우리의 제품을 왜 선택하였는가?

3. 조직능력과 역량 결정	• 경쟁우위에 기여하는 부문이 보유하고, 통제하는 물리적 및 지적 자산의 확인 • 비용과 제품 및 서비스 경쟁우위를 창출하는 기업의 업무수행 능력과 방법을 열거	우리 기업의 무엇이 비용우위, 우월한 품질 · 신뢰성 · A/S 지원을 가능케 하는가? 고객이 가치를 부여하는 것은 무엇인가?

단계2 : 핵심능력의 개발과 확충(leveraging)

절차	목표	주요 질문
4. 핵심역량과 능력의 분류	• 광범위한 시장접근, 유형의 고객혜택, 절차 3에서 확인된 기술, 자산 및 능력에 대한 모방 곤란성에 대해 시험 적용 • 제품/시장 의사결정에 가장 적절한 핵심능력 분류	우리의 강점과 능력들 중에서 어느 것이 조직의 미래를 위해 가장 중요한가?
5. 핵심 능력에 관한 공감대를 취합하여 도출	• 절차 4의 결과를 재검토하고 논의 • 유용한 것으로 선택된 핵심역량과 능력을 2~5개로 축약	우리 조직의 핵심적인 능력에 대해 조직구성원들이 동의할 수 있는가?
6. 현재 참여하는 시장의 미래 여건 평가	• 3~4년 후 고객 수요의 가능한 변화를 평가 • 이러한 미래 요구조건을 충족할 현재 핵심능력의 적절성 판단	우리 고객의 미래 요구조건을 충족시키기 위해 우리의 기술과 능력이 우리를 유리한 위치에 있게 하는가?
7. 우리의 기술과 관련하여 등장하는 시장 확인	• 우리의 기술과 능력이 지속가능한 경쟁우위에 적합할 수 있는 시장 기회를 판단	자본비용을 초과하는 이윤을 거두도록 우리의 기술이 고객과 시장기회에 실질적인 가치를 제공할 수 있게 하는 시장의 특징은 무엇인가?
8. 개발 계획을 공식화	• 미래능력의 필요, 자산 요구조건, 시장기회 및 제품 확산기회를 충족시켜 줄 계획을 개발	조직의 성과목표를 달성하기 위해 우리가 무엇을 해야 할 필요가 있는가?

참 | 고 | 문 | 헌

1) Keller, K. L.(1993), "Conceptualizing, Measuring and Managing Customer-Based Brand Equity", *Journal of Marketing*, 57(January), 1-22.
2) Kotler, P.(2000), *Marketing Management: Analysis, Planning, Implementation, And Control*, 10th eds., Prentice-Hall, Eaglewood Cliffs, NJ.
3) Srivastava, R. K., Liam Fahey and H. Kurt Christensen(2001), "The Resource-Based View and Marketing: The Role of Market-Based Assets in Gaining Competitive Advantage", *Journal of management*, 27, 777-802.
4) Tam, Jackie L. M.(2007), "Managing Customer Expectations in Financial Services: Opportunities and Challenges," *Journal of Financial Services Marketing*, 11(4), 281-289.
5) Miller, J.(1977), "Studying Satisfaction Modifying Models, Eliciting Expectations, Posing problems and Making Meaningful Measurement", in Hunt K.(ed) *Conceptualization and Measurement of Consumer Satisfaction and Dissatisfaction*, Marketing Science Institute, USA, 72-91.
6) Zeithaml, Valarie A., L. L. Berry, and A. Parasuraman(1993), "The Nature and Determinants of Customer Expectations of Service," *Journal of the Academy of the Marketing Science*, 21, 1-12.
7) Oliver, Richard L. and R. Winer(1987), "A Framework for the Formation and Structure of Consumer Expectations: Review and Propositions", *Journal of Economic Psychology*, 8, 469-499.
8) Mittal, Vikas, Ross Jr. William T. and Baldasare Patrick M.(1998), "The Asymmetric Impact of Negative and Positive Attribute-Level Performance on Overall Satisfaction and Repurchase Intentions", *Journal of marketing*, 62(1), 33-47.

9) Coyne, Kevin(1989), "Beyond Service Fads: Meaningful Strategies for the Real World", *Sloan Management Review*, 30, Summer, 69–76.

10) Finkelman, Daniel P. (1993), "Crossing the 'Zone of Indifference'", *Marketing Management*, 2(3), 22–32.

11) Homburg, Christian, Nicole Koschate, & Wayne D. Hoyer(2005), "Do Satisfied Customer Really Pay More? A Study of Relationship Between Customer Satisfaction and Willingness to pay", *Journal of Marketing*, 69, April, 84–96.

12) Woodruff, R. B., E. R. Cadotte, and R. L. Jenkins(1983), "Modeling Customer Satisfaction Processes Using Experience–Based Norms," *Journal of Marketing Research*, 20(August), 296–304.

13) Homburg 등 *op. cit.*

14) Yockey, Mark D. and Susan M. Kruml(2009), "Everything is Relative, but Relative to What? Defining and Identifying Reference Points", *Journal of Business and Management*, 15(1), 95–109.

15) Ruth, Julie A. and Anne York(2004), "Framing Information to Enhance Corporate Reputation : The Impact of Message Source, Information Type, and Reference Point", *Journal of Business Research*, 57, 15.

16) [표 2–1] 참고문헌을 정리함

–Latham, G. and G. Yukl(1975), "A Review of Research on the Application of Goal Setting in Organizations", *Academy of Management Journal*, 18, 824–845.

–Nadler, D. and E. Lawler(1977), "Motivation: A Diagnostic Approach", In R. Hackman, E. Lawler and L. Porter(eds.), *Perspectives on Behavior in Organizations*, McGraw–Hill, NY, 26–38.

–Hackman, R. and G. Oldham(1980), *Work Design*, Addison–Wesley, Reading, MA.

–Wernerfelt, B.(1984), "A Resource Based View of the Firm", *Strategic Management Journal*, 5(2), 171–180.

–Prahalad, C. K. and G. Hamel(1990), "The Core Competence of the Corporation", *Harvard Business review*, May–June, 79–91.

–Barney, J.(1991), "Firm Resources and Sustained Competitive

Advantage", *Journal of Management*, 17. 99-120.

-Bain, J.(1956), *Barriers to New Competition*, Harvard University Press, Cambridge, MA.

-Caves, R.(1977), American Industry: *Structure, Conduct, Performance*, Prentice-Hall, Englewood Cliffs, NJ.

-Porter, M.(1980), *Competitive Strategy*, Free Press, New York.

-Pfeffer, J.(1972), "Merger as a Response to Organizational Interdependence", *Administrative Science Quarterly*, 17, 382-394.

-Pfeffer, J. and P. Nowak(1976), "Joint Ventures and Interorganizational Interdependence", *Administrative Science Quarterly*, 21, 398-418.

-Pfeffer, J. and J. Salancik(1978), *The External Control of Organizations*, Harper & Row, New York.

-Meyer, J. and B. Rowan(1977), "Institutionalized Organizations: Formal Structure as Myth and Ceremony", *American Journal of Sociology*, 83, 340-363.

-DiMaggio, P. and W. Powell(1983), "The Iron Cage Revisited: Institutional Isomorphism and Collective Rationality in Organizational Fields", *American Sociological Review*, 48, 147-160.

-Westley, F. and H. Mintzberg(1989), "Visionary Leadership and Strategic Management", *Strategic Management Journal*, Summer Special Issue, 10, 17-32.

-Torbert, W.(1987), *Managing the Corporate Dream*, Irwin, Homewood, IL.

-Dutton, J. and J. Dukerich(1991), "Keeping an Eye on the Mirror: The Role of Image and Identity in Organizational Adaptation", *Academy of Management Journal*, 34, 517-554.

-Hasegawa, K.(1986), *Japanese-Style Management*, Kodansha International, Tokyo.

-Imai M.(1986), *Kaizen*, Random House, New York.

-Hamel, G. and C. K. Prahalad(May-June 1989), "Strategic Intent", *Harvard Business Review*, 63-76.

17) [표 2-2] 참고문헌을 정리함.

-Jackson, S. and J. Dutton(1988), "Discerning Threats and Opportunities", *Administrative Science Quarterly*, 33, 370-387.

-Staw, B., L. Sandelands and J. Dutton(1981), "Threat-Rigidity Cycles in Organizational Behavior: A Multi-Level Analysis", *Administrative Science Quarterly*, 26, 501-524.

-Dutton, J. and S. Jackson(1987), "Categorizing Strategic Issues: Links to Organizational Action", *Academy of Management Review*, 12, 76-90.

-Kahneman, D., and A. Tversky(1979), "Prospect Theory: An Analysis of Decision under Risk," *Econometrica*, 47(2), 263-291.

18) Hsee Christopher K. and Leclerc France(1998), "Will Products Look More Attractive When Presented Separately or Together?", *The Journal of Consumer Research*, 25(2), 175-186.

19) 정재학 · 지승헌(2006), "경쟁제품이 제품가치에 미치는 비교효과에 대한 연구", 마케팅연구, 21(4), 111-134.

20) Srivastava 등 *op. cit*.

21) Drucker, P. F.(1986), *Innovation and Entrepreneurship: Practice and Principles*, Harper & Row, New York.

22) Spender, J. C.(1996), "Making Knowledge the Basis of A Dynamic Theory of the Firm", *Strategic Management Journal*, 17(Winter Special Issue), 45-62.

23) Srivastava, R. K., T. Shervani and L. Fahey(1998), "Market Based Assets and Shareholder Value: A Framework for Analysis", *Journal of Marketing*, 62(1), 2-18.

24) Srivastava 등(1998). *op. cit*.

25) Prahalad and Hamel(1990), *op. cit*.

26) Marino, Kenneth E.(1996), "Developing Consensus on Firm Competencies and Capabilities", *The Academy of Management Executives*, 10(3), 40-51.

CHAPTER · 03

서비스 및 서비스품질

1. 서비스
2. 서비스품질
3. 서비스품질의 다차원성
4. 서비스품질의 측정방법

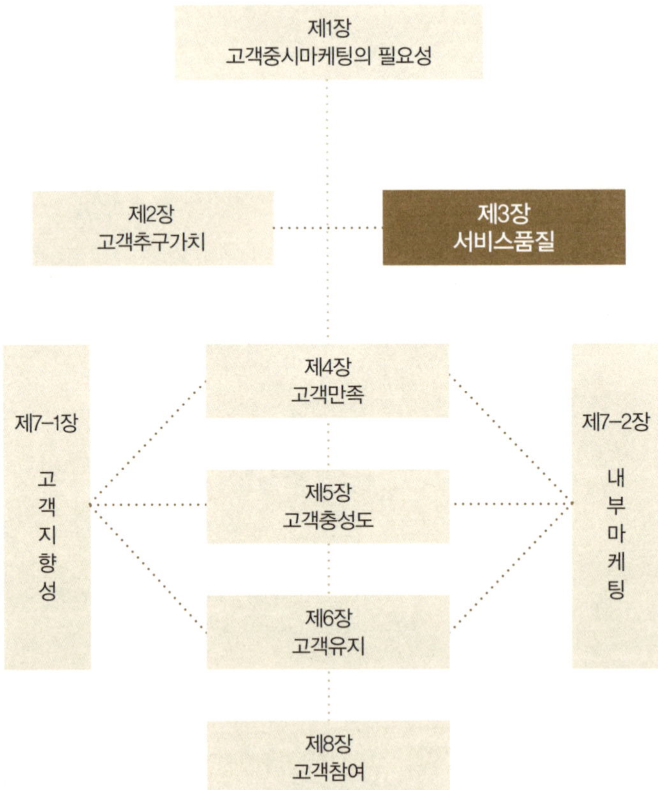
제1장
고객중시마케팅의 필요성
제2장
고객추구가치
제3장
서비스품질
제4장
고객만족
제5장
고객충성도
제6장
고객유지
제7-1장
고객지향성
제7-2장
내부마케팅
제8장
고객참여

1. 서비스

1.1 서비스의 정의

우리가 일상적으로 사용하는 서비스라는 용어에 대해 대부분의 사람들이 그 개념이 무엇인지에 대해 대체로 유사한 내용으로 이해를 하고 있지만 그것이 무엇인지 명확히 설명하려면 쉽지 않은 것이 사실이다. 학문적으로도 서비스라는 용어에 대해 일반적으로 인정되고 있는 정의가 아직 정립되어 있지 않기도 하다. 그 이유는 서비스가 인적 서비스에서부터 제품으로서의 서비스에 이르기까지 다양한 속성을 지니고 있기 때문일 뿐만 아니라 서비스란 용어 자체의 사용범위도 매우 광범위하여 학자마다 보는 관점에 따라 다양하게 정의하고 있기 때문이다.

마케팅 분야에서 서비스에 대한 연구는 서비스산업의 성장과 더불어 발전하여 왔으며, 서비스에 대한 개념 정의를 시도하였던 초창기부터 주로 유형재 제품과 비교한 서비스의 개념과 특성에 관해 많은 연구들이 있었다. 초창기 서비스에 대한 개념 정의로 미국마케팅학회(AMA : American Marketing Association)는 "판매를 위해 제공되거나 상품의 판매와 관련하여 제공된 활동, 편익 또는 만족"이라고 제시하였다. 이후 서비스에 대해 다음 [표 3-1]과 같이 학자들마다 다양한 정의를 제시하고 있다.

표 3-1 ▮ 서비스에 대한 정의들[1)]

	서비스에 대한 정의
AMA(1960)	판매를 위해 제공되거나 상품의 판매와 관련하여 제공된 활동, 편익 또는 만족
Regan(1963)	직접적으로 만족을 주는 무형물(보험)이나 유형물(교통, 주거) 또는 상품이나 서비스의 구매에 따라 만족을 주는 무형물(신용, 배달)
Judd(1964)	시장거래의 대상으로 유형적 상품의 소유권 이전 이외의 것
Bessom(1973)	판매를 위해 가치 있는 편익이나 만족을 제공하는 활동. 이러한 활동에는 소비자 스스로 수행할 수 없거나 수행하지 않기 위해 선택하는 것들이 해당
Blois(1974)	상품의 물리적 형태를 변화시키는 것이 없이 판매를 위해 편익과 만족을 제공하는 활동
Stanton(1974)	고객에게 판매될 때 욕구만족을 제공하는 별도 확인 가능하고 무형적인 활동으로, 반드시 상품이나 여타 서비스의 판매와 연계될 필요가 없음
Lehtinen(1983)	대면하는 사람이나 물리적 기계와의 상호작용에서 발생하면서 고객만족을 제공하는 활동
Andresen, et al.(1983)	직접적 또는 간접적으로 반대급부가 지불이 되며, 크고 작은 물리적 또는 기술적 요소가 포함된 무형적 편익
Kotler and Bloom(1984)	본질적으로 무형적인 것으로서 소유권 확보로 나타나지 않는 활동이나 편익. 그에 따른 산출물은 물리적 제품과 연결되거나 연결되지 않을 수 있음
Free(1987)	공급자에게 추가적인 이익을 제공하는 방법으로 경쟁에 부합하거나 유리한 일련의 기능을 제공함으로써 판매 및 판매 후 과정에 걸쳐 고객의 기대를 충족시켜주는 것
Gummesson(1987)	구매나 판매할 수는 있어도 당신의 발 위에 떨어뜨릴 수는 없는 것
Grö nroos(1990)	고객의 문제를 해결하기 위해 제공되는 것으로 대체로 고객과 서비스종업원이나 물리적 자원 또는 상품 또는 공급자 시스템 사이의 상호작용으로 발생하는 다소 무형적 속성의 활동이나 일련의 활동
Zeithaml and Bitner(1996)	일반적으로 생산되는 순간에 소비되며, 소비자에게 무형의 가치를 제공하는 모든 활동
Zeithaml, Bitner and Gremler (2008)	일반적으로 생산과 동시에 소비되고, 최초 구매자에게 기본적으로 무형의 형태(예 : 편안함, 즐거움, 적시성, 안락함 또는 건강)로 부가된 가치를 제공하며, 물리적 제품이나 건설과 같은 성과로 나타나지 않는 모든 경제적 활동

1.2 서비스의 특질

서비스 선택 시 고객은 서비스 내용의 좋고 나쁨이나 가격 등을 자신의 판단기준에 따라 평가하고 그 중에서 마음에 드는 서비스상품을 구입한다. 그런데 서비스상품의 경우 유형재 제품과는 다른 다양하고도 독특한 특성을 갖고 있고 간접적인 경험도 어려워 상품 선택이 쉽지 않은 경우가 대부분이다.

일반적으로 인정되고 있는 제품과 서비스 사이의 고유한 차이로는 무형성, 비분리성, 이질성, 소멸성과 같은 4가지를 들 수 있다.[2)]

첫째, 무형성(intangibility)은 가장 보편적으로 언급되고 있는 특성으로 서비스는 대상이 아니라 어떠한 성과나 행동이라고 볼 수 있기 때문에 보거나 느낄 수 없으며 맛보거나 만질 수 없다는 것이다.

둘째, 비분리성(inseparability)은 서비스의 생산과정에서 소비가 동시에 이루어지는 것을 의미한다. 즉 생산된 이후 저장, 판매, 소비가 단계적으로 이루어지는 제품과 다른 생산과 소비과정을 거친다.

셋째, 이질성(heterogeneity)은 동일한 품질의 서비스가 일정하게 제공될 수 없다는 것을 의미한다. 서비스는 시간이 경과함에 따라 그 내용이 달라질 수 있으며, 서비스를 제공하는 직원이나 제공받는 고객에 따라서도 달라질 수 있다는 것이다.

끝으로, 소멸성(perishability)은 서비스가 저장될 수 없다는 것이다. 물리적인 제품은 생산된 후 판매가 되지 않을 경우 재고로 보관할 수 있다. 그러나 서비스는 생산과 동시에 소비가 이루어지지 않으면 소멸되고 만다.

이러한 특성으로 인하여 서비스는 그 결과뿐만 아니라 고객에게 서비스가 제공되는 과정, 즉 관계의 품질(relationship quality)에 의해서도 평가된다. 이는 서비스 결과에 관한 평가가 장기적으로는 사실에 근거한 객관적인 평가에 가까울 수 있으나 관계의 품질은 소비 당시 현장에서 느끼는 평가이므로 보다 의미있는 평가가 될 수 있기 때문이다. 예를 들어 판매직원으로부터 추천받은 서비스상품의 보장내용이 자신의 욕구에 적합한 것이라 하더라도 추천과정에서 판매직원의 태도 여하에 따라 상품에 대한 평가가 달라질 수도 있는 것이다.

이와 같이 관계의 품질이 나쁘면 결과품질이 아무리 좋다고 하더라도 고객으로부터 좋은 평가를 얻기 힘들게 된다. 따라서 서비스산업에서는 고객의 욕구와 필요를 충족시키기 위해 그리고 경쟁우위를 발휘하기 위해 고객과의 접점인 판매현장에서의 활동이 중요한 비중을 차지하고 있다.

사례 : 진실의 순간(MOT : Moment of Truth)

스페인의 투우경기에서 유래한 경영 개념으로 투우사가 황소를 상대로 화려하게 묘기를 부리며 힘을 뺀 뒤 마지막으로 황소 정수리에 칼을 찌르려는 순간이 바로 진실의 순간(또는 결정의 순간)이다. 이때 황소를 한 번에 쓰러뜨리면 그 날의 투우가 성공적으로 끝나지만 실패하면 투우사는 은퇴를 각오해야 한다. 성공과 실패가 바로 한 순간에 갈리는 것이다.

서비스 마케팅에서 진실의 순간이란, 고객이 기업과 접촉하는 모든 순간(예: 고객이 종업원과 대면하는 순간, 순서를 기다리는 순간 등)으로 기업의 서비스에 대한 고객의 인상이 결정되는 순간이기도 하다. 따라서 진실의 순간은 고객이 구매의사를 결정하는 순간일 수도 있다.

1970년대 오일쇼크로 2년 연속 적자를 기록한 스칸디나비아항공(SAS)의 부사장 얀 칼슨(Jan Carlzon)은 직원들이 처음 고객을 만나는 평균 15초 동안의 짧은 순간이 스칸디나비아항공의 전체 이미지, 나아가 사업의 성공을 좌우한다고 생각하였다. 즉 15초 동안의 짧은 순간에 고객을 평생 단골로 만드느냐 여부가 결정된다고 보았다. 그는 진실의 순간을 처음으로 경영전략에 접목하여 고객의 입장에서 서비스품질을 개선함으로써 스칸디나비아항공을 불과 1년 만에 적자에서 흑자로 전환시켰다.

그런데 사람이 외부로부터 받아들이는 정보는 초당 1,100만 바이트이나 의식이 처리하는 속도는 40바이트에 불과하다고 한다. 그리고 하버드대 경영대학원 잘트만 교수에 따르면 인간의 의식활동 중 무의식이 차지하는 비중이 95%이고, 의식의 비중은 5%라고 한다. 따라서 짧은 시간인 진실의 순간에 수행되는 고객의 판단에는 무의식적인 과정이 많이 작용하게 된다. 그러므로 기업이 새로운 고객을 확보하기 위해서는 의식적인 판단뿐만 아니라 무의식적인 판단에 있어서도 고객이 우호적인 평가를 할 수 있도록 대비해야 한다.

이와 같은 문제점을 해결하기 위해서는 각각의 서비스 특성에 알맞은 대응전략이 요구된다. 다음 [표 3-2]는 서비스의 특성에 따른 문제점과 대응되는 마케팅전략을 제시한 것이다.

표 3-2 ▮ 서비스 특성에 따른 문제점과 대응전략

서비스 특성	문제점[1]	대응전략[2]
무형성	• 보관이 불가능 • 특허로 법적 보호가 곤란 • 고객에게 제시하기가 곤란 • 가격설정이 곤란	• 서비스 내용에 대한 안내 강화 • 인적 접촉 및 기업이미지 관리 • 구전활동을 적극 활용 • 원가회계를 이용한 가격정책 • 구매 후 커뮤니케이션 강화
비분리성	• 고객이 거래에 참여 및 영향 행사 • 고객들 간에 상호 영향 행사 • 종업원이 서비스 성과에 영향 • 분권화된 생산이 불가피할 가능성 • 대량생산이 곤란	• 고객 커뮤니티를 통한 여론주도 • 고객관리 강화 • 창구직원의 채용심사 및 훈련강화 • 여러 지역에 서비스망 구축
이질성	• 서비스제공과 고객만족이 종업원과 고객의 행위에 의존 • 서비스품질이 통제 곤란한 요인에 의존 • 제공된 서비스와 계획된 서비스의 일치 여부에 대해 확실한 지식 결여	• 고객별 차별화된 맞춤 서비스 • 서비스의 표준화 • 판매 후 고객평가 피드백
소멸성	• 수요와 공급을 일치시키기 곤란 • 환매 및 재판매 불가능	• 수요와 공급 간 조화 도모 • 수요변동에 대처하는 전략 강구 • 환매요건 사전 명시

자료 : 1) Zeithaml, V. A., M. J. Bitner, and D. D. Gremler(2008), *Service Marketing*, McGraw-Hill International Edition, 20.

2) 이유재(2003), 서비스마케팅, 학현사, p.27 일부 인용

2. 서비스품질

2.1 서비스품질의 정의

1) 품질

일반적으로 품질(quality)은 제품의 유용성을 결정하는 성질 또는 제품이 사용목적을 수행하기 위해 갖추고 있어야 할 기본적인 속성이며, 여러 가지 특성들의 집합으로 이루어져 있기 때문에 다양한 측면을 반영하는 개념이 된다. 그러나 품질의 개념이 소비자에게는 우수함, 고급스러움, 돋보임 등과 같이 불명확하고 애매한 용어로 받아들여지기도 한다.

이와 같은 품질의 개념에 대한 접근방법은 선험적, 제품중심적, 사용자중심적, 제조중심적 및 가치중심적 접근방법의 다섯 가지로 분류할 수 있다.[3)]

선험적 접근방법(transcendent approach)에 의하면, 품질은 정신도 물질도 아닌 독립적인 제3의 실체로 우월성과 같은 뜻을 지니며, 절대적이고 일반적으로 인식할 수 있는 엄격한 표준과 높은 성취의 상징을 의미한다.

이와 달리 제품중심적 접근방법(product-based approach)에서의 품질은 측정가능한 변수로 파악된다. 즉, 품질의 차이는 상품에 내재하는 속성이나 구성요소의 속성의 차이를 반영하는 것이므로 제품이 지니는 바람직한 속성에 따라 등급을 매김으로써 품질의 상대적인 수준을 파악할 수 있다는 것을 의미한다. 이와 같은 접근방법은 객관적인 시각이므로 주관적인 취향, 욕구, 선호도 등을 설명하지 못한다는 한계를 가진다.

한편 사용자중심적 접근방법(user-based approach)에 의하면, 품질은 고객 개개인에 따라 다르게 받아들여진다는 관점에서 출발한다. 즉 고객은 서로 다른 욕구와 필요를 지니고 있고 이러한 욕구와 필요를 잘 만족시키는 제품이 고객들로부터 가장 좋은 품질을 지닌 제품으로 여겨진다는 것이다. 이는 품질이 개인적 특성을 갖고 있는 주관적 개념이라는 측면에서 이해될 수 있으므로 고객에게 최고의 만족을 제공하는 제품특성과 최적의 제품조합이라는 개념을 품질이라고 볼 수 있다.

그리고 제조중심적 접근방법(manufacturing-based approach)은 공급자중심적이며 공학과 제조능력에 의해 품질이 결정된다고 보는 것이다. 따라서 '요구사항과의 일치 정도'로 품질을 정의할 수 있으며, 설계와 규격이 정해진 제품에 있어 이러한 기준으로부터의 편차가 커질수록 바로 품질이 낮아진다는 의미를 내포하게 된다.

마지막으로 가치중심적 접근방법(value-based approach)은 품질을 비용과 가치에 의해 정의하는 것으로, 제품의 우월성과 같은 상대적 가치 차이를 통해 품질을 확인할 수 있다는 것이다.

사례 : 품질경영과 휴먼시그마

초기에는 제품결함을 없애자는 취지의 '품질관리'가 불량률을 줄이는 무결점(Zero Defect) 차원의 개념에서 최근에는 궁극적인 고객의 가치창출(Value Creation)을 추구하는 '품질경영'으로 의미가 확대되고 있다. 품질경영을 도입하는 곳도 제조업에서 서비스기업, 관공서, 의료기관 등으로까지 확대되고 있다.

품질경영에서 많이 활용되고 있는 '식스시그마(6 Sigma)' 기법은 과정과 시스템 그리고 결과물에서 나타날 수 있는 가변성을 줄이고 업무수행을 개선시킴으로써 비즈니스를 최적화하기 위한 전략을 제공한다. 그런데 식스시그마 기법이 제조업에서는 효과가 크지만 서비스기업과 같이 직원과 고객의 상호작용이 필요하고 사람이 중심이 되는 비즈니스에서는 한계가 있는 것으로 나타났다. 따라서 인간본성의 차이를 받아들여 직원을 관리하고 동기부여 및 고객의 마음을 사로잡는데 사용하기 위한 '휴먼시그마(Human Sigma)' 기법이 시도되고 있다. 휴먼시그마 기법에서 품질향상이란 고객관계를 조성하고 유지하는 방법에 있어 식스시그마와 달리 고객대면 서비스의 질을 개선시키기 위해 고객별로 차별화된 서비스를 제공하는 등으로 가변성을 늘리는 것이다.

자료 : Fleming and Asplund, 휴먼 시그마, 팜파스, 2008, pp.47~48 인용

2) 서비스품질

품질의 개념에 대해 다양한 측면으로 접근하고 있는 것과 마찬가지로 서비스품질의 개념에 대해서도 다양하게 시도되고 있다.

서비스품질의 개념은 6가지 측면으로 구분하여 설명할 수 있다.[4)]

첫째, 철학적 측면으로 서비스품질이 태도와 마음의 상태에서 발생한다는 것으로, 친절한 접대를 위해서는 이를 위한 마음가짐이 필요하다는 개념이다.

둘째, 기술과 기능 측면으로 고객에게 서비스를 제대로 제공하기 위해서는 서비스제공자가 충분한 전문성을 갖추어야 하며 데이터베이스시스템 등 고객의 필요와 욕구를 충족시켜 줄 수 있는 시스템도 뒷받침되어야 한다는 개념이다. 여기서 기능적 측면은 종업원의 서비스 방법, 태도, 외모, 행동 등이 해당되며, 기술적 측면에는 고객이 구체적으로 필요로 하는 객실, 교통, 음식 등이 해당된다.

셋째, 상품속성 측면으로 경영자가 서비스 전달과정의 특정한 부분에 구체적인 업무표준을 설정하여 수행한다면 서비스품질이 관리 통제될 수 있다는 개념이다.

넷째, 과정(process) 측면으로 서비스품질에 대한 고객의 평가에는 서비스 결과만이 아니라 서비스 제공과정도 포함되어 있다는 개념이다.

다섯째, 품질을 평가하는 고객들의 기대와 욕구는 항시 변화하게 되므로 고객들이 서비스품질을 평가하는 변수 또한 환경에 의해 무수히 영향을 받게 된다는 개념이다.

여섯째는 종합적인 정의로, 서비스품질이란 철학이며 성공을 위한 기본요소이며 기대보다 높은 만족을 제공하기 위한 것으로 보는 개념이다. 그러므로 좋은 서비스를 제공하기 위하여 서비스제공자는 교육훈련과 지식, 예의, 서비스 정신, 태도를 지녀야 하며, 이러한 것이 갖추어졌을 때 우수한 서비스를 제공할 수 있게 되며 그에 따른 결과는 기업의 이익향상에 기여하게 된다는 것이다.

이와 같이 서비스품질에 대한 다양한 접근방법으로 인해 연구자마다 보는 관점에 따라 정의하는 방법이 달라질 수 있다. Dodds와 Monroe(1985)[5]는 객관적 품질과 주관적 품질의 두 가지 견해를 제시하였다. 여기서 객관적 품질이란 제품들 사이의 실제적인 기술적 우월성이나 탁월성을 설명하기 위한 개념이며, 주관적 품질은 객체에 대한 사람들의 주관적 반응을 포함하는 개념이다.

주관적 품질의 관점에서 Driver와 Johnston(2001)[6]은 동일한 서비스에 대해 어떤 고객은 매우 좋게 평가하는 반면, 다른 고객들은 나쁘게 평가하기도 하는 현상에 주목하였다. 또한 이들에 따르면 고객의 성향에 따라 서비스품질의 지각에 있어 어떤 소비자는 '대인적 품질'을 우선적으로 판단하지만 또 어떤 소비자들은 '비대인적 품질'을 우선적으로 판단한다는 것이다.

그리고 Grönroos(1984)[7]는 서비스품질을 "기술적 또는 결과적 품질(technical or outcome quality)과 기능적 또는 과정적 품질(functional or process quality)이 결합된 개념"이라고 하면서, 궁극적으로 전달되는 서비스는 "무엇(What)"이며 그것이 "어떻게(How)" 전달되는가에 초점을 두고 설명하였다.

또한 Lethinen과 Lethinen(1982)[8]은 서비스품질을 "과정품질(process quality)과 결과물품질(output quality)의 결합"으로 보았다. 과정품질은 서비스가 전달되는(혹은 생산되는) 동안 고객에 의해 판단되는 서비스품질을 의미하며, 결과물품질은 서비스가 수행된 이후 고객에 의해 평가된 서비스품질이라 할 수 있다. 이들은 이후 기존의 관점을 수정하여 서비스품질이 물리적 품질, 상호작용 품질 그리고 기업 품질과 같은 3가지로 구성된다고 주장하였다. 여기서 물리적 품질은 서비스기업의 물리적 자원으로서 설비, 건물, 기계 등이 속하며, 상호작용 품질은 고객과 서비스제공자 혹은 고객과 다른 고객과의 상호작용에 의해 결정된다는 것이다. 그리고 기업품질에는 그 기업이 가지고 있는 이미지와 기업의 프로필 등이 속한다.

이들과는 다른 관점에서 Parasuraman 등(1985)[9]은 서비스품질이 "고객이 서비스에 대해 기대한 품질(expected quality)와 지각한 품질(perceived quality)의 차이에 의해 평가될 수 있는 것"으로 보았다.

이와 다른 서비스품질에 대한 정의로 "조직과 서비스의 상대적 우열성에 대한 소비자의 전반적인 인상," "서비스의 전반적 우월성이나 우수성에 대한 고객의 평가," "실제 서비스 성과에 대한 고객의 지각과 고객의 서비스에 대한 사전 기대치와의 비교를 통한 소비자 지각," "특정 서비스의 전반적인 탁월성이나 우월성에 관한 소비자의 판단으로 객관적 품질과는 다른 태도의 한 형태" 등이 있다.

이러한 정의의 대체적인 공통점은 지각된 서비스품질을 지속적인 정서적 방향을 의미하는 전반적인 태도와 유사한 개념으로 보고 있는데, 그 이유는 지각된 서비스품질이 제품이나 서비스에 대한 전반적인 평가를 나타내기 때문이다.

이와 같은 지각된 서비스품질 개념은 소비자행동분야의 서비스품질 연구에서 주로 이용되는데 다음과 같은 네 가지의 특징을 지닌다. 첫째, 객관적이거나 실질적인 품질과는 다른 개념이다. 둘째, 구체적인 제품속성보다는 추상성이 강하다. 셋째, 태도와 유사한 전반적인 평가이다. 넷째, 고객의 환기수준 내에 위치하는 판단이다.

사례 : 고객의 체험단서(clues)

고객의 체험단서란 소비과정에서 보고, 듣고 하는 것을 통해 지각한 것들을 말하며, 고객의 생각, 느낌 및 행동에 영향을 미친다. 고객은 의식적이거나 무의식적으로 체험단서에 따라 제품/서비스에 대한 이성적인 인상과 감성적인 인상을 갖게 된다.

Haeckel 등(2003)은 체험단서를 크게 기능적(functional) 단서, 물리적(mechanic) 단서 및 인적(human) 단서의 3가지 종류로 분류하였다.

스가 제공하려는 본연의 핵심기능과 관련되어 나타나는 단서들이다. 예를 들어 호텔방에서 냉난방은 잘 되는지? TV는 잘 작동하는지? 룸서비스는 주문받은 대로 정확히 제공되는지? 와 같은 것들이므로 가장 쉽게 지각되고 이해된다. 고객들은 제품/서비스의 핵심기능을 통해 필요와 욕구를 해결하게 되므로 기능적 단서에 대해 가장 민감하게 반응한다.

둘째, 물리적 체험단서는 제품이나 서비스가 제공되는 물리적 환경에 의해 제시되는 단서들로 감각적인 측면에서 나타난다. 예를 들어, 넓은 복도, 식당 테이블 간격, 편리한 디자인, 편안한 조명과 같이 시각, 청각, 후각 등 오감을 자극하는 단서들이므로 대부분 감성적이며 무의식적으로 작용한다. 물리적 체험단서는 식당을 선택할 때 미리 분위기를 살펴보는 것과 같이 여타 체험단서들보다 대체로 먼저 경험하게 되기 때문에 제품/서비스에 대한 첫인상 형성과 기대감을 높여주는 역할을 한다.

셋째, 인적 체험단서는 서비스제공자의 행동이나 외양에 의해 드러나는 단서이다. 예를 들어, 서비스제공자의 제스처, 사용하는 용어, 목소리 크기, 열정, 적절한 복장 같은 것들이다. 이는 고객의 욕구와 필요를 이해하고 충족시키려는 기업의 노력을 나타내며 자연스럽게 감지되는 것이기 때문에 감성적인 반응을 불러일으킨다. 인적 체험단서는 대체로 고객이 기대하지 않았던 것들인데 고객과 서비스제공자 간에 감성교류를 불러일으키기 때문에 예상치 못한 감동이나 실망을 주게 된다.

고객의 지각에 대한 체험단서의 영향

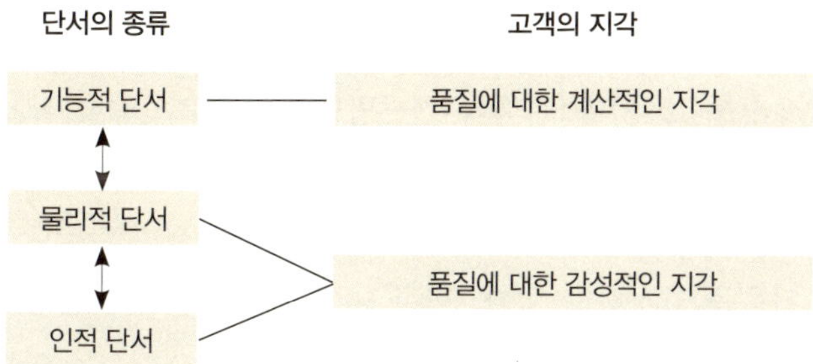

자료 : Berry, Leonard L., Eileen A. Wall and Lewis P. Carbone(2006), "Service Clues and Customer Assessment of the Service Experience : Lessons from Marketing", *Academy of Management Perspectives*, 20(2), 43-57.

2.2 서비스품질 연구의 접근방법

서비스품질 이론의 기초는 제품품질과 고객만족 분야의 연구에서 유래한다. 그리고 초기 서비스품질의 개념화는 유형재 상품과 관련한 연구에서 채택한 '불일치 패러다임(disconfirmation paradigm)'에 근거하며, 그 대표적인 사례는 Grönroos(1982)[10]가 서비스품질을 '기대된 서비스에 대비한 지각된 서비스'를 기준으로 개념화한 것이라 하겠다. 이와 같은 불일치 패러다임은 Parasuraman 등(1985)[11]이 제시한 초기 SERVQUAL 모델의 이론적 기초가 되었으며, 동 모델은 서비스품질을 고객이 기대한 서비스 수준과 지각한 수준의 차이로 보았다.

그동안 서비스품질을 어떻게 측정할 것인지에 대해서는 상당한 진전이 있어 왔으나 무엇을 측정해야 하는지에 대해서는 아직 별진전이 없는 상태이다.

하지만 지금까지 서비스품질에 대해 일반적으로 수용되고 있는 접근방법은 두 가지이며, 대부분의 연구에서 이 둘 중 하나를 채택하고 있다. 첫째는, Grönroos(1984)의 'Nordic' 접근방법으로 이는 서비스품질의 차원이 기능적 품질과 기술적 품질로 구성되었다고 정의한다. 둘째는, Parasuraman 등(1988)의 '미국식' 접근방법으로 SERVQUAL 모델로 대표되며 이는 5개 차원(유형성, 신뢰성, 반응성, 확신성, 공감성)에 22개 측정항목으로 구성되어 있다. 각 접근방법들은 서비스품질의 다양한 요소들이나 선행조건들을 가정하고 있다. 비록 미국식 접근방법이 문헌의 다수를 차지하고 있지만 어떤 접근방법이 보다 적절한지에 대해서는 아직 합의가 이루어지지 않은 상태이다. 하지만 지금까지의 연구들은 주로 SERVQUAL 모델을 이용한 서비스품질의 측정에 초점을 맞춰 왔다.

SERVQUAL 모델이 서비스품질의 측정에 대한 이해를 개선하는 데 기여했음에도 불구하고 두 가지 문제점이 제기되었다. 첫째는, 이 모델이 서비스전달 과정에만 초점을 맞추고 서비스에 따른 성과를 도외시했다는 비판이다. 둘째는, 서비스품질의 측정에 대한 문제이다. Parasuraman 등(1988)은 기대불일치 패러다임에 토대를 두고 서비스에 대한 고객의 기대와 성과를 비교하여 그 차이점수(difference score)를 이용해서 서비스품질을 평가해야 한다고 주장하였다(대표적인 모델이 SERVQUAL이다). 그러나 Cronin과 Taylor(1992)[12]는 서비스품질을 평가하는 데 있어 차이점수보다는 서비스 수행결과에 기초하여 성과에 대한 지각만을 측정하는 비차이점수(non-difference score) 방식이 보다 타당하다는 연구결과를 제시하였다(대표적인 모델이 SERVPERF이다).

표 3-3 ▮ 차이점수법과 비차이점수법의 서비스품질 평가변수 측정방법 비교

〈설문내용〉
다음은 귀하 자녀가 다니는 어린이집과 관련된 조사항목들입니다. 각 항목에 대해 귀하가 동의하는 수준에 해당하는 숫자를 (   ) 내에 적어주시기 바랍니다.

(동의 수준의 예)

전혀 동의 안함	동의 안함	다소 동의 안함	보통임	다소 동의함	동의함	매우 동의함
(1)	(2)	(3)	(4)	(5)	(6)	(7)

1. 귀하 자녀의 어린이집을 선택하기 전에 다음 조사항목들에 대해 어느 정도의 기대를 가지고 있었습니까?
   1) 어린이집은 청결할 것이다. (7)
   2) 어린이집은 보육료가 저렴할 것이다. (3)

2. 귀하 자녀가 현재 다니고 있는 어린이집을 이용한 후에 느낀 점을 평가해주시기 바랍니다.
   1) 우리 아이가 다니는 어린이집은 청결하다. (5)
   2) 우리 아이가 다니는 어린이집은 보육료가 저렴하다. (6)

⇒ 어린이집 서비스품질 평가 변수의 측정값

▷ 차이점수법(예 : SERVQUAL 모델)
- 어린이집 청결도 = 5(지각치) − 7(기대치) = −2점
- 어린이집 분위기 = 6(지각치) − 3(기대치) = 3점

* 차이점수법에서 7점 척도에 의한 측정값은 −6점에서 6점까지가 된다.

▷ 비차이점수법(예 : SERVPERF 모델)
- 어린이집 청결도 = 5점(지각치)
- 어린이집 분위기 = 6점(지각치)

*비차이점수법에서 7점 척도에 의한 측정값은 1점에서 7점까지가 된다.

2가지 방법 중에서 많은 연구자들이 비차이점수 방식의 우월성을 지지하고 있지만 일반적으로는 연구의 목적에 따라 적절한 측정방법을 선택하는 것이 바람직하다고 한다. 즉 지각된 서비스품질에 대한 예측력 또는 설명력을 알아보고자 하는 경우에는 비차이점수 방식이 적절하고, 제공되는 서비스의 부족분을 정확히 측정하고자 하는 경우에는 차이점수 방식이 적합하다는 것이다.

한편 Grönroos(1984)[13]는고객에게 인지되는 서비스의 품질에 '기술적 품질'과 '기능적 품질'의 2가지 차원이 있음을 지적하였는데, 기술적 품질이란 최종적으로 고객이 획득하는 것(what the customer gets)을 의미하고 기능적 품질이란 기술적 품질이 기능적으로 고객에게 이전되는 과정(how he gets it)을 의미한다. Grönroos의 주장을 받아들여 많은 학자들이 서비스품질의 평가에 두 가지 형태의 속성이 모두 포함되어야 한다고 주장하였다.

특히 Richard와 Allaway(1993)[14]는 기능적 품질속성만을 활용하여 고객의 행동을 설명하고 예측하는 것은 낮은 예측타당성을 가진 잘못된 서비스품질 평가방법이라고 주장하였다. 이러한 주장이 타당성 있게 받아들여지는 이유는 고객들이 획득하고자 하는 궁극적인 무엇에 대한 평가 없이 획득하고자 하는 것을 훌륭하게 제공하는 것만으로 어느 기업의 서비스를 평가하지 않을 것이기 때문이다. 하지만 지금까지 많은 서비스품질에 대한 연구들이 SERVQUAL 모델을 주로 이용하였기에 대부분 기술적 품질차원이 결여된 채 기능적 품질차원에 초점을 맞춰 분석하여 왔다.

3. 서비스품질의 다차원성

서비스품질에 관한 연구에서는 그동안 서비스품질의 속성이 무엇인지에 대해 많은 관심을 가져 왔다. 일반적으로 서비스품질이 다차원적인 개념을 갖는다는 점을 수용하고 있으나 이들 차원의 정확한 속성과 내용에 대해서는 아직 일반적으로 합의된 견해가 없이 2개(Grönroos 1984 [15]; Mels et al. 1997[16]), 3개(Rust and Oliver 1994[17]), 5개(Parasuraman et al. 1988[18]) 및 10개(Parasuraman et al. 1985 [19])의 차원들이 제시되었다. 한편 서비스품질의 구성차원은 산업별 특성에 따라 달라질 수 있으므로 이에 대해 유의할 필요가 있다.

3.1 Grönroos의 2개 차원 모델

Grönroos는 지각된 서비스품질에 있어 전달되어지는 것(what)을 기술적 품질로, 전달되는 과정(how)을 기능적 품질로 정의하고 이들 2개의 차원으로 구성된 서비스품질 모델을 [그림 3-1]과 같이 제시하였다. 이 모델에 의하면, 소비자는 서비스가 제공된 결과와 제공된 과정을 통해 서비스품질을 지각하게 된다는 것이다.

비록 기술적 품질이 서비스품질에 대한 고객의 지각에 커다란 영향을 미친다는 점이 받아들여지고는 있으나 기술적 품질의 구체적인 속성은 아직 확인해야 할 과제로 남아 있다. Richard와 Allaway(1993)[20]가 기술적 품질에 적합한 결정요인을 찾기 위해 심층 면접을 채택하는 등 많은 학자들이 다양한 항목들을 이용하여 기술적 품질을 측정하기 위한 시도를 해보았으나 아직 일반적으로 인정될 수 있는 결정요인들을 제시되지 못하고 있다. 기술적 품질의 측정을 위해 대체로 질적인 방법들이 사용되었다.

그림 3-1 ▮ Grönroos의 기술적/기능적 품질 모델

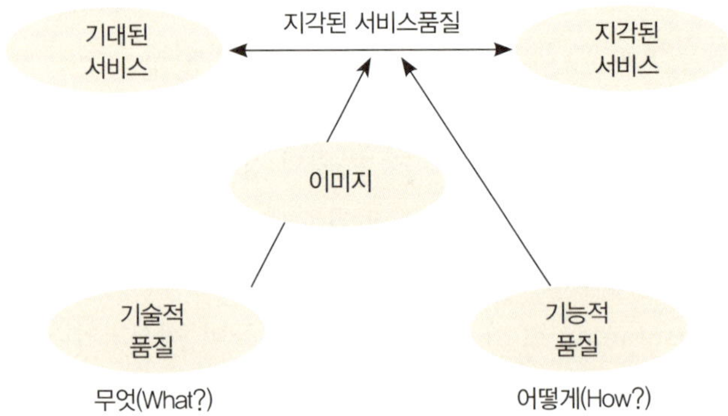

사례 : 은행업에서 기능적 품질과 기술적 품질의 관계[21)]

은행 고객을 대상으로 기능적 품질(서비스)과 기술적 품질(이자율)의 관계를 알아보기 위하여 서비스만족도별로 은행상품의 금리가 비은행 금융상품에 비해 불리하더라도 감내할 수 있는 금리차이를 분석하였다. 그 결과 서비스만족도가 높아질수록 감내가능한 불리한 금리차이도 아래 그림과 같이 증가하여 기능적 품질에 대해 좋게 평가하는 고객일수록 기술적 품질의 불리함을 더 크게 감수하려는 것으로 나타났다.

그리고 서비스만족도를 '불만' 및 '다소 불만'으로 응답한 경우에는 예상했던 것보다 현재의 서비스만족도별 감내가능 금리차이가 더 적은 것으로 나타나고, 반대로 '만족' 및 '다소 만족'으로 응답한 경우에는 예상했던 것보다 현재의 감내가능 금리차이가 더 큰 것으로 나타났다. 이와 같이 서비스만족도에 따라 고객이 예상했던 것보다 현재의 감내가능한 불리한 금리차이가 더 민감하게 변한 것은 기능적 품질 평가결과가 기술적 품질의 평가에 영향을 미친 것으로 해석할 수 있을 것이다.

은행 고객의 서비스만족도별 감내가능한 불리한 금리차이

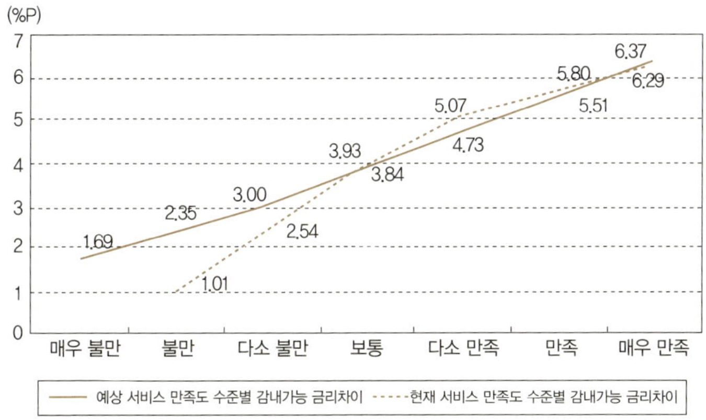

한편 Swartz와 Brown(198[9)22)]는 그동안 제시된 서비스품질 차원들을 통합하려고 시도하였다. 이들은 서비스품질을 '무엇'(성과 후 평가)과 '어떻게'(성과 과정에서 평가)라는 2개 차원으로 분류하여 다음 [그림 3-2]와 같이 정리하였다.

그림 3-2 ▮ Swartz와 Brown의 통합 서비스품질 차원

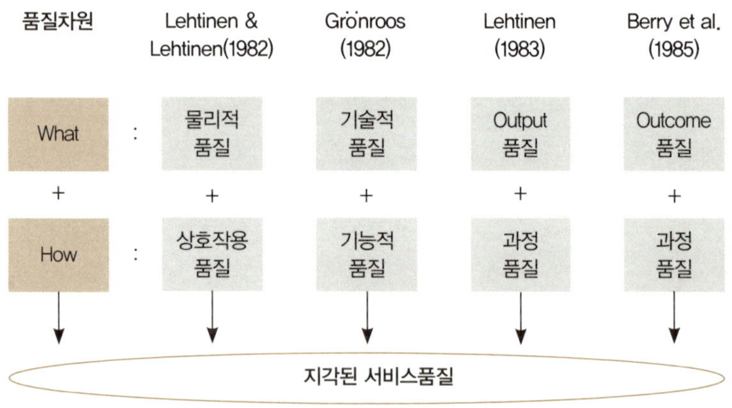

자료 : Kang, Gi-Du(2006), "The Hierarchical Structure of Service Quality : Integration of Technical and Functional Quality," *Managing Service Quality*, 16(1), 40에서 재인용

사례 : 동네 이발소 사례 1

50대 직장인인 홍길동 씨는 출근한 후에는 이발할 시간을 내기가 어려워 직장 내 이발소가 있음에도 불구하고 주말에 편안한 마음으로 머리를 정돈하기 위해 집 근처에 하나 밖에 없는 동네 이발소를 갔다. 처음 만나는 이발사는 성심성의껏 머리를 마음에 들게 잘 다듬어 주었고, 면도사도 혼자서는 손질하기 힘든 얼굴 전체를 깨끗하게 다듬어 주었다. 홍길동 씨는 아주 솜씨 좋은 이발소를 알게 되어 기분이 매우 좋았고 앞으로도 이 이발소에 단골로 다니겠다고 마음먹었다. 그리고 2주 후 다시 그 이발소에 가서 이발을 하는데 이발사가 TV뉴스를 보면서 혼자 중얼거리는 말이 조금 거칠어서 마음이 언짢았지만 마음에 드는 이발 솜씨 때문에 크게 신경을 쓰지 않았다. 하지만 이후에도 이발소를 이용할 때마다 이발사의 거친 언사가 갈수록 심해지는 모습을 보였다. 심지어는 옆에 있는 손님과 논쟁을 하는가 하면 이발사의 태도가 너무 심하다고 지적하는 고객에게 사과하기는커녕 싸잡아서 말싸움을 하려고 들었다. 홍길동 씨는 최근 이발소를 이용할 때마다 겪게 되는 불쾌한 느낌 때문에 더 이상 그 이발소를 이용하지 않기로 하였다.

3.2 Parasuraman 등의 10개 차원 및 5개 차원 모델

Parasuraman 등(1985)[23]은 서비스품질이란 기업이 제공하는 서비스에 대한 고객의 지각과 기대의 차이라고 설명하면서 "서비스품질 = 지각된 서비스 측정값 − 기대된 서비스 측정값"과 같이 표시할 수 있다고 하였다. 이때 고객의 기대된 서비스에는 개인적 욕구, 과거 경험, 구전 등이 영향을 미친다고 하였다.

또한 그들은 서비스업종에 관계없이 고객이 서비스품질을 평가할 때 기본적으로 유사한 기준이 적용될 수 있음을 밝혀내고 이러한 기준을 10개의 차원으로 묶어 서비스품질 결정요인이라고 하였다. 그리고 이러한 결정요인들이 서비스품질의 평가기준이 되고 있다고 주장하면서 [그림 3-3]과 같이 10개 차원의 SERVQUAL 모델을 제시하였다.

이들 결정요인들은 상호 간에 다소 중복되는 내용을 가지고 있어 명확하게 요인별로 구분하여 식별되기는 어려운 면이 있고, 소비자들의 개인적인 욕구나 서비스 업종에 따라서는 상대적 중요성이 다를 수 있다는 비판이

그림 3-3 ▮ Parasuraman 등(1985)의 SERVQUAL 모델

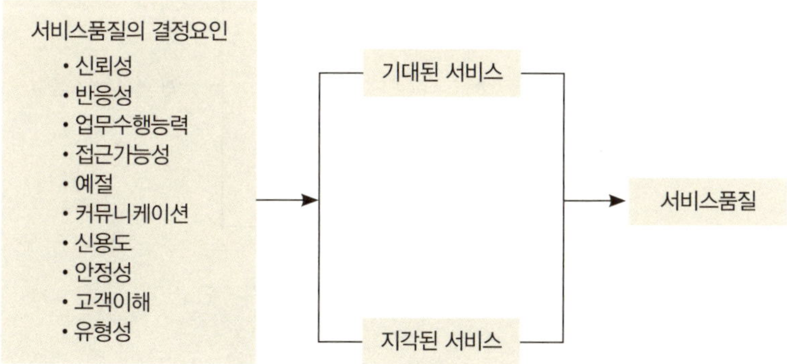

주 : 서비스품질 결정요인의 세부항목들에 대한 내용은 [표 3-3] 참고

제기되었다. 하지만 이러한 요인들이 복합적으로 작용하여 서비스품질이 결정된다는 사실은 설명력이 있는 것으로 평가되었다.

한편 Parasuraman 등(1988)[24]은 10개의 서비스품질 결정요인들을 신뢰성, 반응성, 공감성, 확신성, 유형성의 5개 차원으로 다시 정리하여 수정된 SERVQUAL 모델을 [그림 3-4]와 같이 제시하였다. 이는 응답자들의 기대와 경험의 불일치를 통하여 5개 차원에 대해 지각된 차이를 가지고 서비스품질을 측정하는 것이다.

SERVQUAL 모델에 대해서는 세 가지의 비판이 제기되고 있다. 첫째, 기대와 경험의 차이(gaps)에 있어 기대는 지속적으로 남아 있을 수 없기 때문에 기대와 경험의 불일치 개념에 문제가 있다고 한다. 둘째, 소비자들은 사전 경험이 부족할 수 있기 때문에 그들이 지각하는 기대는 비현실적이라는 문제점이다. 셋째, 평가척도가 서비스과정의 품질 속성에만 초점을 맞추고 있으므로 예측타당성이 낮고 정확도가 떨어질 뿐만 아니라 유용성 문제가 제기될 수 있다는 것이다.

그림 3-4 ▮ Parasuraman 등(1988)의 수정 SERVQUAL 모델

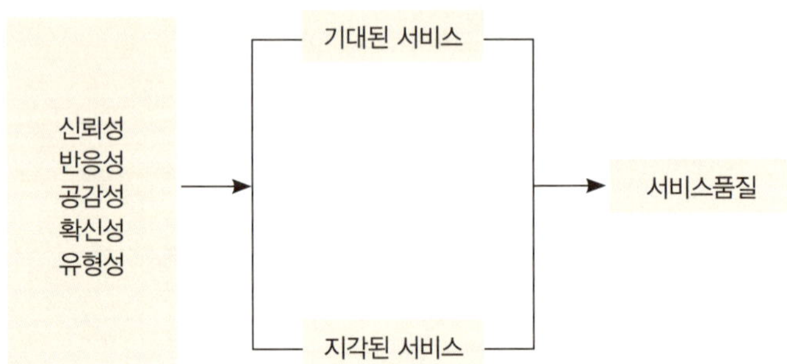

사례 : 동네 이발소 사례 2

동네 이발소에 실망한 홍길동 씨는 부인이 이용하는 동네 미용실이 남자들 이발도 해주는데 저렴하고 솜씨도 괜찮다고 하여 그 곳에서 이발을 해 보기로 마음을 먹었다. 그 미용실은 영업을 시작한지 얼마 되지 않았기에 남자 고객들을 많이 끌어들이기 위해 요금을 이발소의 절반 정도로 책정했을 뿐만 아니라 여자미용사가 상냥하고 성격도 좋았다. 그리고 이발 후에는 미용사가 머리를 직접 감겨주니 홍길동 씨는 이발소를 대체하기에 참 좋은 대안이라고 생각했다. 그런데 집에 돌아온 후 목 뒤가 간지러워 옷을 벗어보니 작은 머리카락이 붙어 있어 샤워를 해야 했다. 그래도 미용사의 상냥한 서비스 때문에 지난번 이발소에서 언짢았던 것을 생각하고 다음에도 미용실을 이용하기로 하였다. 그리고 다음번 이발하러 가서는 머리카락이 남아 있지 않도록 뒷머리를 잘 감겨 달라고 부탁하였다. 하지만 미용사가 이발하고 나서 머리를 감겨주었으나 조그만 머리카락이 목뒤에 여전히 많이 남아 있어 간지러움을 참지 못하고 집에 가서 다시 샤워를 해야만 했다. 그리고 이러한 상황이 몇 번 반복되어 미용실을 찾아가는 횟수가 줄어들었고 최근에는 가격도 이발소와 같은 수준으로 인상하자 홍길동 씨는 다른 이발소를 찾아보기로 하였다.

표 3-3 ▮ 1985년 및 1988년 SERVQUAL 모델의 서비스품질 차원 비교

1985년 모델		1988년 모델
10개 차원	내용	5개 차원
유형성 (tangibles)	서비스의 물리적 증거 • 물리적 시설, 종업원의 외양, 서비스 제공에 사용된 도구나 시설, 서비스의 물리적 표시(예 : 신용카드나 은행 통장), 서비스 시설 내 여타 고객들	유형성 (물리적 시설, 장비, 종업원의 외양)
신뢰성 (reliability)	성과의 일관성과 신뢰성 • 서비스를 올바로 수행하고 기업의 약속을 이행(청구내용의 정확성, 거래기록의 정확한 유지, 지정된 시간에 서비스 수행)	신뢰성 (정확하고도 믿을 수 있게 약속한 서비스를 수행할 능력)

<table>
<tr><td>반응성
(responsiveness)</td><td>서비스를 제공하는 종업원의 의지 또는 준비성
• 서비스의 적시성(거래상 오류를 즉시 통보, 고객을 신속히 호출, 신속한 서비스 제공)</td><td>반응성
(고객을 돕고 서비스를 신속하게 제공하려는 자세)</td></tr>
<tr><td>업무수행능력
(competence)</td><td>서비스 수행에 요구되는 기술과 지식의 보유
• 고객대면 직원의 지식과 기술, 업무지원 직원의 지식과 기술, 조직의 연구능력</td><td rowspan="5">확신성(assurance)
(종업원의 지식과 예절 및 신뢰와 자신감을 줄 수 있는 종업원의 능력)</td></tr>
<tr><td>예절
(courtesy)</td><td>고객대면 직원의 친절, 존경, 배려 및 친근성
• 고객 재산에 대한 배려, 고객대면 종업원의 깨끗하고 단정한 외양</td></tr>
<tr><td>커뮤니케이션
(communication)</td><td>고객에게 쉬운 말로 설명하고 고객 의견을 청취
• 서비스 내용과 비용을 설명, 서비스와 비용 사이의 관계를 설명, 고객에게 문제해결에 대한 확신 제공</td></tr>
<tr><td>신용도
(credibility)</td><td>신뢰성, 신용, 정직성, 고객의 이익을 염두에 둠
• 회사명, 기업의 명성, 고객대면 종업원의 개성</td></tr>
<tr><td>안전성
(security)</td><td>위험이나 의심의 여지가 없는 것
• 물리적 안전, 재무적 안전, 보안성</td></tr>
<tr><td>고객 이해
(understanding/ knowing the customer)</td><td>고객의 욕구를 이해하기 위해 노력하는 것
• 고객의 특정한 요구를 이해, 개별적 관심 표시, 단골고객 인식</td><td rowspan="2">공감성(empathy)
(기업이 고객에게 제공하는 배려와 개별적인 관심)</td></tr>
<tr><td>접근성
(access)</td><td>거래의 접근성과 용이성
• 서비스를 전화로 쉽게 이용가능, 짧은 서비스 대기시간, 편리한 영업시간, 서비스 시설의 편리한 위치</td></tr>
</table>

자료 : Parasuraman등 (1985) 및 (1988), *op. cit.*

3.3 Rust와 Oliver의 3개 차원 모델

Rust와 Oliver(1994)[25]는 서비스품질이 '서비스 제품' , '서비스 전달' 및 '서비스 환경' 등의 3개 차원으로 구성된 Three-Component 모델을 [그림

3-5]와 같이 제시하였다. 여기서 서비스 제품은 Grönroos(1984)의 기술적 품질과 관련되고, 서비스 전달은 고객과 종업원의 상호작용으로 기능적 품질에 관련된다고 볼 수 있다. 그리고 서비스 환경은 서비스 전달의 여건이라고 볼 수 있는 것으로 서비스 지각에 있어 그 중요성이 부각되고 있는 차원이다. 즉 동일한 서비스라도 쾌적한 환경에서 제공받기를 바라는 고객들이 많아지고 있으므로 서비스를 지각하는 데 있어 환경품질을 별도의 차원으로 보아야 한다는 것이다. 이들의 모델은 소매금융 및 헬스케어 업종에서 의미 있는 것으로 나타났다.

그림 3-5 ▮ Rust와 Oliver의 Three-Component 모델

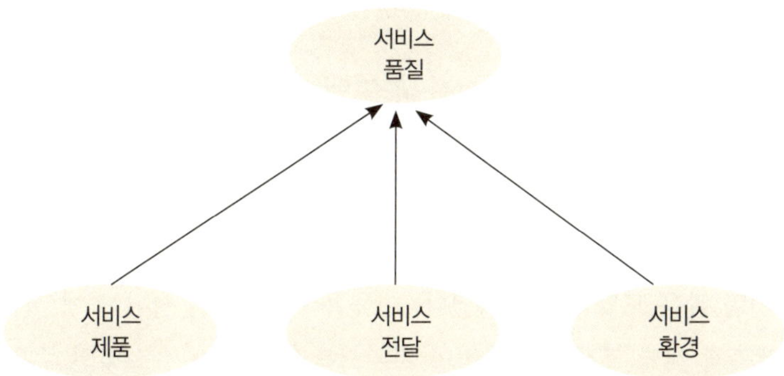

사례 : 동네 이발소 사례 3

홍길동 씨는 이발 솜씨가 좋았던 직장 근처의 남성 이발소 체인인 ○○클럽 이발소가 버스 한 정거장 거리인 옆 동네에 있는 것을 발견하고는 주말에 시간을 내서 찾아갔다. 이발사인 주인은 여성으로 혼자서 이발을 하는데 친절하고 세심할 뿐만 아니라 저렴한 가격에 이발 솜씨도 좋아서 잘 찾아 왔다고 생각했다. 특히 이곳은 이발 후에 고객 자신이 직접 머리를 감아야 하니까 미용실에서와 달리 머리카락이 남아 있을 염려가 없었다. 그래서 퇴근길이나 주말 이발소 앞을 지나가게 될 때에는 일부러 이발하러

가기도 하였다. 그런데 어느 날인가부터 홍길동 씨가 50대 중년의 나이에도 불구하고 저렴한 이발소를 이용하니까 이발소 주인이 조금은 무시하는 눈치가 보이기도 하여 이발 외에 비용을 더 지불해야 하는 두피 마사지를 신청하기도 하였다. 얼마 지나서 영업이 잘 되니 주인은 일손을 덜기 위해 보조 이발사를 고용하였다. 그리고는 보조 이발사들이 대부분 이발을 담당하게 하고, 주인 이발사는 시간이 나는 경우만 가끔 이발을 해 주었다. 홍길동 씨는 가급적 솜씨가 좋은 주인 이발사가 손질해 주기를 바랐다. 하지만 다른 고객들이 기다리므로 대기 순서에 따라 보조 이발사에게 이발을 해 보았으나 그리 마음에 들지가 않았다. 그런 상황에서 처음 보는 보조 이발사에게 이발을 하였는데 머리모양이 이상한 모습이 되어 주인 이발사에게 머리모양이 마음에 들지 않는다고 이야기했더니 다음에 오면 잘 해드리겠다고 대답하고 마는 것이었다. 주인 이발사의 그런 모습을 보고 실망한 홍길동 씨는 이곳에 다시 오지 않겠다고 마음먹었다.

3.4 Dabholkar 등의 Multi-level 모델

서비스품질의 다차원적 관점의 개념에 추가하여, Dabholkar 등(1996)[26]은 서비스품질에 대한 지각 역시 다층적(multi-level)이라고 주장하며 [그림 3-6]과 같은 모델을 제시하였다. 이들은 3단계로 구성된 소매 서비스품질의 계층적 개념(고객의 전반적인 서비스품질 지각 – 우선적인 주요 차원 – 하위 차원)을 확인하고 검증하였다. 상위 개념인 '전반적 서비스품질 지각' 아래에는 '물리적 측면', '신뢰성', '개인적 상호작용', '문제 해결', 및 '정책'의 다섯 개 차원의 계층을 제시하였다. 다음 단계에는 보다 복잡한 차원들을 제시하였는데, '물리적 측면'의 하위 차원에 '직원의 외모'와 '편리성'을 들었다.

그림 3-6 ▮ Dabholkar 등의 Multi-level 모델

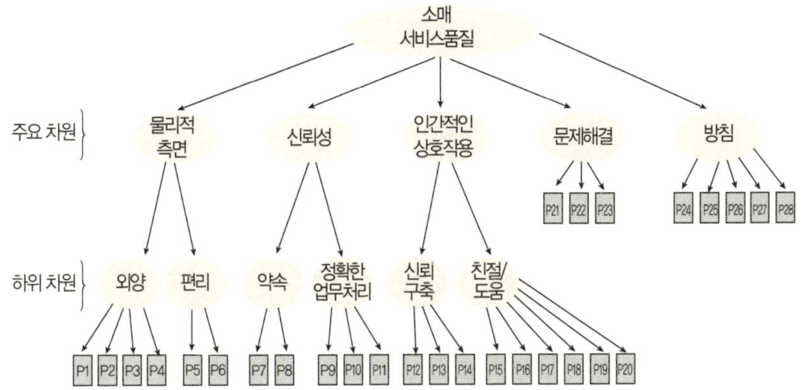

3.5 최근 연구의 특징

최근의 연구들은 서비스품질이 다차원적이고 계층적인 구조를 가진다는 데 근거한 서비스품질 구조를 제시하고 있고, 이러한 구조의 개발에는 기술적 및 기능적 서비스품질 차원의 확인과 각 차원을 형성한다고 여겨지는 요소들이 포함된다.

서비스품질의 계층적 구조에 관한 연구에서 Kang(2006)[27]은 다음 [그림 3-7]과 같은 2차 요인구조를 제시하면서 서비스품질에 대한 요인모델의 완전한 구조는 3차 요인구조라고 하였다. 그는 완전한 구조에서는 기술적품질 및 기능적품질 차원 모두에게 직접 영향을 미치는 잠재변수(예 : 서비스품질 지각)가 있어야 한다고 강조하였다. 그러나 3차 요인모델을 동시에 분석하기 위한 선행 연구의 결여와 분석에 수반되는 기술적 어려움 때문에 3차 요인모델을 분석하려는 시도는 미흡한 실정이다.

그림 3-7 ▮ Kang의 서비스품질 계층구조

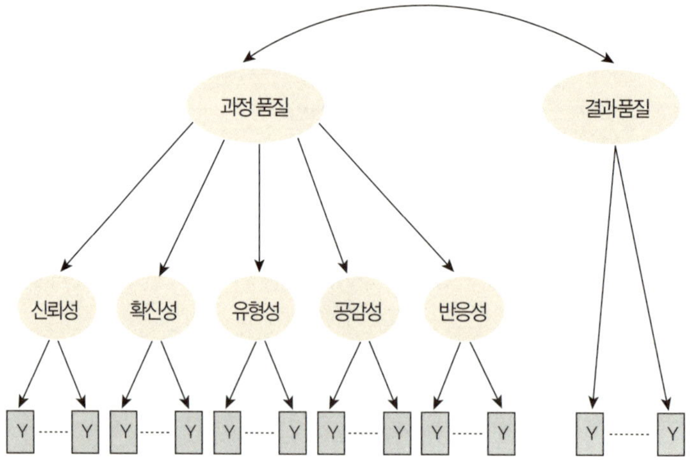

이와 같은 최근 서비스품질에 대한 연구의 특징은 다음과 같이 3가지로 정리할 수 있다.

첫 번째 특징으로는, 많은 연구들이 SERVQUAL 모델을 수정하여 개선시킨 것이다. 이들 수정모델은 기대를 모두 제거하는 대신 모델의 기대 부분에 다른 차원을 추가(예 : 'will'과 'should' 기대)하거나 지각된 서비스품질을 평가하기 위해 대체적인 방법(컨조인트 분석)을 채택하였다.

두 번째 특징은, Grönroos(1982, 1984)가 정의한 기술적 및 기능적 품질 차원에 대한 관심이 늘어난 것이다. 이에 해당하는 것이 Rust와 Oliver(1994) 및 Kang(2006)이 제시한 모델들이다.

마지막 특징으로는, 서비스품질 개념의 구조와 관련된 것이다. 즉 SERVQUAL의 일관성 없는 요인 구조를 지적하는 연구결과들이 나타남에 따라 SERVQUAL의 문제점을 해소하기 위해 Dabholkar 등(1996)이 소매 서비스품질의 3단계 계층(level)을 제시한 계층적 개념이 있다. 이와 같은 다층적 모델은 서비스품질을 지각하는 데 있어 보다 많은 측면과 차원들을 포함시켰다.

한편, 다차원적 · 다층적 모델에 대한 이론적 지지가 있지만 하위차원과 관련한 속성이나 요인을 확인하려는 시도가 별로 없는 실정이다. 그렇지만 서비스품질 모형의 다층적 구조가 복잡한 인간의 지각을 보다 잘 설명할 수 있을 것으로 보인다.

서비스품질에 대해 보다 정교하고 체계적인 접근방법을 모색하는 것은 서비스품질이 무엇인가를 파악하는 데 있어 많은 기여를 하게 될 것이다. 하지만 고객이 서비스품질을 실제로 평가할 때, 다차원적 · 다층적으로 서비스품질을 평가하는지에 대해서는 보다 명확한 연구가 필요할 것이다. 오히려 고객은 거래를 통해 획득하고자 하는 것과 그것을 어떤 과정을 거쳐 획득하였는가와 같은 단순한 체계로 서비스품질을 평가할 가능성이 많기 때문이다. 수많은 사람들이 금융거래를 하고 있지만 금융상품이나 금융서비스의 내용을 제대로 이해하고 거래하는 고객이 많지 않을 뿐만 아니라 서비스품질에 대한 평가에 있어서도 특별히 좋은 인상을 받은 서비스나 불쾌했던 서비스 등과 같은 특정한 요인을 중심으로 서비스품질을 평가할 가능성이 많기 때문이다.

4. 서비스품질의 측정방법

서비스품질에 대한 평가 및 측정방법으로는 Gap이론(gap theory)과 이에 대한 대안이론(alternative theory)이 주류를 이루고 있다. Gap이론을 이용한 대표적인 측정방법으로 SERVQUAL 모델이 있으며, Gap이론의 대안으로 제시되는 대표적인 측정방법으로 SERVPERF 모델이 있다. SERVQUAL 모델이란 서비스품질이 유형재 제품의 품질과 달리 객관적인 척도에 의한 측정이 어렵기 때문에 고객이 기대한 서비스와 지각된 서비스를 각각 측정하여 그 차이(gap)를 이용하여 서비스품질을 측정하는 모델이다. 이에 비해 SERVPERF 모델은 서비스 성과에 대한 고객의 지각만으로 서비스품질을 측정하는 모델이다.

4.1 SERVQUAL 모델

1) 기대된 서비스(expected service)

고객의 제품/서비스에 대한 기대[01]는 구매 이전 단계에서부터 브랜드나 형태에 대한 고객의 선택에 영향을 미친다. 이러한 기대는 실제 소비에서 서비스품질이 평가되는 기준 역할을 하게 되고, 간접적으로 재구매 의사결정에 영향을 미치게 된다. 따라서 고객의 기대를 효과적으로 관리하는 것은 기업의 장기적인 성공에 결정적으로 중요하다고 할 수 있다. 또한 기업이 고객과 좋은 관계를 유지하면서 발전해 나가기 위해서는 고객이 기대하는 바를 잘 이해하는 것이 필요하다.

이와 관련하여 Grönroos(1982)는, 고객의 서비스에 대한 기대는 일반적으로 기업이 제공해야 한다고 고객이 기대하는 서비스이며, 이에 영향을 미치는 요소로는 [그림 3-8]과 같이 기업의 약속, 사상, 과거의 경험, 구전, 개인적인 요소 등 다섯 가지가 있다고 하였다.

여기서 고객이 기대한 서비스에 영향을 주는 요인들은 기업의 입장에서는 통제가능한 요인과 통제불가능한 요인으로 구성된다. 기업의 약속, 물리적 · 기술적 자원, 접객 직원, 참여 고객은 기업이 통제할 수 있는 요인이

---

01 서비스품질 연구자들은 일반적으로 기대를 "서비스제공자들이 제공해야 하는(should offer) 것에 대한 고객의 신념"과 같은 규범적인(normative) 기준으로 본다. 이에 비해 고객만족 연구자들은 대체로 기대를 "서비스제공자들이 제공할(will offer) 것으로 고객이 느끼는 것"과 같이 예측적인(predictive) 기준으로 본다.

나 개인적 욕구, 과거 경험, 전통과 사상, 구전 및 의사소통은 기업의 입장에서 통제 불가능한 요인이 된다. 따라서 기업은 서비스품질 평가에 영향을 주는 통제 가능한 요인의 관리를 통해 서비스의 수준을 높이는 한편, 통제 불가능한 요인들을 정확히 파악하여 대응방안을 강구하는 것이 필요하다.

그림 3-8 ▮ 기대된 서비스품질에 대한 5가지 영향요인

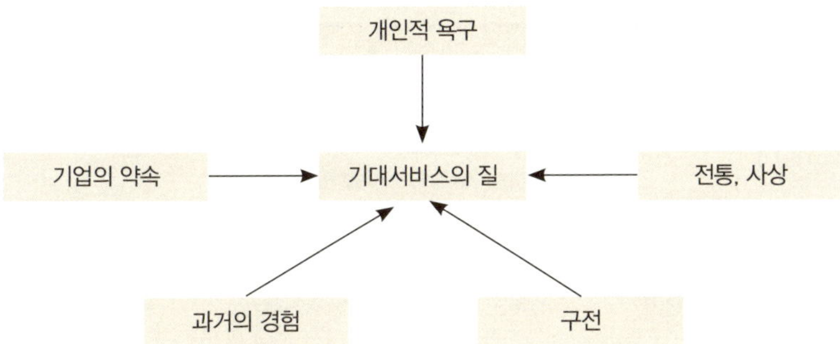

한편 Parasuraman 등(1988)[28]에 따르면, 기대된 서비스란 "소비자의 욕구 혹은 필요로서, 서비스공급자가 제공할 것(would offer)이라기보다는 반드시 제공해야 할 것(should offer)으로 고객이 느끼는 것"으로 정의될 수 있다. 이는 소비자가 기대하는 것에 대한 충족의 정도에 따라 서비스품질의 수준이 결정됨을 의미한다. 따라서 Parasuraman 등은 기대된 서비스의 개념을 "고객의 규범적 기대를 측정하기 위해 의도된 것"이며 이러한 기대는 성과를 평가하는 데 있어 이상적인 기준(ideal standard of performance)을 나타낸다고 하였다. 또한 Carman(1990)도 서비스품질에 대한 기대는 규범적 의미를 포함하고 있으며 이러한 규범은 과거의 경험에 근거한다고 주장하였다.

기대와 관련한 연구는, Miller(1977)[29]가 처음으로 성과를 평가하기 위해 소비자가 이용하는 비교기준으로 4가지 기대유형을 제시하면서 시작되었다. 그 후 여러 학자들이 기대의 개념 및 유형을 제시하였으나 거의 비슷한 개념이 사용되어 왔다. 서비스품질에서 의미하는 기대의 개념은 Miller의 "당연한 기대"를 의미한다고 볼 수 있다. 다음 [표 3-4]는 그동안 제시된 기대의 유형들이다.

표 3-4 ▪ 기대 유형별 분류[30)]

연구자	기대 유형별 분류
• Miller(1977)	• 이상적 기대(ideal expectation) • 예상된 기대(expected expectation) • 당연한 기대(deserved expectation) • 최소 감내가능 기대(minimum tolerable expectation)
• Swan and Trawick(1979) • Swan and Martin(1981)	• 예측한 기대(predictive expectation) • 원하는 기대(desired expectation)
• LaTour and Peat(1980)	• 여러 상표에 대한 과거 경험과 관련된 기대 • 제조업자의 판촉 정보와 관련된 기대 • 구전(word-of-mouth), 정보와 관련된 기대
• van Raaij(1991)	• 적극적 기대(active expectation) • 수동적 기대(passive expectation)

한편 [표 3-5]는 Gap이론에 의한 서비스품질 평가에서 중요한 의미를 갖는 서비스 기대에 영향을 미치는 요인들을 요약한 것이다.

대체로 소비자의 서비스 기대에 영향을 미치는 주요 요인은 과거의 경험, 구전, 외적 커뮤니케이션(전통적 마케팅활동 등), 개인적 욕구 등이다.

표 3-5 ▮ 서비스 기대에 영향을 미치는 요인[31)]

연구자	서비스 기대에 대한 영향요인
Thibaut and Kelley (1959)	• 유사한 목적으로 유사한 제품을 사용해 본 소비자의 과거 경험 • 제조업자의 광고 및 소매상의 판촉활동 • 준거집단의 역할을 수행하는 다른 소비자의 경험
Miller(1977)	• 개인의 최근 경험 • 상황 • 정보 • 개인의 특성 및 인구통계학적/심리도식적 요인
Grö nroos(1989)	• 전통적 마케팅 활동(광고, 인적판매, PR, 가격결정 등) • 이데올로기(종교, 정치적 개입 등) • 전통(우리는 항상 그렇게 해 왔다) • 과거의 경험 • 구전
Zeithaml et al. (2008)	• 과거의 경험 · 개인적 욕구 • 지속적인 서비스 강화요인 (파생된 서비스 기대) (개인적 서비스 철학) • 명시적 서비스 약속 • 암묵적 서비스 약속 • 구전 커뮤니케이션 • 과거의 경험

2) 지각된 서비스(perceived quality)

지각이란 소비자가 외적 · 내적 자극에 노출되었을 때, 자극을 해석하고 의미를 부여하는 과정으로 소비자행동에 중요한 결정변수이다. 지각되지 않은 신호(signal)의 경우에는 당연히 구매의사결정에 영향을 미칠 수가 없다. 그러므로 지각된 서비스란 제공받은 서비스에 대해 소비자가 나름대로의 평가기준에 따라 지각한 결과이며 서비스공급자의 입장에서는 서비스를 수행한 성과이기도 하다.

따라서 서비스기업은 서비스의 어떤 신호들이 소비자에게 선택적으로 지각되어 서비스품질을 평가하게 하는지와 이에 영향을 미치는 요인들을 파악할 수 있다면 해당 신호들과 영향요인들의 관리를 통해 양호한 것으로 지각되는 서비스를 확대하고 양호하지 않게 지각된 서비스는 개선시킴으로써 서비스품질을 향상시킬 수 있을 것이다.

Grönroos(1982)[32]에 따르면, 지각된 서비스품질은 기업이 고객에게 제공한 서비스에 대하여 고객이 느끼는 만족과 판단이며, 이에 영향을 미치는 요소에는 [그림 3-9]와 같이 기업의 물리적 · 기술적 자원, 고객대면 직원, 참여고객이라는 3가지를 제시하였다.

그림 3-9 ▮ 지각된 서비스품질의 3가지 영향요인

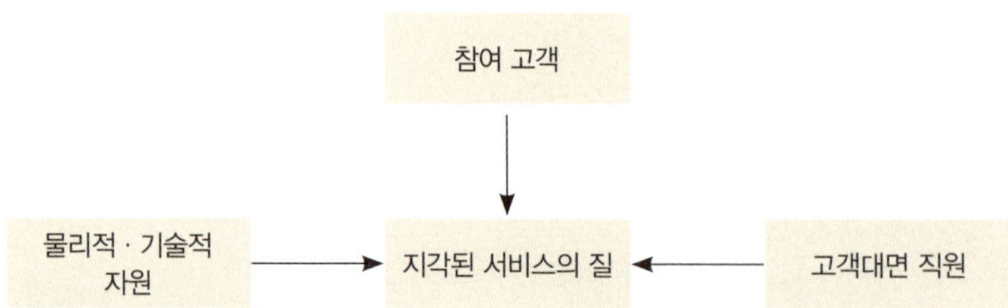

여기서 물리적 · 기술적 자원이란 기업이 보유하고 있는 시설, 장비, 도구, 그리고 이를 운영하는 지식이나 기술을 말한다. 이와 같은 요소는 고객에게 객관적인 서비스품질을 지각하게 하지만 고객은 고객대면 직원의 행동이나 태도에 따라 제공되는 서비스품질을 다르게 지각하게 된다고 한다. 결과적으로 지각된 서비스품질은 이러한 요소들의 복합적인 상호작용의 영향으로 인해 다르게 지각되는 것이다.

한편 Parasuraman 등(1985)[33]은 서비스의 종류에 관계없이 고객들은 기본적으로 비슷한 기준에 의해 서비스품질을 평가한다는 것을 발견하였고, 이들 기준을 서비스품질 결정요인이라 일컬으면서 10가지로 분류하였다.

3) SERVQUAL 모델의 측정방법

Gap이론을 이용한 SERVQUAL 모델은 서비스 조직 안에서 네 가지 유형의 Gap으로 인하여 고객이 기대한 서비스와 실제로 제공받고 지각한 서비스 사이에 Gap이 발생한다는 주장에 근거한다.

그리고 Gap이론을 활용한 서비스품질 접근방법들은 기업 외부적 요인의 관점뿐만 아니라 기업내부의 구조적 관점까지 포괄한 분석방법을 도입하였는데 이러한 접근방법을 Grönroos(1983)[34]는 내부마케팅 관리차원에서 다루었다. Grönroos에 의하면 아무리 좋은 상품이라도 서비스나 대외적인 커뮤니케이션 등이 내부 조직원 그룹에게 먼저 이해되고 공유되어야만 외부 고객에게 성공적으로 전달될 수 있다고 주장하면서, 이는 궁극적으로 서비스지향적 조직문화를 통하여 달성할 수 있다고 한다.

SERVQUAL 모델은 [그림 3-10]과 같이 서비스제공자와 고객의 측면에서 Gap이론을 이용하여 서비스품질의 형성 과정과 각 요소들 간의 관련성을 함축한 것이다. SERVQUAL 모델에서 서비스품질(Gap5)은 [그림 3-10]에서와 같이 Gap1, Gap2, Gap3 및 Gap4에 의해 결정된다. 즉, Gap 5=f(Gap1, Gap2, Gap3, Gap4)가 된다. 이러한 개념적 모델은 서비스품질을 측정하고 개선점을 모색하는 데 사용할 수 있는 논리적 과정들을 제시한다.

그림 3-10 ▮ SERVQUAL 모델의 Gap 구성체계

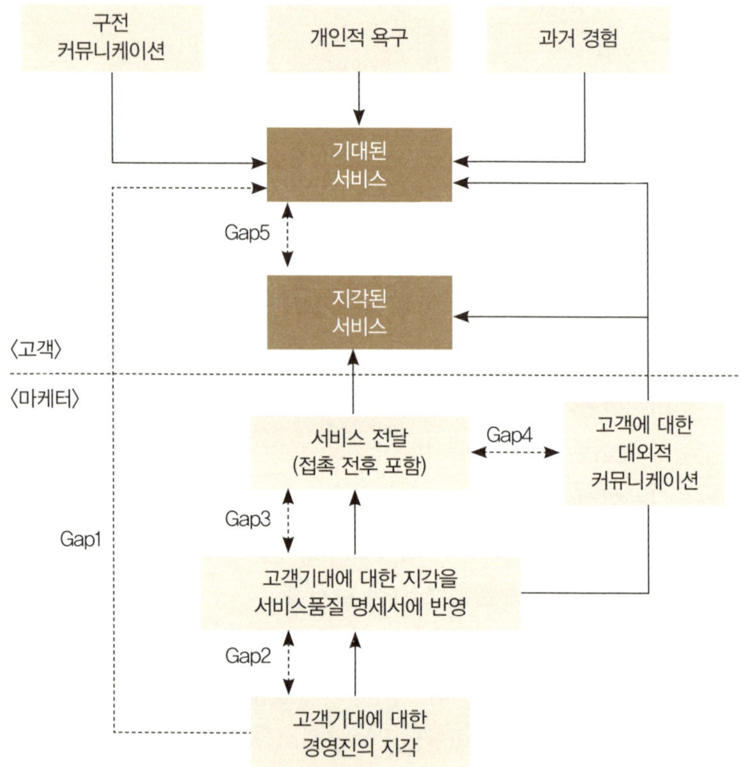

자료 : Parasuraman 등(1985), *op. cit*.

표 3-6 ▮ SERVQUAL 모델의 Gap과 구성요인 및 변수

분류	구성 요인	구체적인 변수
Gap 1	마케팅연구지향성	마케팅 연구의 양, 마케팅 연구결과의 이용 정도, 서비스품질 이슈에 초점을 둔 마케팅 연구의 수준, 관리자와 고객 간 직접 거래의 정도
	상향 커뮤니케이션	종업원과 관리자 간 커뮤니케이션의 정도, 창구직원 제공 정보의 검색 정도, 최고경영층과 창구직원 간 접촉의 질
	관리단계	창구직원과 최고경영층 간 관리단계의 수
Gap 2	서비스품질에 대한 경영진의 몰입	품질향상을 위한 자원의 할당 정도, 내부 품질관리 프로그램의 존재, 품질향상 인식에 대한 경영진의 지각
	목표설정	서비스품질 목표 설정을 위한 공식적인 절차의 존재
	업무표준화	업무를 표준화할 장비 기술 및 업무수행 능력의 정도
	가능성의 지각	고객의 요구를 충족시킬 능력/시스템 정도, 관리자가 고객의 기대를 충족시킬 수 있다고 믿는 정도
Gap 3	팀워크	종업원이 여타 종업원도 고객으로 보는 정도, 창구직원이 상급 관리자가 자신들을 배려한다고 느끼는 정도, 창구직원이 기업 내 여타 직원들과 협력한다고 느끼는 정도, 종업원들이 개인적으로 관여 및 몰입됐다고 느끼는 정도
	종업원–직무조화	종업원의 직무수행 능력, 채용 과정의 중요도와 효율성
	기술–직무조화	직무수행을 위한 도구와 기술의 적합성
	지각된 재량권	종업원이 자신의 직무를 통할하고 있다고 지각하는 정도, 창구직원이 고객과 거래에서 허용되는 융통성 정도
	감독통제시스템	종업원이 생산량 이외에 수행한 업무도 평가되는 정도
	역할의 마찰	고객의 기대와 조직의 기대 간 지각된 마찰 • 서비스 거래를 완성하는 데 필요한 서류작업량 • 창구직원이 서비스거래를 완성하거나 고객질문에 답변하기 위해 거쳐야 할 내부 단계의 수
	역할의 모호성	지각된 목적과 기대의 명확성 • 하향식 커뮤니케이션의 빈도와 질 • 창구직원에게 돌아온 건설적인 피드백의 정도 지각된 역량과 신뢰의 수준 • 창구직원의 제품 지식과 제품별 교육 정도 • 창구직원이 받은 커뮤니케이션 기법 교육

Gap 4	수평적 의사소통	광고기획직원과 창구직원 간 의사소통 정도, 창구직원이 고객과의 의사소통을 의식하는 정도, 판매와 후선부서 직원 간 의사소통, 모든 부서와 지점들의 업무절차 유사성
	과잉약속의 경향	새로운 업무를 창출하도록 기업이 압력을 느끼는 정도, 기업이 경쟁자의 과잉약속을 지각하는 정도

자료 : Zeithaml 등(1988), Communication and Control Process in the Delivery of Service Quality, *Journal of Marketing*, 52, 35-48.

각각의 Gap은 다음과 같은 의미를 갖고 있다.[35)]

- Gap 1 : 고객의 기대와 경영진의 고객기대에 대한 지각의 차이
  '청취의 Gap'이라고도 하며, 고객의 기대에 대한 경영진의 잘못된 이해로 인해 발생하는 차이를 말함.
- Gap 2 : 경영진의 고객기대의 지각과 서비스품질명세서와의 차이
  '서비스 디자인과 기준의 Gap'이라고도 하며, 서비스품질 기준이 잘못 설정된 결과 발생하는 차이를 말함.
- Gap 3 : 서비스품질명세서와 실제로 전달되는 서비스 사이의 차이
  '서비스 성과의 Gap'이라고도 하며, 서비스가 품질명세서에 설정된 기준대로 이행되지 않을 경우 발생하는 차이를 말함.
- Gap 4 : 고객에게 서비스에 대해 알려준 것과 서비스전달과의 차이
  '커뮤니케이션 Gap'이라고도 하며, 내 · 외부적인 마케팅활동 사이의 차이로 인해 기업이 제대로 약속을 지키지 못할 경우 발생하는 차이를 말함.
- Gap 5 : 고객의 서비스에 대한 기대와 실제 지각한 서비스와의 차이
  '고객의 Gap'이라고도 하며, 마케터의 입장에서 서비스품질의 전달과 관련된 앞의 4가지 Gap의 크기와 방향에 의해 결정됨.

이 모델이 주는 시사점은, 전통적 마케팅전략의 경우 외부고객의 욕구를

만족시키기 위해 기업의 자원과 노력을 효율적으로 투입하고 활용하는데 주안점을 두고 있으나 이 모델에서는 그러한 활동 외에도 각각의 Gap들이 발생하지 않도록 서비스지향적 조직문화와 종업원 만족을 위한 내부마케팅이 보완되어야만 대외적인 마케팅활동이 성공적으로 수행될 수 있다는 것이다.

한편 SERVQUAL 모델은 고객이 기대했던 서비스와 지각한 서비스에 대한 평가점수의 차이에 의한 접근방법이 안고 있는 신뢰성의 문제를 해결하기 위해 측정항목 수를 늘리고 각 구성요소에 속하는 항목들의 동질성을 증대시키는 한편 지각된 서비스와 기대된 서비스 간에 시차를 두지 않고 자료를 수집하였다. 즉, 동일한 내용의 설문항목을 지각된 서비스와 기대된 서비스에 대해 각각 작성하되 설문내용을 지각된 서비스는 '~하다'로, 기대된 서비스는 '~해야 한다'[02]로 상이하게 작성하고 7점 척도로 조사하였다.

그리고 지각된 서비스의 평가점수(P_i)에서 기대된 서비스의 평가점수(E_i)를 뺀 점수 차이로 각 차원에 대한 item-to-total 상관관계 분석을 반복적으로 수행하고, 전체 항목들에 대해 요인분석을 실시하여 신뢰성과 타당성을 높임으로써 서비스품질 차원 및 항목들을 정리하였다. 이 과정을 거쳐 최종적으로 추출된 5가지 차원에 해당하는 22개 항목들([표 3-7] 참조)로 구성된 모델을 'SERVQUAL'이라 하고 이를 서비스품질을 측정하는 도구로 제시하였다.

SERVQUAL 모델의 서비스품질 측정공식은 다음과 같다.

---

02 Parasuraman 등은 1988년 연구에서 '~해야 한다(should)'라는 표현으로 측정된 기대서비스가 너무 높은 기대수준을 나타낼 수 있다는 점을 인식하고, 1994년의 연구에서는 기대서비스를 '원하는 서비스'(desired service)와 '적절한 서비스'(adequate service)로 나눠 분석하였다. 원하는 서비스는 고객의 신념에서 갖고 있는 제공해야 하는(should be) 서비스와 제공할 수 있는(can be) 서비스를 합친 서비스수준을 의미하고, 적절한 서비스는 고객이 받아들일 수 있는 최소한의 서비스수준을 나타낸다.

$$서비스품질(SQ) = \Sigma(P_i - E_i)$$

단, P_i : 고객이 지각한 서비스 평가점수
E_i : 고객이 기대한 서비스 평가점수

상기 서비스품질 측정점수가 0보다 적을 경우($P<E$)에는 지각된 서비스가 기대했던 수준에 미치지 못하므로 서비스에 대해 만족하지 못한 상태를 나타낸다. 그러나 0인 경우($P=E$)에는 지각된 서비스가 기대했던 수준 정도이므로 만족스런 상태를 나타내고, 0보다 클 경우에는($P > E$)에는 서비스가 기대했던 것 이상의 수준이므로 매우 만족스럽거나 이상적인 수준을 나타낸다.

SERVQUAL 모델이 서비스품질 측정방법에 있어 새로운 아이디어를 제시한 점에서는 그 의의가 매우 크다고 할 수 있다. 하지만 측정항목별로 고객이 비중을 다르게 볼 수 있다는 사실을 반영하지 않았다는 것과 서비스에 대한 고객의 기대가 형성된 시점과 고객이 서비스를 지각하는 시점 사이의 시간적 차이를 고려하지 않았다는 것이 한계점으로 지적되었다. 이러한 한계점을 보완하기 위해 가중평균 SERVQUAL 모델과 SERVPERF 모델이 제시되었다.

4.2 가중평균 SERVQUAL 모델

SERVQUAL 모델에 의한 측정방법은 서비스품질 구성차원의 중요성이 고려되지 않았을 뿐만 아니라 단순히 지각된 서비스에서 기대된 서비스를 차감하여 측정한 것만으로는 서비스품질을 잘못 측정할 가능성이 제기되었다.

이에 따라 Carman(1990)[36]은 SERVQUAL 모델의 문제점을 해소하기 위한 보완책을 제시하였다. 즉 소비자가 서비스에 대해 직 · 간접적인 경험이 많다는 점을 고려하여 소비자의 기대는 안정적이고 동질적인 것으로 가정하고 각 속성에 대해 중요도(I_i)의 개념을 추가시켰다. Carman은 SERVQUAL 모델을 이용하여 지각된 서비스와 기대된 서비스의 평가점수 차이(P_i-E_i)로 분석할 경우 초래될 수 있는 오류를 최소화하기 위해 서비스 품질의 측정은 해당 서비스의 상황에 맞게 조정되어야 하며, 각각의 품질 구성차원에 대한 중요도(I_i)도 고려되어야 한다고 제시하였다.

표 3-7 ▮ 1988년 SERVQUAL 모델의 차원 및 속성

5개 차원	22개 속성(조사내용)
유형성 (tangibles)	1. 최신 장비를 보유하고 있다. 2. 물리적 시설은 시각적으로 마음에 든다. 3. 종업원들은 복장을 잘 입고 단정해야 한다. 4. 물리적 시설의 외양은 제공되는 서비스와 어울려야 한다.
신뢰성 (reliability)	5. 기업이 언제까지 어떤 일을 해준다고 약속했으면 반드시 지켜야 한다. 6. 고객의 문제에 대해 기업은 위로하고 안심시켜 줘야 한다. 7. 기업은 믿을 수 있다. 8. 기업은 약속한 시간에 서비스를 제공해야 한다. 9. 기업은 거래기록을 정확하게 유지해야 한다.
반응성 (responsiveness)	10. 기업이 정확히 언제 서비스가 수행될지 고객에게 알려줄 것으로 기대되지 않는다. 11. 고객이 이들 기업의 종업원들로부터 신속한 서비스를 기대하는 것은 무리다. 12. 종업원들은 항상 고객들을 기꺼이 도우려 하지 않는다. 13. 너무 바빠 고객의 요구에 신속히 반응하지 않아도 괜찮다.
확신성 (assurance)	14. 고객들은 이들 기업의 종업원들을 믿을 수 있다. 15. 고객들은 이들 기업의 종업원들과의 거래에서 안전하다고 느낄 수 있다. 16. 종업원들은 친절하다. 17. 종업원들은 업무를 잘하기 위해 회사로부터 적절한 지원을 받아야 한다.

공감성 (empathy)	18. 이들 기업이 고객들에게 개인적인 관심을 보일 것으로 기대할 수 없다. 19. 이들 기업의 종업원들이 고객에게 개인적인 관심을 보일 것으로 기대할 수 없다. 20. 종업원들에게 고객의 욕구가 무엇인지 아는 것을 기대하는 것은 무리다. 21. 이들 기업이 고객의 최대 관심사를 염두에 둔다고 기대하는 것은 무리다. 22. 이들 기업이 모든 고객에게 편리한 영업시간을 제공할 것으로 기대하기 어렵다.

자료 : Parasuraman 등(1988), *op. cit.*

Carman이 수정 제시한 서비스품질 측정방법은 다음과 같다.

서비스품질(SQ) $= \Sigma I_i \times (P_i - E_i)$

단, I_i : 품질 구성차원별 중요도 가중치
P_i : 고객이 지각한 서비스 평가점수
E_i : 고객이 기대한 서비스 평가점수

한편 Zeithaml 등(1990)[36]은 SERVQUAL 모델을 이용하여 서비스품질을 측정한 결과가 일부 불안정하게 나타나므로 각 구성차원의 상대적 중요성에 대해 고객별로 다르게 가중치를 부여한 가중평균 SERVQUAL 모델을 제시하였다.

동 방법은 다음과 같은 4단계를 거쳐 평가점수를 측정한다.

- 1단계 : 고객별로 5개 차원 각각에 대한 SERVQUAL 점수의 평균을 계산한다.
- 2단계 : 고객별 SERVQUAL 점수(1단계에서 얻은 점수)에 각 차원에 대해 고객이 부여한 중요성 가중치를 곱한다(중요성 가중치는 100점을 고객이 각 차원에 할당한 점수이다).

- 3단계 : 고객별로 5개 차원 각각의 가중치를 반영한 점수(2단계 산출치)를 합하면 가중평균 SERVQUAL을 얻게 된다.
- 4단계 : 3단계에서 얻은 N명의 결합가중치점수를 모두 합해 이를 N으로 나누어 준다.

4.3 SERVPERF 모델

Cronin과 Taylor(1992)[38]는 SERVQUAL 모델에 의한 서비스품질 측정에서 $SQ=\Sigma(E_i-P_i)$ 공식으로 도출하는 방법에 대해 문제점을 제기하였다. 즉 SERVQUAL 모델에 의한 서비스품질 측정 근거가 되는 기대-성과 간 차이의 적합성을 지지하는 이론적 또는 실증적 증거가 별로 없을 뿐만 아니라 마케팅 관련 문헌에서 성과만을 이용한 서비스품질 측정방법이 보다 우월하다는 연구결과들이 적지 않다는 것이다. 특히 Bolton과 Drew(1991b)[39]의 연구결과에 따르면 지각된 서비스품질은 현재의 성과에 의해 강하게 영향을 받지만 기대와 성과의 불일치로 인해 고객이 느끼게 되는 부정적 영향은 상대적으로 약하고 일시적이라고 지적하였다.

이와 같은 연구결과는 서비스품질 측정과 관련하여 중요한 시사점을 제시하였는데, 그 이유는 태도가 서비스품질에 대한 고객의 지각을 의미하기 때문이었다. 따라서 고객의 서비스품질에 대한 평가에 따라 형성되는 태도는 지각된 서비스 성과에 대한 평가만으로도 결정될 수 있다는 것이다. 이는 다른 공급자가 제공하는 서비스와 관련된 과거 소비경험에 의한 영향을 적게 받기 때문이다.

이러한 맥락에서 Cronin과 Taylor는 성과만을 기준으로 측정하는 서비스품질 측정방법(SERVPERF)을 SERVQUAL이나 가중평균된 SERVQUAL 및 가중평균된 SERVPERF와 적합성을 비교해 보았다.

이들이 4가지 서비스품질 측정방법을 비교하기 위해 사용한 방정식은 다음과 같으며, 이 중에서 식(3)의 SERVPERF 모델이 가장 우수함을 확인하였다.

(1) SERVQUAL = $P-E$(Performance−Expectations)

(2) 가중평균된 SERVQUAL = 중요도 × ($P-E$)

(3) SERVPERF = P(Performance)

(4) 가중평균된 SERVPERF = 중요도 × P(Performance)

참 | 고 | 문 | 헌

1) [표 3-1] 참고문헌을 정리함.

-Grönroos, C.(1990), Service Management and Marketing : Managing the Moments of Truth in Service Competition, Lexington Books, 26-27의 자료에 저자가 추가함.

-Regan, W. J.(1963) "The Service Revolution", *Journal of Marketing*, July.

-Judd, R. C.(1964), "The Case for Redefining Services", *Journal of Marketing*, January.

-Bessom, R. M.(1973), "Unique Aspects of Marketing of Services", *Arizona Business Bulletin*, November.

-Blois, K. J.(1974), "The Marketing of Services: An Approach", *European Journal of Marketing*, Summer.

-Stanton, W. J.(1974), *Fundamentals of Marketing*, Tokyo, McGraw-Hill Kagakusha.

-Lehtinen, J.(1983), *Asiakasohjautuva plaveluyritys*(Customer-Oriented Service Firm), Espoo, Finland, Weilin+Göös.

-Andresen, O. et al., eds.(1983), *Danmark som servicesamfund* (Denmark as A Service Society), Copenhagen, Denmark, Politikens Forlag.

-Kotler, P. & Bloom, P. N.(1984), *Marketing Professional Services*, Englewood Cliffs, N.J., Prentice-Hall.

-Free, C.(1987), Developing A Service Strategy, In *Strategies for Service Management: Marketing in Today*'s *Competitive Environment*, Paris, Esomar.

-Gummesson, Evert(1987), "Lip Services - A Neglected Area in Services Marketing", *Journal of Service Marketing*, 1(1), 19-23

-Grönroos, C.(1990), Service Management and Marketing : Managing the Moments of Truth in Service Competition, Lexington Books, 26-

27.
-Zeithaml, Valarie A. and M. J. Bitner(1996), *Service Marketing*, McGraw-Hill.
-Zeithaml, Valarie A., M. J. Bitner and D. D. Gremler(2008), *Service Marketing*, McGraw-Hill international edition, 43-45.

2) Zeithaml, Valarie A. and M. J. Bitner(2003), *Service Marketing*, McGraw-Hill, 18-21.

3) Garvin, David A.(1984), "What Does "Product Quality"Really Mean?", *Sloan Management Review*, 26(1), 25-43.

4) Congram, Carole A., and Margaret L. Friedman(1991), *The AMA Handbook of Marketing for the Service Industries*, AMA, New York.

5) Dodds, W. B., and K. B. Monroe(1985), "The Effect of Brand and Price Information on Subjective Product Evaluations," *Advances in Consumer Research*, 12, 85-90.

6) Driver, C., and R. Johnston(2001), "Understanding Service Customers: The Value of Hard and Soft Attributes," *Journal of Service Research*, 4(November), 130-139.

7) Grönroos, Christian(1984), "A Service Quality and Its Marketing Implications," *European Journal of Marketing*, 18(4), 36-44.

8) Lehtinen, J. R., and U. Lehtinen(1982), "Service Quality: A Study of Quality Dimensions," unpublished working paper, *Service Management Institute*, Helsinki.

9) Parasuraman, A., Zeithaml, V. A., and Berry, L. L.(1985), "A Conceptual Model of Service Quality and Its Implications for Future Research," *Journal of Marketing*, 49(4), 41-50.

10) Grönroos, Christian(1982), "An Applied Service Marketing Theory," *European Journal of Marketing*, 16(7), 30-41.

11) Parasuraman, A., Zeithaml, V. A., and Berry, L. L.(1988), "SERVQUAL: A Multiple-item Scale for Measuring Consumer Perceptions of Service Quality," *Journal of Retailing*, 64(Spring), 12-40.

12) Cronin, Jr., J. Joseph, and S. A. Taylor(1992), "Measuring Service Quality: A Reexamination and Extension," *Journal of Marketing*, 56(3),

55–68.

13) Grönroos(1984), *op. cit.*

14) Richard, M. D., and A. W. Allaway(1993), "Service Quality Attributes and Choice Behavior," *Journal of Service Marketing*, 7(1), 59–86.

15) Grönroos(1984), *op. cit.*

16) Mels, Gerhard, Christo Boshoff, and Deon Nel(1997), "The Dimensions of Service Quality: The Original European Perspective Revisited," *Service Industries Journal*, 17(1), 173–189.

17) Rust, Roland and R. L. Oliver(1994), "Service Quality: Insights and Managerial Implications from the Frontier," in *Service Quality: New Direction in Theory and Practice*, Rust, R. T., and R. L. Oliver(eds.), Thousand Oaks, CA: Sage Publications, 1–19.

18) Parasuraman 등(1988), *op. cit.*

19) Parasuman 등(1985), *op. cit.*

20) Richard and Allaway(1993), *op. cit.*

21) 최창복(2009), 은행고객의 금융민감도를 반영한 서비스품질–고객만족–고객 충성도 구조에 관한 연구, 강원대대학원, 박사학위논문

22) Swartz and Brown(1989), *op. cit.*

23) Parasuraman 등(1985), *op. cit.*

24) Parasuraman 등(1988), *op. cit.*

25) Rust and Oliver(1994), *op. cit.*

26) Dabholkar, P. A., D. I. Thorpe, and J. O. Rentz(1996), "A Measure of Service Quality for Retail Stores: Scale Development and Validation," *Journal of the Academy of Marketing Science*, 24(1), 2–16.

27) Kang, Gi–Du(2006), "The Hierarchical Structure of Service Quality : Integration of Technical and Functional Quality," *Managing Service Quality*, 16(1), 37–50.

28) Parasuraman 등(1988), *op. cit.*

29) Miller, John A.(1977), "Studying Satisfaction, Modifying Models, Eliciting Expectations, Posing Problems, and Making Meaningful Measurements," in *Conceptualization and Measurement of Consumer Satisfaction and Dissatisfaction*, eds., Hunt, Keith H., Marketing Science Institute,

Cambridge, Mass. 72–92.

30) [표 3–4]의 참고문헌을 정리함.

–Miller(1977), *op. cit.*

–Swan, John R., and Fredrick J. Trawick(1979), "Satisfaction Related to Predictive Versus Desired Expectations," in Refining Concepts and *Measures of Consumer Satisfaction and Complaining Behavior*, eds., Hunt, Keith H., and Day Ralph L., School of Business, Indians University. Bloomington, Indiana, 7–12.

–Swan, John E., and Warrren S. Martin(1981), "Testing Comparison Level and Predictive Expectation Models of Satisfaction," *Advances in Consumer Research*, 3, 77–82.

–Latour, S. A., and N. Peat(1980), "The Role of Situationally Produced Expectations, and Prior Experience," *Determining Consumer Research*, 7, 588–592.

–van Raaij, F. W.(1991), "The Formation and Use of Expectations in Consumer Decision Making," in Robertson, T. and Kassajian, H.(eds), *Handbook of Consumer Behavior*, Prentice–Hall, USA, 401–418.

31) [표 3–5]의 참고문헌을 정리함

–Thibaut, J. W., and H. H. Kelly(1959), *The Social Psychology of Groups*, John Wiley & Sons, INC., New York.

–Grönroos, Christian(1989), Innovative Marketing Strategies and Organization Structures for Service Firms, in *Managing Services Marketing : Text and Readings*, John E. G. Bateson(ed.) 506–521.

–Zeithaml, Valarie A., M. J. Bitner(2003) and D. D. Gremler(2008), Service Marketing, McGraw–Hill international edition, 43–45.

32) Grönroos(1982), *op. cit.*

33) Parasuraman 등(1985), *op. cit.*

34) Grönroos, Christian(1983), *Strategic Management and Marketing in the Service Sector*(report no. 83–104), Marketing Science Institute, Cambridge, MA.

35) Zeithaml 등(2008), *op. cit.*

36) Carman, James M. (1990), "Customer Perceptions of Service Quality: An

Assessment of the SERVQUAL Dimensions", *Journal of Retailing*, 66(1), 33–55.

37) Zeithaml, Valarie A., L. L. Berry, and A. Parasuraman(1990), *Delivering Quality Service : Balancing Customer Perceptions and Expectations*, The Free Press, 175–177.

38) Cronin, Jr., J. Joseph and S. A. Taylor(1992), *op. cit.*

39) Bolton, Ruth N. and J. H. Drew(1991), "A Multistage Model of Customers'Assessments of Service Quality and Value," *Journal of Consumer Research* 17(March), 375–384.

고객만족 CHAPTER • 04

1. 고객만족의 정의
2. 고객만족 모델과 유용성
3. 고객만족과 서비스품질

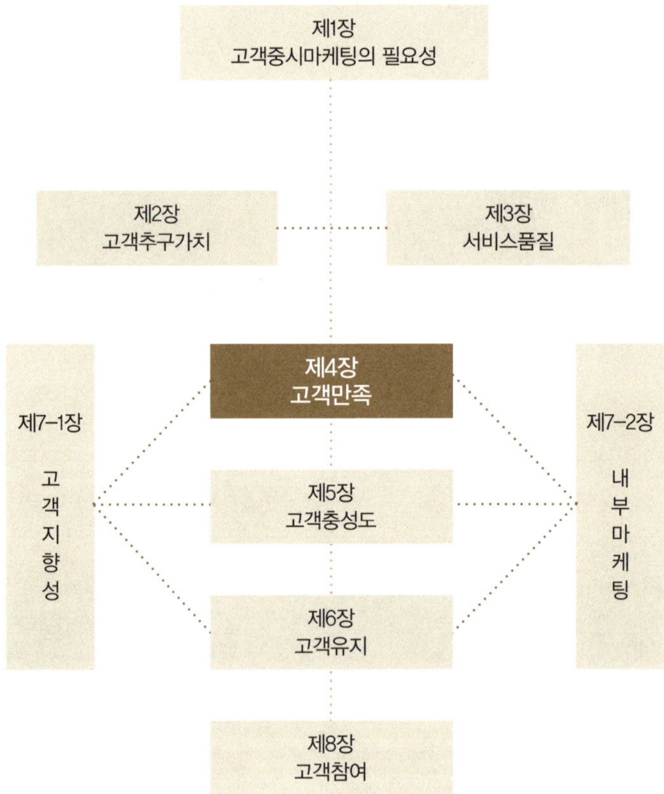
제1장
고객중시마케팅의 필요성
제2장
고객추구가치
제3장
서비스품질
제7-1장
고객지향성
제4장
고객만족
제7-2장
내부마케팅
제5장
고객충성도
제6장
고객유지
제8장
고객참여

1. 고객만족의 정의

기업의 경쟁환경이 날로 치열해지고 있는 상황에서 기업이 생존하고 성장해 나가기 위해서는 신규고객을 확보하는 것뿐만 아니라 기존고객들도 이탈하지 않고 거래를 유지하도록 하는 것이 매우 중요한 과업이 된다. 이는 마치 축구경기에서 이기기 위해서는 공격뿐만 아니라 수비도 중요한 것과 같은 원리이다. 고객의 이탈을 막기 위해서는 최소한 고객이 기업과의 거래를 통해 만족을 느낄 수 있어야 한다. 따라서 고객의 만족이 고객유지를 위한 충분조건은 아닐지라도 필요조건이 되는 것은 자명한 사실이 될 것이다.

일반적인 거래에서 우리가 생각할 수 있는 고객만족이란, 소비자가 제품이나 서비스를 구매 및 소비함으로써 필요와 욕구가 기대 이상으로 충족되어 해당 거래결과나 거래상대방에 대해 긍정적인 감정을 갖게 되는 것이라고 할 수 있을 것이다. 이러한 고객만족을 달성하기 위해서는 과연 고객만족이란 무엇이고, 어떻게 형성되는지와 고객이 느끼게 되는 만족의 수준이 어느 정도인지 측정할 수 있어야 하고, 또한 이를 이용하여 고객만족을 관리하고 개선해 나가기 위한 전략을 올바로 마련할 수 있을 것이다.

고객만족의 정의와 관련하여, Cardozo(1965)[1)]가 "기업이 제공한 서비스에 대해 고객의 인식과 기대치 사이의 차이를 평가하는 것"이라고 정의한 이후 광범위한 연구들이 이루어져 왔지만 고객만족에 대해 일반적으로 수용되는 정의는 아직 없다. Oliver(1997)[2)]가 "고객만족의 정의에 대한 질문을 받기 전에는 모든 사람이 그 내용을 알고 있는 것 같지만 막상 아무도 모르는 것 같다"고 지적한 바와 같이 모호한 상태가 지속되고 있는 것이다. 따라서 일부에서는 이를 두고 "고객만족의 연구는 개념에 대한 정의와 방법론적인 기준이 결여된 것으로 특징지어질 수 있다"고 지적한다.

이와 같이 고객만족에 대한 통일된 정의가 없기 때문에 그동안 수행되었던 고객만족 연구들의 유용성이 제한되었고, 수행하고자 하는 연구내용에 적합한 정의를 선택하기가 어려울 뿐만 아니라 고객만족에 대한 타당성 있는 측정항목의 개발이나 실증분석 결과의 비교와 해석도 쉽지 않은 상황이다.

그동안 고객만족의 정의와 관련하여 제기되었던 이슈들을 정리하면 다음 [표 4-1]과 같다.

표 4-1 ▮ 고객만족 개념 및 측정에 관한 이슈

구분	내용
고객만족의 명확한 정의	• 전체적 평가, 구성요소들에 대한 평가, 구매의사결정과정 혹은 소비경험 등에 대한 만족의 정의가 필요 • 고객만족을 구성하고 있는 여러 가지 개념들에 대해서도 명확한 정의가 필요
고객만족의 판별타당성	태도, 선호감정의 구분 여부
고객만족의 차원구조	고객만족의 단일차원 또는 복수차원 여부
공통척도(common scale)의 개발	고객만족에 대한 여러 연구들을 비교하기 위해서는 공통척도의 개발이 필요. 그 결과 여러 상황에서 수집된 자료들을 유용하게 활용 가능
만족비율에 포함시킬 항목의 결정	선택항목 중 어느 항목을 만족으로 볼 것인가 하는 문제

자료 : 이유재(2000), "고객만족 연구에 관한 종합적 고찰," 소비자학연구, 11(2), 139-166.

한편 고객만족의 개념을 정의하기 위한 그동안의 접근방법을 4가지로 구분해보면 다음과 같다.[3)]

첫째는, 고객만족을 인지적 상태(cognitive states)로 보는 관점으로 "구매자가 치른 대가에 대응하는 보상에 대한 소비자의 판단"으로 정의하는 것이다. 이러한 개념을 이용한 대표적인 고객만족의 정의로는 "구매자가 치른 대가에 대해 적절하게(또는 부적절하게) 보상되었다고 느끼는 소비자의 인지적 상태[4)]"가 있다.

둘째는, 고객만족을 고객의 평가(evaluation)로 보는 관점으로 기대-불일치 개념이 이에 속한다. 즉 "고객만족은 욕구 및 요구를 충족시키는 정도에 대한 평가, 고객의 사전 기대와 비교하여 실제 성과 또는 소비경험 결과를 통해 판단되는 일치/불일치 정도 등 소비자의 인지적 과정에 대한 평가"로 보는 개념이다. 이 개념의 문제점은 고객만족이란 개념의 속성이 무엇인지가 정의되지 않는다는 것이다. 이러한 맥락의 고객만족 정의로는, "제공된 제품 또는 서비스를 획득하거나 소비함으로써 유발되는 욕구 및 요구를 충족시키는 정도에 대한 소비자의 주관적인 평가,[5)]" "소비경험이 최소한 소비자가 기대했던 만큼 훌륭했다고 명시적으로 나타난 평가[6)]" 및 "선택된 대안이 그 대안에 대한 사전 신념과 일치되었는가에 대한 평가[7)]" 등이 있다.

셋째는, 정서적 반응(emotional response)으로 보는 관점으로 고객만족을 "고객의 기대일치/불일치와 같은 고객의 다양한 인지적 처리과정(cognitive process) 후 형성되는 정서적 반응"으로 보는 것이다. 이러한 관점은 사회인지학, 인지심리학 및 사회심리학 등의 분야에서 감정적 처리과정(affective process)은 인간행동에 동기를 부여하는 주요 원천일 뿐만 아니라 정보처리와 선택에 영향을 미치는 주요 요인이라는 점들이 밝혀지면서 대두되었다. 이러한 관점에서 고객만족을 정의한 예로는 "소비자의 사전 기대와 소비 후 지각된 제품의 실제적 성과 간의 차이에 대한 소비자의 반응[8)]"과 "기대불일치와 지각된 성과 등을 포함한 일련의 경험에 대한 평가결과에 따라 유발되는 정서[9)]" 등이 있다.

끝으로, 고객만족을 인지적 판단과 정서적 반응의 결합으로 보는 관점으로 고객만족을 "제품/서비스에 대한 처리과정, 불일치 형성과정, 또는 단순한 감정상태인 행복감과는 다른 것으로, 소비자의 충족상태에 대한 반응으로서 제품/서비스의 특성 또는 소비에 따른 충족상태를 유쾌한 수준에서 제공하거나 제공하였는가에 대한 판단[10)]"으로 정의하는 것이다.

이와 달리 그동안의 고객만족에 대한 정의를 일회적 거래나 특정 속성을 기준으로 하느냐 또는 이와 달리 여러 차례에 걸친 거래경험을 기준으로 하느냐에 따라 2가지 관점으로 분류해 볼 수 있다.[11)] 전자는 거래특유적(transaction–specific) 관점에서 고객만족을 정의하는 것으로 개별 거래에 대한 사후적 성과와 사전적 기대를 비교함으로써 만족 여부를 판단하는 것이다. 후자는 시간이 경과함에 따라 거래 및 소비경험이 누적되면서 형성되거나 유지되는 누적적 고객만족으로 보는 것이다. 즉 거래특유적 고객만족은 개별적 서비스 경험에 따른 소비자의 만족/불만족을 의미하며, 누적적 고객만족은 그동안 축적된 모든 서비스 경험에 근거한 만족/불만족은 물론 거래기업 자체와 관련한 경험들까지도 포함하여 고객이 느끼는 전반적인 만족/불만족을 의미한다. 누적적 고객만족 개념을 적용한 연구는 주로 고객만족과 고객충성도의 관계를 다루는 연구들에서 발견된다.[12)]

또한 고객만족에 대한 정의를 결과(outcome)에 초점을 두었느냐 또는 과정(process)에 초점을 두었느냐로 크게 구분해 볼 수 있다.[13)]

결과에 초점을 둔 정의는 고객만족을 소비경험으로부터 야기되는 결과를 개념화한 것으로 "소비자가 치른 대가에 대해 적절히 혹은 부적절히 보상되었다고 느끼는 소비자의 인지적 상태," "(긍정적 또는 부정적으로) 불일치된 기대와 소비자가 소비경험에 대해 사전적으로 가지고 있던 감정이 복합적으로 결합하여 발생된 종합적 심리상태," "구매한 특정 제품/서비스나 구매행동과 같은 행태와 관련된, 또는 이들에 의해 야기되는 경험에 대한 감정적 반응," "인지적(cognitive) 및 정서적(affective)인 두 요소들을 포함하는 소비 후 또는 사용 후 평가의 결과" 등이 있다.

이와 달리 과정에 초점을 맞춘 고객만족의 정의의 예로는 "소비경험이 최소한 기대되었던 것보다는 좋았다는 평가," "사전적 기대와 소비 후 지각된 실제 제품성능 간 지각된 차이의 평가에 대한 소비자의 반응" 등이 있다. 이들 정의는 고객만족의 기저에 평가과정이 중요한 요소로 존재한다는 점을 강조하고 있다.

대체로 과정에 초점을 둔 정의들의 경우 고객이 만족을 느끼게 되는 과정에 대한 일관성이 적은 것이 문제점으로 지적된다.

다음 [표 4-2]는 고객만족과 관련하여 다양하게 정의된 내용들이다. Giese와 Cote(2000)[14]는 이들 중 일부 정의가 다른 것들과 근본적으로 차이는 있으나 3가지 측면에서 일관성이 있다고 하였다. 즉, ① 고객만족은 감정적이거나 인지적인 반응이다, ② 반응은 기대 · 제품 · 소비경험 등 특정한 대상과 관련된다, ③ 반응은 소비 후나 선택 후 또는 누적된 경험에 근거하는 등 특정한 시간과 관련된다는 것이다.

표 4-2 ■ 고객만족에 대한 개념적 정의 및 관련사항[15]

연구자	개념적 정의	반응	대상	시간
Oliver (1997)	• 소비자의 충족상태에 대한 반응 • 이는 제품/서비스의 특성 또는 제품/서비스 자체가 소비에 대한 충족상태를 미충족이나 과충족 수준을 포함하여, 유쾌한 수준에서 제공하거나 제공하였는가에 대한 판단	충족에 대한 반응/판단	제품이나 서비스	소비 도중
Halstead et al. (1994)	• 기대 이상 또는 규범과 같은 구매 전 기준을 제품 성과와 비교한 결과 나타나는 거래 특유적인 감정적 반응	감정적 반응	구매 전 일정한 기준과 비교한 제품 성과	소비 도중 또는 이후
Mano and Oliver (1993)	• 소비 후 평가적 판단과 같은 태도	태도-쾌락의 연속과정에 변화하는 평가적 판단	제품	소비 후
Westbrook (1987)	• 제품의 사용/소비에 대한 포괄적으로 평가하는 판단	포괄적으로 평가하는 판단	제품 사용/소비	소비 도중

Oliver (1981)	• 제품획득/소비경험에 내재하는 놀라움의 평가 • 불일치된 기대와 관련한 감정이 소비경험에 대한 고객의 이전 느낌과 비교되었을 때 유발되는 요약된 심리적 상태	평가, 요약된 심리적 상태, 감정	놀라움, 고객의 이전 느낌과 비교된 불일치, 기대	제품 획득/ 소비 경험
Hunt (1977)	• 경험으로 짐작하고 평가하는 것 • 평가는 최소한 이전에 예상했던 만큼 좋았다는 경험에 의해 행해짐	경험으로 짐작하고 평가	경험은 최소한 예전에 생각했던 만큼 좋음	소비 경험 도중
Howard and Sheth (1969)	• 소비자가 치른 대가에 대해 적절히 또는 부적절히 보상 받았다고 느끼는 인지적 상태	인지적 상태	희생에 대해 적절/부적절히 보상받은 상태	–
Oliver (1992)	• 여타 소비 감정과 공존하는 감정 속성의 요약된 현상	여타 소비감정과 공존	제품 속성	소비 도중
Fornell (1992)	• 전반적인 구매 후 평가	전반적인 평가	구매 전 기대와 비교한 구매 후 지각된 제품 성과	구매 후
Westbrook and Oliver (1991)	• 특정한 구매 선택에 관하여 선택 후 평가적 판단	평가적 판단	특정한 구매 선택	선택 후
Tse and Wilton (1988)	• 사전적 기대와 소비 후 지각된 실제 제품 성능 간 불일치의 평가에 대한 소비자의 반응	평가에 대한 반응	사전적 기대와 실제 제품 성능 간 지각된 불일치	소비 후

자료 : Giese와 Cote(2000), *op. cit.*

사례 : 단양팔경 꽃구경

최보람 씨는 매년 봄마다 고교 동창들과 부부동반으로 벚꽃구경을 다녀 왔다. 그런데 여행사 상품을 이용하면 차량운전을 할 필요가 없으므로 매우 편리하다는 이야기를 듣고 올해는 국내여행사의 여행상품 중에서 단양팔경 벚꽃구경 상품을 이용해서 가기로 하였다.

여행사 상품은 집근처에서 관광버스를 타니까 편리해서 좋았고, 버스에서 아침밥도 주었기 때문에 어릴 적에 소풍갔던 기분도 들어 여행상품을 잘 선택했다고 생각했다. 그리고 충주호에 도착해서는 대기할 필요가 없이 미리 예약된 유람선을 타고 돌아다니며 물에 잠긴 일부 단양팔경의 멋있는 모습을 구경할 수 있어 기분이 무척 좋았다. 그리고 제천의 한 마을에서 민물고기 매운탕을 맛있게 먹으면서 나이 들어서는 친구들과 여행이 최고라고 동행한 친구들도 이구동성으로 좋아했다.

다만 늦추위로 인해 아직 벚꽃이 피지 않아 다소 아쉬워했는데 한 친구가 여행상품을 예약할 때 여행사측에서 벚꽃이 피었다고 잘못 알려준 것에 대해 불평했다. 여행사 가이드는 남쪽지방에는 지금 벚꽃이 만발했지만 이곳은 고지대라서 아직 꽃이 피지 않았다고 안내하였다. 이러한 아쉬움에도 불구하고 친구들과 같이 즐거운 시간을 보내기 때문에 그냥 잊으려 했다.

그런데 귀경길에 문제가 발생하였다. 가이드가 예정에 없던 화장품공장 견학코스를 간다고 했지만 공장견학은 하지 않고 약 1시간가량 유명 브랜드가 아닌 화장품을 안내하기만 하였다. 그러나 구매하는 사람이 거의 없자 판매자들이 구매를 다소 독촉하는 모습을 보였다. 그래서 일부 여행자들이 "이게 무슨 공장견학이냐 상품판매가 아니냐? 원래 여행안내에는 공장견학이 없었는데 왜 일정에 들어갔느냐?"라고 불만을 제기했다. 급기야 귀경 버스 안에서 대부분의 여행자들이 패키지여행 상품과 달리 상품판매 일정이 없는 일반여행 상품을 구입했으므로 양 상품의 가격차이인 1인당 만원씩 환불해달라고 요구하기에 이르렀다. 상황이 좋지 않게 돌아가자 가이드가 본사에 전화를 걸어 처리방향을 문의하려 했으나 주말이라 연락이 제대로 되지 않는데다 환불이 곤란하다는 연락을 받았는지 가이드 마음대로 처리할 수 없다는 사정만 반복해서 답변했다. 일부 고객이 소비자보호원에 신고하겠다고 하니까 가이드는 마음대로 하라는 대답을 하였다.

최보람 씨는 1년에 한 번 있는 봄꽃 구경이 기분 좋게 시작했지만 여행사측의 약속위반과 무성의한 대응 때문에 기분을 상하게 된 데 대해 매우 아쉽게 생각하였다.

2. 고객만족 모델과 유용성

기업이 고객만족 경영을 추구하게 된 것은 기술의 발전과 혁신의 확산으로 생산과 관련된 문제들이 어느 정도 해소되고 공급이 수요를 초과하게 된 1950년대 후반부터이다. 즉 기업이 이윤을 최대화하기 위해서는 공급초과 상황에서 제품을 생산하는 것보다는 생산된 제품을 경쟁기업들에 비해 어떻게 하면 보다 효과적으로 많이 판매할 수 있느냐가 이슈가 되었기 때문에 수요창출 수단으로서의 마케팅 기능이 기업경영에서 주목을 받게 되었다. 아울러 마케팅 분야에서는 그러한 수요를 충족시키기 위해 제품과 서비스를 소비하는 고객에 대한 다각적인 연구를 하게 되면서 고객지향, 고객만족이 강조되었다. 이는 경영환경의 변화로 인해 고객으로부터 외면받을 수 있는 기업중심적인 전략으로는 살아남을 수 없다는 사실과 고객만족경영만이 급속한 환경변화에 적절히 대응할 수 있는 전략임을 기업들이 인식하였기 때문이다.

2.1 연구모델

1970년대 들어 소비자중심주의가 확산됨에 따라 기업경영에서 마케팅이 그에 대응하는 핵심적인 역할을 담당하면서 고객만족은 중심적인 주제로 대두되었다. 더욱이 고객만족 연구는 Oliver(1980)[16]가 제시한 기대불일치 모델(expectation-disconfirmation model)의 등장과 함께 이론적인 체계를 갖추며 비약적인 발전을 하게 되었다. 이 모델에 의하면 고객의 사전 기대와 사후 평가 간에 발생하는 괴리(기대불일치)의 여하에 따라 고객의 만족 여부가 결정된다는 것이다. Parasuraman 등은 이 모델을 서비스

산업에 특화시켜 고객만족의 형성 과정에서 거쳐야 할 서비스 품질평가를 위한 SERVQUAL 모델을 제시하였으며, 이후 이는 서비스기업 고객의 만족형성을 설명하는 중심적인 이론으로 받아들여지고 있다.

한편 1972년 미국 농산부에서 농산품에 대한 소비자만족지수(CSI : index of consumer satisfaction)를 발표한 이후 고객만족 개념은 마케팅 학계에서 독립된 연구영역으로 부상하여 오늘날까지 지속적으로 연구되어 왔다.[17] 하지만 1990년대 이후에야 고객만족 개념의 정의와 측정의 문제가 학계에서 주요 연구주제로 등장하였고, 실무에서는 생산성에 대한 경제적 척도와 소비자들의 삶의 질에 대한 국가적 척도의 보완지표로 제한적인 고객만족 개념이 사용되고 있다.[18]

지금까지 이루어진 고객만족에 관한 연구는 크게 네 가지 영역으로 구분하여 볼 수 있다. 첫째는, 개념의 정의, 설명, 한계점 및 이론의 탐색 등에 관한 개념적 연구이다. 둘째는, 고객만족 개념과 관련된 변수들 간의 관계나 접근방법 등에 관한 방법론적 연구이다. 셋째는, 만족/불만족 또는 불평정도의 설명에 관한 기술적 연구이다. 넷째는, 개별 기업을 대상으로 만족/불만족 개념과 척도를 적용하여 연구한 관리적 연구이다.[19]

고객만족에 관한 연구는 특히 고객만족의 결정요인 또는 형성과정에 많은 관심을 기울인 것으로 나타났으며, 고객만족을 결정하는 요인에 대한 연구는 기대-불일치 모델, 공정성 모델, 귀인 모델 등이 있다. 다음 [표 4-3]에는 각 고객만족 결정요인 모델들의 주요한 특성들이 제시되었다.

표 4-3 ▮ 고객만족의 결정요인과 관련된 모델의 주요 특성

연구모델	주요 특성
기대-불일치 모델	고객의 구매 이전의 기대가 긍정적 또는 부정적 불일치를 가져와 만족과 불만족을 초래
공정성 모델	고객만족은 거래에 관련된 고객들이 투입하는 비용과 예상되는 보상에 의해 도출된 공정성에 의해 의존

귀인 모델	고객들은 다차원적인 스키마를 이용하여 구매의 성공과 실패의 원인을 찾으며 구매 후의 반응은 귀인에 의존
지각된 성과 모델	어떤 제품들은 처음의 기대와 상관없이 인지된 제품성과에 의해 결정
규범 모델	규범이 상표평가의 준거점으로 작용하며, 만족의 판단은 이들 규범과 비교한 일치/불일치에 근거
복수비교 모델	고객은 복수의 기준을 이용하거나 만족에 도달하기까지 연속적 내지 동시적으로 여러 번의 비교를 거침
감정 모델	만족은 인지적 요소 외에도 감정반응의 함수임. 긍정적/부정적 감정은 고객만족에 대한 판단과 불평행동, 구전행동에 영향을 미침

자료 : Erevelles, S. and C. Leavitt(1992), "A Comparison of Current Models of Consumer Satisfaction/Dissatisfaction," *Journal of Consumer Satisfaction, Dissatisfaction and Complaining Behavior*, 5, 104–114.

2.2 고객만족의 유용성

앞서 설명한 고객만족 연구모델들이 고객만족의 정의 및 형성관계를 이론적으로 규명하고자 한 것과는 별도로 고객만족의 유용성에 대한 연구도 시도되었다. 이는 경영성과에 대한 정확한 분석이 없이 이루어지는 과도한 고객만족의 추구는 오히려 고객유지를 위한 마케팅비용의 증가를 초래하고 결과적으로 마케팅활동의 생산성 하락을 초래하는 한편 기업경영을 압박할 수 있다는 관점에서 시작되었다.[20]

고객만족의 유용성에 관한 대표적인 연구로는 Fornell(1992)[21]의 연구를 들 수 있다. 그는 스웨덴의 77개 주요 기업을 대상으로 하는 실증연구를 통해 고객만족을 지수화하고 지수 대비 경영성과를 분석하였다. 이러한 분석 결과, 고객만족지수가 1p 증가할 때마다 평균적으로 9,400만 달러의 수익 증가와 11.4%의 투자수익률(ROI) 상승을 기대할 수 있다는 점을 규명함으로써 고객만족과 경영성과의 인과관계를 검증하였다.

아울러 기업의 경영성과(수익)가 기업과 거래하는 고객의 충성도에 의해 좌우되며, 고객충성도는 고객만족과 인과관계에 있다는 서비스수익체인(service profit chain) 모델이 제시되었다.[22] 서비스수익체인 모델은 서비스전달시스템, 서비스가치, 고객만족, 충성도, 수익과 같은 요소들 간의 연결고리를 개념적 흐름에 따라 연결시킨 것으로 기업의 수익에 영향을 미치는 고객충성도가 고객만족의 결과이며 고객만족은 서비스의 가치에 의해 결정되는 관계임을 설명하였다(Chapter 07의 [그림 7-3] 참고).

또한 고객만족도가 높아지면 기업의 전반적인 평판도 좋아지고, 평판이 좋아지면 신제품 도입 시 큰 도움이 된다고 한다.[23] 그 이유는 고객만족도가 높으면 인지도를 높이기가 쉽고 고객이 느끼게 되는 신제품에 대한 시험구매 또는 시험사용에 따른 불만족 발생 위험도 줄어들기 때문이다.

그림 4-1 ■ 품질경영-고객만족-마케팅의 관계

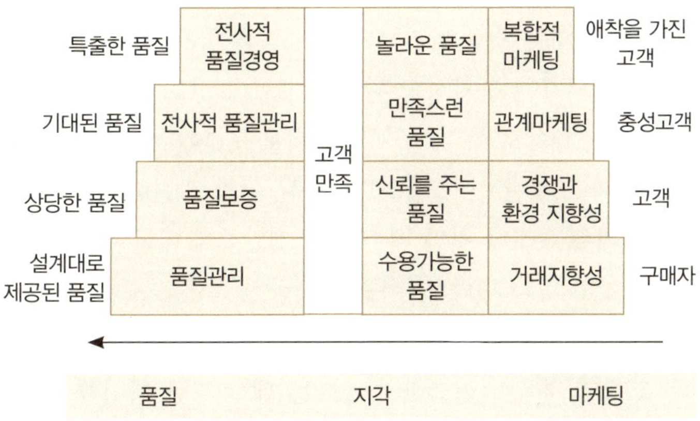

자료 : Teodorescu, Nicolae, Aurelia-Felicia Stǎncioiu and Augustin Mitu(2009), "Considerations Regarding Quality Management in Services as a Marketing Instrument for Increasing Customers' Satisfaction in Tourism Products, *Amfiteatru Economic*, 11(26), 412-418.

3. 고객만족과 서비스품질

기업이 처한 경영환경의 경쟁상황이 날로 치열해지고 있어 경쟁우위를 유지하기 위해서는 경쟁사보다 좋은 품질의 제품과 서비스를 제공함으로써 고객의 만족도를 지속적으로 제고시켜 나가는 것이 필요하다.

고객만족에 관한 초기 연구에서는 고객이 느끼는 서비스품질과 고객만족의 개념이 자주 혼용되어 사용되어 왔다.[24] 따라서 두 개의 개념이 동일한 개념인지 아니면 서로 구분되는 개념인지, 만약 다른 개념이라면 그 인과관계는 어떻게 되는지에 대한 문제가 제기되었다. 이와 함께 서비스품질과 관련변수들과의 인과관계에 대한 논의도 서비스품질과 고객만족의 개념을 구분하는 데부터 시작되었다.

이러한 맥락에서 일부 학자는 고객만족과 서비스품질이 상당히 높은 상관관계를 갖고 있다는 것을 발견하였으며, 다른 학자들은 단기적 관점에서 두 개념이 구별되지만 장기적으로는 두 개념이 상호 중복된다고 보았다. 하지만 최근에는 대체로 두 개의 개념이 서로 구분된다고 본다.[25]

서비스품질과 고객만족이 서로 다르다는 것과 관련하여 품질의 기초가 되는 차원은 매우 특정한 것인 데 비해 고객만족에 대한 판단은 보다 포괄적인 차원을 갖고 있는 데다 그 차원에는 품질 측면도 포함되어 있다고 한다.[26] 더욱이 고객만족의 평가에는 고객의 경험이 필요하지만 품질에 대한 평가에는 고객의 경험이 필요하지 않다는 데 커다란 차이가 있다는 것이다.

이와 같은 고객만족과 지각된 서비스품질의 차이를 세 가지로 구분해 볼 수 있다.[27] 첫째, 고객이 만족하기 위해서는 서비스/제품에 대한 소비경험이 필요하나 서비스품질은 실제 소비경험이 없이도 지각될 수 있다. 둘째, 고객만족은 가치에 영향을 받는 것으로 받아들여지고 있는데, 여기서 가치는 가격과 비교한 지각된 품질의 비율 또는 지불한 비용과 비교하여 얻어진 혜택의 비율로 보고 있다. 또한 고객만족은 가격에 영향을 받으나 서비스 또는 품질은 일반적으로 가격에 영향을 받지 않는 것으로 인식하고 있다. 셋째, 품질이 제품/서비스에 대한 고객의 현재 시점의 지각만을 반영한다고 보는 데 비해 고객만족은 과거의 경험이나 현재의 지각은 물론 미래에 기대된 경험까지 반영하는 것으로 간주하고 있다.

이 외에도 고객만족이 긍정적이거나 부정적인 정서의 반응과 인지적 불일치에 영향을 받지만 서비스품질은 특정 서비스의 상대적 우월성에 대한 고객의 태도라는 점에서 차이를 보인다는 견해가 있다.[28] 이들에 의하면 서비스품질에 영향을 미치는 선행변수는 가격, 지원부서 및 전문성이지만 고객만족에 영향을 미치는 선행변수는 신속성, 서비스 실패에 대한 빠른 복구 조치 및 물리적 환경이라고 한다.

또한 고객만족은 불일치된 기대와 사전적 감정이 결합되어 발생한 복합적 심리상태이며 일시적이고 특정 상황에 따른 판단으로 장기적인 태도의 선행변수 역할을 하지만 서비스품질은 서비스의 상대적인 우수성/열등성에 대한 전반적인 인상으로 장기적인 태도와 상당히 유사하다는 견해도 있다.[29] 이에 따르면 서비스품질을 구성하는 속성들이 한정적인 데 비해 고객만족은 품질과 상관없이 모든 속성으로부터 유도될 수 있어 구성하는 속성들이 보다 포괄적이라고 하였다.

그동안의 연구를 종합해보면, 서비스품질 및 고객만족 둘 다 소비자가 제품이나 서비스의 성과와 어떠한 기준을 서로 비교하여 형성된다는 것이다. 그리고 지각된 서비스품질과 고객만족의 차이는 이들이 서로 다른 비교기준을 사용한다는 것이다. 구체적으로는 지각된 서비스품질은 소비자가 기업이 제공하여야 한다고 느끼는 규범적 기준(normative standards)과 그 성과와의 비교 결과에 따라 나타나는 것인 데 비해, 고객만족에서의 비교기준은 예측적 기준(predictive standards) 또는 소비자가 발생할 것이라고 믿는 기준이라는 것이다. 이러한 맥락에서 서비스품질을 지각하는 선행변수가 이상(ideals)과의 불일치인 데 비해, 고객만족의 선행변수는 예측적 기대(품질 및 비품질 차원에 관해)와 지각된 품질의 불일치라고 할 수 있다.[30] 이와 같이 서비스품질과 고객만족이 서로 다른 기준을 사용하기 때문에 만약 성과가 고객이 예측한 것보다 양호하다면 서비스품질이 낮은 것이더라도 고객은 만족할 수 있는 것이다.

다음 [그림 4-2]는 고객만족과 서비스품질을 비교한 것으로 일반적으로 서비스품질이 높은 수준이면 고객만족도 커질 것이며, 서비스품질이 낮은 수준이면 고객의 불만족이 커질 것이다. 하지만 고객만족의 판단기준이 평균적인 서비스품질 수준보다 낮은 경우에는 낮은 서비스품질에도 불구하고 고객이 만족하는 구간이 발생할 것이며, 고객만족의 판단기준이 평균적인 서비스품질 수준보다 높은 경우에는 반대로 높은 서비스품질에도 불구하고 고객이 만족하지 못하는 구간이 발생할 것이다.

그림 4-2 ▮ 고객만족과 서비스품질의 비교

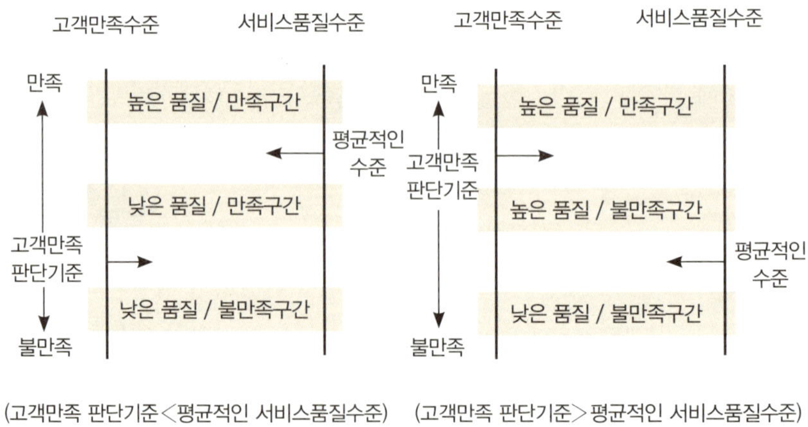

이와 같은 서비스품질과 고객만족과의 개념적 차이를 Oliver(1997)는[31] 다음 [표 4-4]와 같이 정리하여 제시하였다.

표 4-4 ▮ 서비스품질과 고객만족의 개념 차이

	서비스품질	고객만족
경험의존성	불필요(외부적 또는 매개적임)	필요
속성/차원	구체적인 특성이나 속성이 필요	잠재적인 모든 속성이나 차원
기대/기준	이상적, 우월성	예측, 규범, 욕구
인지/감정	주로 인지적	인지적 및 감정적
개념적 선행요인	외부적 단서(가격, 명성, 다양한 커뮤니케이션 원천)	개념적 결정요인 (공평, 후회, 감정, 귀인)
시간적 요인 (단기/장기)	주로 장기적 (전반적인 것 또는 요약된 것)	주로 단기적 (거래 또는 접촉과 관련된 것)

자료 : 홍금순(2005)[32]를 재인용함.

한편 서비스품질과 고객만족의 인과관계에 대해서는 서비스품질이 고객만족을 결정하는 요소들 중 한 부분이거나 서비스품질이 고객만족에 영향을 미치는 선행변수 역할을 한다는 주장이 주를 이룬다. 즉 서비스산업 중 전기통신산업에서 서비스품질, 고객가치 및 만족 간의 관련성 연구를 통해 고객의 지각된 서비스품질은 고객만족에 '+'의 영향을 미치는 것이 발견[33]되었으며 소매은행에서도 서비스품질이 고객만족에 통계적으로 유의한 영향을 미치는 것이 확인[34]되었다. 또한 생명보험산업을 대상으로 행동결과에 영향을 미치는 변수를 분석한 결과, 서비스품질이 고객만족에 직접적으로 영향을 미칠 뿐만 아니라 고객가치를 통해 간접적인 영향도 미치는 것이 발견되었다.[35]

그러나 만약 고객이 인지적 경향(cognitive-oriented)을 갖는다면 서비스품질이 고객만족을 유발하게 되지만, 그렇지 않고 고객이 감정적 경향(affective oriented)을 갖는다면 고객만족이 서비스품질을 유발하게 된다고 한다.[36] 즉 서비스품질과 고객만족의 선행적 역할이 상황에 따라 변화할 수 있다는 것이다.

이와 같이 서비스품질과 고객만족의 인과관계에 대해 이론의 여지도 있으나 서비스품질이 고객만족의 선행변수라는 연구결과가 압도적인 것으로 나타나고 있다.

사례 : Kevin Roberts의 러브마크

Kevin Roberts(2005)가 처음 창안한 감성마케팅의 개념인 러브마크(lovemarks)는 사랑과 존경이라는 2개 차원으로 구성되며, 다음 그림과 같이 브랜드를 4가지로 분류하게 된다.

- 사랑 차원 구성요소 : 신비감(mystery), 감각(sensuality), 친밀감(intimacy)
- 존경 차원 구성요소 : 성과(performance), 신뢰(trust), 평판(reputation)

먼저 일반제품(products)은 고객의 사랑과 존경이 모두 낮은 것으로, 고객의 마음을 절대 끌지 못하기 때문에 고객들은 이 제품을 매우 까다롭게 평가한다. 유행제품(fads)은 고객으로부터 높은 사랑은 받지만 존경을 받지 못하는 것으로, 단기적으로는 인기가 있지만 조만간 잊어버리게 되는 제품이다. 브랜드 제품(brands)은 높은 존경은 받지만 사랑을 받지 못하는 것으로 대부분의 브랜드가 이에 해당한다. 러브마크(lovemarks)는 높은 존경과 사랑을 받는 것으로 모든 브랜드의 최종 목표가 된다. 존경을 많이 받으면 충성도를 창출할 수 있지만 이성을 초월한 충성도를 구축하려면 사랑이 필요하다고 한다.

Roberts는 '브랜드의 시대는 끝났다'고 주장하며, 이제부터는 러브마크의 시대라고 하였다. 그리고 기억의 요소, 이미지의 요소로만 인식되는 브랜드는 효과가 별로 없으며, 고객의 마음 깊이 어필되지 못하는 브랜드는 경쟁력이 약하다고 한다.

아직 학술적 개념으로 정립 및 검증되지 않았지만 러브마크의 개념은 브랜드 감성, 고객-브랜드 간 관계, 브랜드 사랑 등이 바탕이 되어 등장하였다.

사랑과 존경에 따른 브랜드 분류

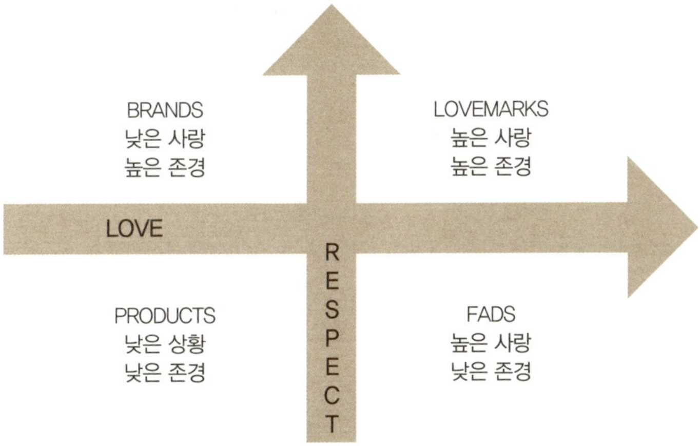

자료 : 박일우 · 이태희(2011), 전라북도 관광체험 가치의 상향화 전략을 위한 러브마크 모니터링 항목도출, 한국사진지리학회지, 21(2), 17-32.

참 | 고 | 문 | 헌

1) Cardozo, Richard N.(1965), "An Experimental Study of Consumer Effort, Expectation and Satisfaction," *Journal of Marketing Research*, 2(August), 244–249.

2) Oliver, Richard L.(1997), *Satisfaction: A Behavioral Perspective on the Consumer*, McGraw–Hill, NY.

3) 박명호 · 조형지(1999), "고객만족 개념의 재정립," 한국마케팅저널, 1(4), 126–151.

4) Howard, John A., and J. N. Sheth(1969), "*The Theory of Buyer Behavior*," New York, John Wiley & Sons, 145.

5) Czepiel, John A. and Larry J. Rosenberg(1976), "Consumer Satisfaction: Toward an Integrative Framework," *Proceedings of the Southern Marketing Association*, 169–171.

6) Hunt, H. Keith(1977), "CS/D–Overview and Future Research Direction," in *Conceptualization and Measurement of Consumer Satisfaction and Dissatisfaction*, H. Keith Hunt, ed., Cambridge, MA: Marketing Science Institute.

7) Engel, James F., Roger D. Blackwell, and D. T. Kollat(1982), *Consumer Behavior*, The Dryden Press.

8) Tse, David K., and P. C. Wilton(1988), "Models of Consumer Satisfaction Formation: An Extension," *Journal of Marketing Research*, May, 204–212.

9) Babin, Barry J., and Mitch Griffin(1998), "The Nature of Satisfaction: An Updated Examination and Analysis," *Journal of Business Research*, 41, 127–136.

10) Oliver(1997), *op. cit*.

11) Paker, C. and Brian P. Mathews(2001), "Customer Satisfaction: Contrasting Academic and Consumer's Interpretations," *Marketing Intelligence and Planning*, 19, 38–44.

12) 이유재(2000), "고객만족 연구에 관한 종합적 고찰," 소비자학연구, 11(2), 139-166.
13) 이유재(1995), "고객만족의 정의 및 측정에 관한 연구," 경영논집, 29(1,2), 145-168.
14) Giese, J. L., and J. A. Cote(2000), "Defining Consumer Satisfaction," *Academy of Marketing Science Review*, 4(2), 1-24.
15) [표 4-2] 참고문헌을 정리함.
-Oliver(1997), *op. cit.*
-Halstead, Diane, David Hartman and Sandra L. Schmidt(1994), "Multisource Effects on the Satisfaction Formation process", *Journal of the Academy of Marketing Science*, 22(2), 114-129.
-Mano, Haim and Richard L. Oliver(December 1993), 'Assessing the Dimensionality and Structure of the Consumption Experience: Evaluation, Feeling, and Satisfaction", *Journal of Consumer Research*, 20, 451-466.
-Westbrook, Robert A.(1987), "Sources of Consumer Satisfaction with Retail Outlets," *Journal of Retailing*, 57(Fall), 68-85.
-Oliver, Richard L.(1981), "Measurement and Evaluation of Satisfaction Process in Retail Setting." *Journal of Retailing*, 57(Fall), 25-48.
-Oliver, Richard L.(1992), "An Investigation of the Attribute Basis of Emotion and Related Affects in Consumption: Suggestions for a Stage-Specific Satisfaction Framework." *Advances in Consumer Research*, 19. Eds. John F. Sherry and Brian Sternthal. Ann Arbor, MI: Association for Consumer Research, 237-244.
-Fornell, Claes(1992), "A National Customer Satisfaction Barometer: The Swedish Experience," *Journal of Marketing*, 56(January), 6-21.
-Westbrook, Robert A. and Richard L. Oliver(1991), "The Dimensionality of Consumption Emotion Patterns and Consumer Satisfaction", *Journal of Consumer Research*, 18(1), 84-91.
-Tse, David K., and P. C. Wilton(1988), "Models of Consumer Satisfaction Formation: An Extension," *Journal of Marketing Research*, May, 204-212.

16) Oliver, Richard L.(1980), "A Cognitive Model of the Antecedents and Consequences of Satisfaction Decisions," *Journal of Marketing Research*, 17(Sep.), 460–469.
17) 박명호 · 조형지(1999), "고객만족 개념의 재정립," 한국마케팅저널, 1(4), 126–151.
18) Carsky, M. L., and M. S. Steindberg(1993), "Customer Satisfaction – Where Are We Going? Where Have We Been?," *AMA Educator's Proceedings, Winter*, 362–369.
19) 박명호 · 조형지(1999), *op. cit.*
20) 신문식 · 장동식(2002), 생명보험회사의 고객유지 전략–고객만족도 분석을 중심으로, 연구보고서 2002–6, 보험개발원
21) Fornell, Claes(1992), "A National Customer Satisfaction Barometer: The Swedish Experience," *Journal of Marketing*, 56(January), 6–21.
22) Heskett, James L., Thomas O. Jones, Gary W. Loveman, W. Earl Sasser, Jr., and Leonard A. Schlesinger(1994), "Putting the Service–Profit Chain to Work", *Harvard Business Review*, March–April, 164–170.
23) Anderson, Eugene W., C. Fornell, and R. Donald Lehman(1994), "Customer Satisfaction, Market Share and Profitability: Findings from Sweden," *Journal of Marketing*, 54(3), 53–66.
24) Iacobucci, D, A. L. Ostrom, and K. A. Grayson(1995), "Distinguishing Service Quality and Customer Satisfaction : The Voice of the Customer," *Journal of Consumer Psychology*," 4(3), 277–303.
25) Lewis, B. R., and M. Soureli(2006), "The Antecedents of Consumer Loyalty in Retail Banking," *Journal of Consumer Behavior*, 5(1), 15–31.
26) Oliver, Richard L.(1993), "A Conceptual Model of Service Quality and Service Satisfaction: Compatible Goals, Different Concepts," in Swartz, T. A., Bowen, D. E. and Brown, S. W. (Eds), *Advances in Service Marketing and Management*, 2, 65–85.
27) Anderson 등(1994), *op. cit.*
28) Iacobucci 등(1995), *op. cit.*
29) 이유재(2000), *op. cit.*
30) Oliver(1993), *op. cit.*

31) Oliver(1997), *op. cit.*

32) 홍금순(2005), '교육서비스 품질의 각 차원이 고객만족과 고객충성도에 미치는 영향에 관한 연구,' 명지대대학원 박사학위논문, p.27 재인용

33) Wang, Y., H. P. Lo, R. Chi, and Y. Yang(2004), "An Integrated Framework for Customer Value and Customer–relationship –management Performance: A Customer–based Perspective from China," *Managing Service Quality*, 14(2/3), 169–182.

34) Lewis and Soureli(2006), *op. cit.*

35) Durvasula, S., S. Lysonski, S. C. Mehta, and B. P. Tang(2004), "Forging Relationships with Services: The Antecedents that have an Impact on Behavioral Outcomes in the Life Insurance Industry," *Journal of Financial Services Marketing*, 8(4), 314–326.

36) Dabholkar, P. A.(1995), "The Convergence of Customer Satisfaction and Service Quality Evaluations with Increasing Customer Patronage," Journal of Consumer Satisfaction, *Dissatisfaction and Complaining Behavior*, 8, 32–43.

고객충성도

CHAPTER • 05

1. 고객충성도의 정의
2. 고객충성도의 분류
3. 고객충성도의 발전단계
4. 고객충성도의 측정방법
5. 고객충성도의 유용성
6. 고객만족과 고객충성도의 관계
7. 서비스품질과 고객충성도의 관계
8. 서비스품질, 고객만족 및 고객충성도의 관계

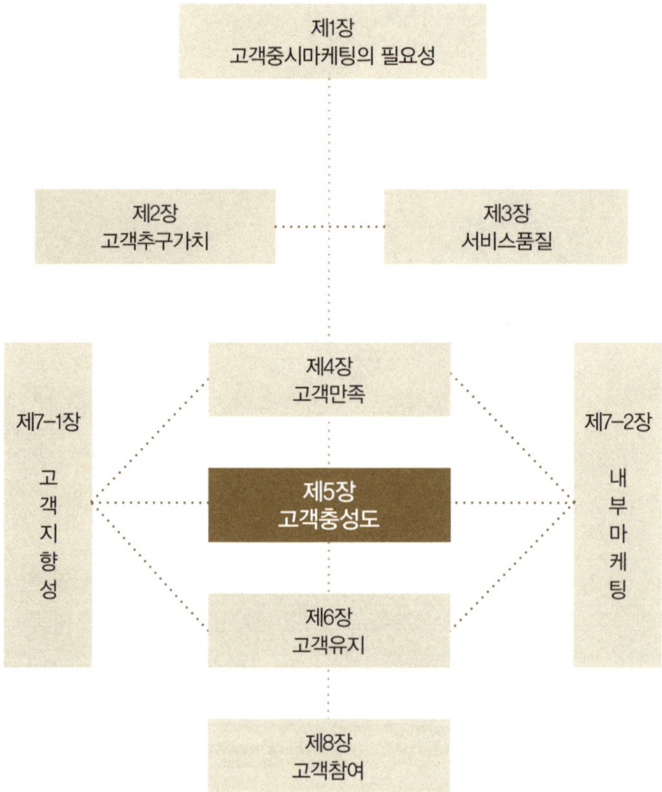
제1장
고객중시마케팅의 필요성
제2장
고객추구가치
제3장
서비스품질
제4장
고객만족
제5장
고객충성도
제6장
고객유지
제7-1장
고객지향성
제7-2장
내부마케팅
제8장
고객참여

1. 고객충성도의 정의

기업의 입장에서는 거래고객이 경쟁기업으로 이탈하지 않고 자신이 제공하는 제품이나 서비스를 지속적으로 구매해주고 주변 사람들에게도 호의적으로 홍보해주기를 희망할 것이다. 하지만 이러한 거래고객을 확보하기 위해서는 우수한 서비스품질을 제공함으로써 고객이 만족하고 감동하도록 하는 것이 우선적으로 선행되어야 한다.

고객의 입장에서도 다양한 제품과 서비스 중에서 자신의 기대를 충족시켜줄 뿐만 아니라 자신에게 가장 많은 가치나 혜택을 제공해 주는 곳을 선택하게 될 것이다. 기업으로서는 이러한 가치나 혜택을 효과적으로 제공함으로써 고객을 만족토록 하는 성과를 거둘 때 고객의 지속적인 재구매를 기대할 수 있다.

이와 같이 제품과 서비스에 대해 만족한 고객이 해당 제품과 서비스를 지속적이고도 반복적으로 구매하려는 태도를 고객충성도로 볼 수 있다. 보통 재구매율이 높은 고객을 충성도가 높은 고객이라고 하는데, 충성도가 높은 고객은 재구매율뿐만 아니라 가격에 덜 민감하게 반응하게 되므로 적정 마진의 가격을 받을 수 있어 거래에 따른 수익성을 높일 수 있고, 결과적으로 기업의 재무적 성과를 제고시키는 데도 매우 중요한 고객이 된다. 특히 무형성, 소멸성, 동시성 등으로 특징지워지는 서비스의 제공을 주업으로 하는 기업의 경우 유형의 제품과는 달리 고객들이 서비스를 간접적으로도 평가해 볼 수 있는 기회가 없으므로 고객충성도는 기업의 사활을 결정짓는 중요한 요소로 부각되고 있다.

이로 인해 '관계마케팅'(relationship marketing)을 통해 기업이 고객과의 장기적인 관계를 형성하고 발전시킬 수 있는 방법에 대한 학문적인 관심이 높아지고 있다. 그동안의 경험에 의하면, 기업의 장기적인 수익 목표를 달성하기 위해서는 고객만족만으로는 충분하지 않고 고객충성도가 뒷받침되어야 한다.

고객충성도는 고객만족보다도 포괄적인 개념으로 많은 학자들에 의해 다양하게 연구되어 왔다. 마케팅 분야에서 상표충성도(brand loyalty)에 관한 주제를 다루는 연구는 1923년으로까지 거슬러 올라간다. 하지만 그동안 고객충성도와 관련한 연구들이 목적의 차이 등으로 인해 각기 다른 개념과 측정방법을 사용하여 왔기에 수많은 연구가 이루어졌음에도 불구하고 아직까지 이에 대해 명확하고 통일된 개념의 정의가 내려지지 않고 있다.

지금까지 제시된 고객충성도에 대한 정의를 살펴보면 [표 5-1]과 같다.

표 5-1 ▮ 고객충성도에 대한 정의

	고객충성도의 정의
Czepiel과 Gilmore(1987)	과거 경험에 바탕을 두고 교환관계를 지속시키는 특정한 태도
Assael(1992)	시간 경과 이후 특정 제품을 지속적으로 구매하려고 하는 소비자의 호의적인 태도
Jones와 Sassers(1995)	한 기업의 사람, 제품 및 서비스에 대한 애착이나 애정의 감정상태
Zeithaml 등(1996)	특정 기업과 계속 거래하고자 하는 고객의 의도
Sheth 등(1999)	일관되게 단골거래를 하면서 강력하고 호의적인 태도를 기반으로 어떤 상표나 상점 또는 공급자에 대해 나타내는 고객의 몰입

한편 고객충성도를 그 대상에 따라 분류한다면 다음과 같이 상표충성도(brand loyalty), 점포충성도(store loyalty) 및 서비스충성도(service loyalty)로 구분할 수 있다.

1.1 상표충성도

상표충성도란 특정 상표를 여타 상표보다 선호하면서 지속적으로 해당 상표를 우선적으로 구매하려고 하는 것이라 할 수 있다. 초기에는 이러한 현상을 '상표일관성(brand consistency)'[2]이라고 불렀다. 그동안 고객충성도의 연구가 유형적인 제품에 대한 충성도에 주로 집중되었으며, 일반적으로 이를 '상표충성도'라고 하였다.

상표충성도는 고객이 특정 상표를 여타 상표에 비해 선호하고 이를 행동으로 옮긴다는 의미에서 "특정 기간 동안에 특정 제품범주에서 하나 또는 그 이상의 상표에 대한 소비자의 선호적인 태도와 행동반응[3]"이라고 정의할 수 있다. 이 같은 정의는 상표충성도가 태도 구성요소와 행동 구성요소를 포함해야 한다는 의미를 함축하고 있다.

상표충성도를 단순한 재구매 행동과 구별하려면 다음과 같은 6가지 조건의 상표충성도 특성을 점검해보면 될 것이다.[4] 즉, ① 편향적(biased)이고, ② 행동적인 반응이며, ③ 일정기간 동안 표현되고, ④ 복수의 의사결정단위에 의한 것이고, ⑤ 동종의 상표군 중에서 한 개나 복수의 상표 선택에 관한 것이며, ⑥ 심리적 과정을 거치는 기능으로 나타나는지에 대한 여부이다.

상표충성도와 관련하여 고객은 다음과 같은 4가지 일반적인 특징을 보인다.[5] 첫째, 상표충성도가 높은 소비자는 자신의 선택에 더 집착하는 경향이 있다. 둘째, 상표충성도가 높은 소비자는 구매 시에 제품을 잘못 선택하는 데 대한 위험부담을 더 많이 느끼고 이러한 위험을 감소시키는 수단으로 단일상표를 재구매한다. 셋째, 상표충성도가 높은 소비자는 점포충성도도 높은 경향이 있다. 넷째, 소수집단의 소비자들은 더 상표충성도가 높은 경향이 있다. 미국 내 아프리카계와 라틴아메리카계 인종의 경우 여타 인종들에 비해 상표충성도가 더 높다고 한다.

1.2 점포충성도

점포충성도는 일정기간 동안 특정한 점포를 선호하는 소비자의 성향을 의미한다. 요즘과 같이 가격파괴가 고객을 유인하는 수단으로 적극적으로 활용되고 있고, 고객의 차량보유 증가로 저렴한 점포를 쉽게 찾아갈 수 있는 상황에서는 동네 소매상들에 대한 점포충성도가 많이 약화되는 모습을 보이고 있다. 하지만 많은 소비자들이 가격과 서비스에 차이가 별로 없다면 가급적 새로운 점포를 물색하는 데 따른 소요비용과 노력을 고려하여 이미 알고 있는 기존 점포와 계속 거래하려는 성향을 보이게 된다. 특히 충성적인 고객은 한 점포와 거래를 집중하는 경향이 있기 때문에 점포충성도는 판매자에게 매우 중요한 관리대상 자산이 된다.

이와 같은 점포충성도는 "상표의 선택에 고집성이 그다지 높지 않고 오히려 특정 점포를 신뢰하고 그 점포를 애호하는 쇼핑태도[6]"라고도 정의할 수 있는데, 점포선택 모델에 따르면 점포의 이미지가 소비자의 욕구에 잘 부합될 때 형성될 수 있다. 예를 들어, 남과 차별화된 모습을 보이고자 하는 소비자는 개성 있는 멋을 제공하는 점포를 애호하게 될 것이고, 편의성을 강조하는 소비자는 이용이 편한 가까운 점포를 애호하게 될 것이며, 인간적인 접촉을 즐기는 소비자는 판매원과 즐거운 거래를 할 수 있는 점포를 애호하게 되는 경향이 있다.

점포충성도는 단골의 확보가 성공의 관건이 되는 소매업자에게 특히 중요한 개념이다. 만약 소매업자가 고객의 충성도에 영향을 미칠 수 있다면 그들은 판매실적 목표를 달성하기 위하여 보다 효과적인 영업전략을 모색할 것이다. 이러한 전략개발에서 점포충성도를 정확히 측정할 수 있을 경우 소매점이 계획하는 마케팅전략을 평가하고 선택하는 데 도움이 될 것이다.

특정 점포에 충성적인 소비자는 특정 상표에 대해서도 충성적인 경향을 보일 수 있다. 그 이유는 점포선택에서 시간과 노력을 절감하려는 소비자가 상표선택에서도 같은 경향을 보일 것으로 예상할 수 있는데 이는 동일한 점포에서 계속 쇼핑할 경우 그 점포가 취급하는 상표에 대한 충성도를 증대시킨다는 사실로 설명될 수 있다.[7)]

1.3 서비스충성도

서비스충성도란 서비스에 대해 상대적으로 좋은 태도를 가지고 반복적으로 구매하는 것[8)]으로, "서비스에 대한 개인의 상대적 태도와 반복구매 행위 사이의 관계의 강도[9)]"로 정의될 수 있다. 이러한 정의는 서비스충성도가 태도 척도로 측정되어야 한다는 것을 의미한다. 여기서 태도 척도는 반복구매와 같은 행동 척도에 비하여 소비자충성도의 형성과 변화, 그리고 그와 관련된 여러 변수들에 더 깊은 이해와 통찰력을 제공한다. 그 이유는 행동 척도가 지나치게 소비자의 과거 행동결과에 초점을 맞추고 있기 때문이다.

고객충성도에 관한 연구들이 제품충성도에 편중되어 상표충성도라는 명제하에 주로 이루어진 반면, 서비스충성도에 대해서는 그동안 관심이 높지 않았다. 그러나 최근에는 서비스산업의 급격한 발전과 성장으로 인해 제품충성도와 구별되는 별도의 분야로서 서비스충성도에 관한 연구가 크게 늘어나고 있다.

서비스는 유형재와 여러 가지 면에서 차이점이 존재하기 때문에 고객들이 서비스공급자를 교체할 경우 유형재의 상표를 교체할 경우와는 상이한 어려움에 직면하게 되며 서비스충성도에 관한 연구에서도 이러한 차이점들이 고려되어야 한다. 이러한 어려움으로 인해 유형재보다 서비스에 대한 상표충성을 형성시키기가 보다 용이하다고 한다. 다른 이유로는 대체안을 찾는 데 서비스의 경우 유형재보다 많은 탐색비용이 소요되므로 서비스 상표를 바꾸기 위한 의사결정을 내리기가 곤란하기 때문이다.

이와 같이 고객이 서비스를 선택하는 데 있어 제품 선택 시와 구별되는 3가지 특징[10)]이 있다. 첫째, 서비스에 대한 정보를 얻기가 힘들기 때문에 고객들은 현재의 서비스제공자보다 만족을 증가시킬 수 있는 대체안들에 대하여 불확실성을 가질 것이다. 둘째, 현재의 서비스제공자를 유지하는 것보다 교체하는 데 소요되는 금전적 비용이 더 크다. 셋째, 서비스에 대한 대체안의 유용성을 인지하기가 어렵다는 점을 들 수 있다.

2. 고객충성도의 분류

고객충성도의 관리는 경영성과를 높이기 위해 경영자가 유의해야 할 매우 중요한 분야 중 하나이다. 특정 기업에 충성스러운 고객이라 하더라도 충성의 정도와 형태에 따라 마케팅전략에 반응하는 방식과 경영성과에 기여하는 바도 다를 것이다. 따라서 고객의 충성도에 따른 적절한 대응전략을 마련하기 위해서는 고객들의 충성도 정도에 따라 세분화하여 관리할 필요가 있다.

Jacoby와 Chestnut(1978)[11)]은 만약 소비자가 여러 브랜드에 대해 충성스럽다면 우발적인 구매나 편리함에 대한 선호 및 일관성 없는 구매가 충성으로 위장전환될 수 있다고 하였다. 기업이 이와 같이 위장전환된 충성도를 가진 고객들에 대해 진정한 충성도를 가진 고객과 동일한 마케팅전략을 수행할 경우에는 기대했던 성과를 거두기가 어려울 것이다.

이러한 관점에서 진정한 브랜드충성도를 파악하기 위해서는 전통적인 소비자 태도분석의 틀에서 고객의 신념, 감정 및 의도와 같은 세 가지 의사결정단계를 분석할 필요가 있다.[12)] 만약 진정한 브랜드충성도가 존재한다면 3가지 의사결정단계 모두에서 대상 브랜드에 대한 선호가 나타나게 된다. 충족되어야 할 3가지 조건은 다음과 같다. 첫째, 브랜드 속성에 대한 평가(신념)는 경쟁기업의 것에 비해 선호되어야 한다. 둘째, 이와 같은 선호에 대한 '정보'는 브랜드에 대한 감정적인 선호(감정)와 일치하여야 한다. 셋째, 고객은 대체안과 비교하여 그 브랜드를 구매하고자 하는 보다 높은 차원의 의도가 있어야 한다.

고객의 충성도를 진정한 것과 그렇지 않은 것으로 그 특성에 따라 구분해 볼 필요도 있다. Brown(1952)[13]은 마케팅 분야에서 반복구매에 대한 관심이 높아지자 소비자의 구매패턴에 따라 브랜드충성도를 완전한 충성도, 분열된 충성도, 변화가 쉬운 충성도, 무(無) 충성도와 같은 4가지로 분류하였다.

이후 Dick과 Basu(1994)[14]는 반복구매 수준과 상대적 태도를 조합한 고객충성도의 개념에 따라 충성도를 [표 5-2]와 같이 네 가지로 분류하였다. 이들은 충성도를 높은 반복구매와 강한 상대적 선호태도를 갖는 진정한 충성도, 경쟁기업에 비해 강한 선호도를 갖지만 상황과 환경변수로 인해 높은 빈도의 반복구매를 하지 않는 잠재적 충성도, 소비자가 한 상표에 대해 빈번하게 구매를 하지만 여러 상표 중에서 중요한 차이점을 인지하지 못하는 거짓 충성도, 대체 브랜드 사이에서 차별적인 선호도나 구매행태를 나타내지 않으면서 낮은 빈도의 반복구매를 하는 무 충성도로 분류하였다.

표 5-2 ∎ 행동과 태도에 근거한 충성도 분류

행동 / 태도		반복구매 (Repeat Patronage)	
		고	저
상대적 선호태도 (Relative Attitude)	고	진정한 충성도 (true loyalty)	잠재적 충성도 (latent loyalty)
	저	거짓 충성도 (spurious loyalty)	무 충성도 (no loyalty)

자료 : Dick과 Basu(1994), *op. cit.*

한편 고객의 충성도 단계를 고객의 종류에 따라 다섯 가지로 구분해 볼 수 있다.[15]

첫째는, 예비고객(prospect)으로 특정 제품이나 서비스의 구매에 관심을 보일 수 있는 계층이다. 둘째는, 단순고객(shopper)으로 특정 제품이나 서비스에 대해 관심을 가지고 적어도 한 번 정도 가게를 방문하는 계층이다. 셋째는, 고객(customer)으로 특정 제품이나 서비스를 빈번하게 구매하는 계층이다. 넷째는, 단골고객(client)으로 특정 제품이나 서비스를 정기적으로 구매하는 계층이다. 다섯째는, 충성고객(advocator)으로 주변 사람들 누구에게나 특정 제품이나 서비스에 대한 칭찬을 아끼지 않는 계층이다.

아울러 Curasi와 Kennedy(2002)[16]도 특정 서비스제공자로부터 반복적으로 구매하는 고객을 설명하면서, 포로(prisoner), 고립된 충성고객(detached loyalists), 획득된 충성고객(purchased loyalists), 만족한 충성고객(satisfied loyalists), 사도(apostles) 등 5단계로 충성고객을 [표 5-3]과 같이 분류하였다.

표 5-3 ▮ 반복구매에 따른 5단계 충성고객 분류

	포로	고립된 충성고객	획득된 충성고객	만족한 충성고객	사도
유형	덫에 걸린 반복구매자	이탈자 가능	구입한 고객충성	합리적으로 만족한 고객	몰두하는 참여자
기본적 속박	강제적 : 실제 선택여지 없음	기능적 : 높은 이탈비용	구조적 : 보상 프로그램	만족 : 이탈할 이유없음	감정적 : 기능 이상의 개인적 몰입
만족의 역할	무관함	낮음	보통	높음	만족 초월 : 여타 요인도 고려됨
고객 몰입	없음	낮음	보통	보통-높음 사이	매우 높음
선택 가능성	가능한 단기적 선택안 없음	적음	보통과 많음 사이	많음	많음

사례	케이블 TV사	치과의사	잦은 이용자 프로그램 운영 항공사	소매상	헤어 스타일러
서비스 공급자에 대한 시사점	고객불만 명시, 고객이 적개심을 가지면 장기 생존력에 위협이 됨	고객만족에 기여하는 분야를 사전적으로 개선	추가적 부가가치 요소들을 창출	안정적이고 만족스런 서비스 경험을 지속적으로 유지	고객 열정과 존속에 기여하는 요소들을 확인하고 유지

자료 : Curasi와 Kennedy(2002), *op. cit.*

거래기업을 선택할 여지가 없이 독점적인 기업과 거래를 해야 하는 고객의 경우에도 이와 유사한 거래상의 불리함을 참아야 할 경우가 많을 것이다. 예를 들어, 시골 동네에서 독점적인 영업을 하는 가게의 경우 고객들은 선택의 여지 없이 하나뿐인 가게의 충성스런 고객과 같은 태도를 보이면서 거래를 해야 한다. 물론 그 가게가 제시하는 대부분의 거래조건도 수용해야 할 것이다. 하지만 비슷한 가게가 들어설 경우 개별 고객들의 충성도는 그동안의 거래조건이나 가게주인과의 인간관계 등 여러 가지 변수에 따라 변하게 될 것이다.

3. 고객충성도의 발전단계

Oliver(1999)[17]는 고객충성도가 '인지(cognition)－감정(affect)－행동의욕(conation)－행동(action)'의 패턴에 따라 다음과 같은 4단계의 동태적인 발전단계를 거친다고 제시하면서, 각 단계마다 고객들은 충성스럽게 될 수 있다고 한다.

3.1 인지적 충성(cognitive loyalty) 단계

고객에게 활용가능한 브랜드 속성에 관한 정보로 인해 하나의 브랜드가 대체안보다 선호될 수 있다. 이와 같은 단계를 인지적 충성 또는 브랜드 신념에만 근거한 충성단계라고 한다. 인지는 과거 지식 또는 대리(vicarious) 지식에 근거하거나 최근 경험에서 입수한 정보에 근거할 수 있다. 이 단계의 충성도는 이용가능한 정보로 인해 특정 브랜드를 직접 지향하게 되지만 고객의 충성도 상태는 약한 편이다. 만약 거래가 단조롭고 만족도도 더 이상 발전되지 않으면 고객충성도는 단순히 반복적인 거래 이상으로 깊어질 수 없다. 그러나 만족도가 높아진다면 이는 고객 경험의 일부가 되어 감정적 의미를 갖추기 시작한다.

3.2 감정적 충성(affective loyalty) 단계

브랜드에 대한 태도나 선호도가 만족스러운 사용 경험이 누적됨에 따라서 증가하는 단계이다. 이는 만족의 정의 중 하나인 즐거운 충족감과 같은 즐거움 차원을 반영한다. 이 단계에서의 브랜드에 대한 몰입을 감정적 충성이라 하며, 소비자의 인지와 함께 마음속에 감정으로 새겨진다. 이 경우 인지는 반론에 직면할 수 있지만, 감정은 쉽게 제거되지 않는다. 공개된 브랜드충성도는 그 브랜드에 대한 감정(좋아함)의 수준에 맞춰진다. 하지만 인지적 충성과 유사하게 이 단계의 충성은 대체 브랜드로 이탈(switching)하기 쉬운 상태라고 한다. 소비자가 보다 심도 깊은 몰입수준의 충성도를 갖도록 하는 것이 바람직하다.

3.3 행동의욕적 충성(conative loyalty) 단계

브랜드를 구매하고자 하는 행동의욕을 갖는 단계이다. 행동의욕은 브랜드에 대해 긍정적인 감정을 갖게 되는 반복적인 경험에 의해 영향을 받는다. 여기서 행동의욕은 재구매를 위해 형성된 특정 브랜드에 대한 몰입을 의미한다. 그리고 행동의욕적 충성은 구매를 위해 심도 깊게 형성된 몰입이라는 현상을 포함하는 충성상태이다. 이 몰입은 해당 브랜드를 재구매하기 위한 의도에 관한 것으로 동기부여에 보다 가깝다. 실제로 소비자가 재구매하고자 하는 욕구가 있더라도 이러한 욕구는 여타 '좋은 의도'와 유사하다. 또한 이 욕구는 예측된 것이기는 하나 의식되지 않은 행동일 수 있다.

3.4 행동적 충성(action loyalty) 단계

의욕이 행동으로 전환되는 단계이다. 이 단계에서는 이전의 충성상태에서 동기부여된 의도가 실제 행동을 하기 위한 준비상태로 전환된다. 이러한 메커니즘에 관한 연구는 '행동통제'(action control)와 관련된다. 행동통제 패러다임은 이러한 전환이 행동에 방해가 되는 장애물을 극복하려는 여타 욕구들에 의해 수행된다고 한다. 실제 취해지는 행동은 이러한 과정을 모두 거쳐서 나타나는 결과로 지각된다.

만약 이와 같은 과정을 거친 행동이 반복된다면, 관성적인 행동이 발달하고 그에 따라 재구매를 일으킨다. 여기서 행동을 위한 준비는 장래에 일관성 있게 선호하는 제품 서비스를 재구매하거나 단골이 되고자 하는 심층 깊이 형성된 몰입과 유사하며, 장애물의 극복이란 대체 브랜드로의 이탈행위를 유발하는 상황적 영향이나 경쟁자의 마케팅 노력에도 불구하고 재구매하는 것과 유사하다고 할 수 있다.

요약하면, 인지적 충성은 브랜드의 성과 측면에 초점을 맞추고, 감정적 충성은 브랜드의 호감가능성을 대상으로 하며, 행동의욕적 충성은 소비자가 해당 브랜드를 재구매하고자 원하는 것에 초점을 맞출 때 경험하게 되며, 행동적 충성은 재구매 행위에 대한 몰입이라는 것이다.

이상과 같은 충성도 단계별 확인 표지와 취약성을 정리하면 [표 5-4]와 같다.

표 5-4 ▮ 충성도 단계별 확인 표지와 악화 유발요인

단계	확인 표지	악화 유발요인
인지적	가격, 특징 등과 같은 정보에 대한 충성 "품질이 좋아 구매함"	• 커뮤니케이션 및 경험을 통해 실제 또는 예상보다 우위에 있는 경쟁제품의 특징이나 가격 • 브랜드 특징이나 가격의 악화 • 다변화 모색 및 자발적 시도
감정적	호감에 대한 충성 : "좋아하기 때문에 구매함"	• 지각적으로 유발된 불만 • 경쟁력 있는 브랜드에 대해 제고된 호감 • 상상과 커뮤케이션을 통해 전파 가능 • 다변화 모색과 자발적 시도 • 악화된 성과
의욕적	의도에 대한 충성 : "난 그 제품을 구입하기로 했어"	• 설득력 있고, 반론적이며, 경쟁력 있는 메시지 • 유발된 시도(예 : 쿠폰, 샘플, 구매시점 판촉) • 악화된 성과
행동적	장애물 극복과 결부되는 관성적 행동에 대한 충성 "난 그 제품을 무조건 사야해"	• 유발된 경쟁제품 이용불가(예 : 재고 소진-상점에서 경쟁자 제품을 싹쓸이 구매) • 일반적으로 증가된 장애물 • 악화된 성과

자료 : Oliver(1999), *op. cit.*을 기초로 저자가 추가함.

4. 고객충성도의 측정방법

고객충성도를 정의하기가 용이하지 않은 상황에서 Bowen과 Chen(2001)[18]은 고객충성도를 측정하기 위한 세 가지 접근방법을 제시하였는데, 이에는 행위(behavioral) 측정방법, 태도(attitudinal) 측정방법 및 통합적(composite) 측정방법이 그것이다.

첫째, 행위 측정방법은 고객충성도의 지표로 특정 제품/서비스에 대하여 일정기간 동안 지속적이고도 반복적인 고객의 구매행위를 이용하였다. 이 방법의 문제점은 반복구매가 항상 브랜드를 향한 심리적인 몰입의 결과가 아니라는 점이 간과된 것이다. 예를 들어, 여행객들이 어떤 호텔에 숙박하는 이유가 가장 편리한 위치에 있기 때문인 경우가 있다. 이 경우 만약 새로운 호텔이 길 건너 가까운 곳에 문을 열었고, 더 좋은 가치를 제공한다면 여행객들은 당연히 새로운 호텔로 숙박 장소를 정하게 될 것이다. 이러한 경우 이전의 반복구매는 반드시 몰입을 의미하지 않게 된다. 행위 측정방법은 고객충성도에 대한 전통적인 측정방법으로 이용되었으며, 측정지표로는 구매비율, 구매가능성, 제품 재구매가능성, 구매빈도, 반복구매행동, 구매순서 등이 자주 이용된다.

둘째, 태도 측정방법은 충성도에 내재하는 감정적 및 심리적 애착을 반영하기 위하여 태도와 관련된 자료를 이용한다. 이는 충성, 약속, 신의의 감정과 관련된 것으로 호의적인 태도를 가지고 반복적으로 같은 제품 및 서비스를 구매하는 것을 의미한다. 태도 측정방법의 문제점은 충성도를 태도라는 하나의 차원에서만 측정한다는 것이다. 예를 들어, 고객이 어떤 호텔에 대하여 호의적인 태도를 유지하지만 그 호텔에 숙박하지 않을 경우가 있다. 고객이 그 호텔을 높게 평가하고 타인에게 숙박하도록 추천도 하지만 자주 이용하기에는 너무 비싸다고 느낄 수 있다. 이 경우 태도는 충성도로 연결되지 않을 수 있는 것이다. 태도 측정방법에서 이용하는 측정지표로는 우호적 태도, 제품/서비스에 대한 재구매 의도 및 타인에 대한 추천 등이 있다.

끝으로, 통합적 측정방법은 행위 측정방법과 태도 측정방법의 장 · 단점을 통합적으로 고려한 것으로, 고객의 호의적인 태도와 브랜드 교체성향, 반복구매행동, 총구매량 등을 포괄적으로 측정하는 방법이다. 이는 충성도의 경우 호의적인 태도나 반복적인 구매행동 어느 한 측면만으로는 충분하지 않으며, 호의적인 태도와 반복적인 구매행동이 모두 충족되어야 한다는 것을 의미한다.

이와 같이 마케팅 분야에서는 고객충성도에 대해, 고객의 구매행동에 따른 정의를 사용하거나 고객이 기업에 대해 갖고 있는 태도를 토대로 한 정의를 사용하고 있다. 하지만 대부분의 경우 통합적인 접근방법에 따른 행위와 태도 두 가지 측면에서의 정의가 궁극적으로 상반된 것이 아니라 동일한 개념이라고 보고 있다. 즉 고객이 구매경험을 통해 기업에 대한 긍정적인 태도를 형성하게 되면 결국 그 기업에 긍정적인 여러 가지 활동을 하게 된다고 한다.

표 5-5 ▮ 고객충성도의 개념에 관한 연구[19]

	고객충성도의 개념
Backman과 Crompton (1991)	• 고객충성도에는 심리적 애착과 행위의 일관성이란 두 가지 측면이 포함됨 • 심리적 애착이란 구매활동에 대한 고객의 일반적인 태도이며, 행위의 일관성이란 구매 참여에 대한 강도를 나타냄
Prus와 Brandt(1995)	• 고객충성도는 태도와 행위의 결합임 • 태도에는 재구매와 추가구매 의도, 거래업체의 추천의지, 경쟁업체로의 이탈저항 등이 포함됨 • 행위에는 반복구매, 현행 거래업체로부터 구매규모 확대 또는 교차구매, 거래업체를 다른 사람에게 추천 등이 포함됨

Macintosh와 Lockshin (1997)	소비자의 태도, 재구매 의도 및 구매비율을 측정지표로 이용
Pritchard 등(1999)	충성적 태도와 충성적 행위 모두를 고려한 복합적 측정지표를 개발

5. 고객충성도의 유용성

고객충성도는 고객들로 하여금 장기간에 걸쳐 특정 기업의 제품, 서비스를 재구매하게 하고, 타인에게 추천하는 구전활동과 프리미엄 가격을 지불하는 등의 다양한 행동으로 나타날 수 있다.

고객충성도를 높일 경우 나타날 수 있는 효과와 관련된 연구에 따르면 신규고객을 유치하기 위해 소요되는 비용은 기존고객을 유지하기 위한 비용의 6배 이상이 된다.[20] 서비스기업에 대한 조사에서는 단골고객의 이탈률을 5%만 낮추면 최소 25%에서 최대 85% 정도의 순이익 증대효과가 나타나며, 서비스의 성격이 강할수록 순수익 증대효과가 더 크다.[21] 상대기업에 대한 경쟁적 태도에 의해 형성된 고객충성도는 정보탐색 동기를 줄이고, 경쟁사의 촉진전략과 같은 유인행동에 저항하게 만들며, 활발한 구전활동을 통해 기업의 성과에 긍정적인 영향을 미친다. 이는 우리나라 인기 아이돌 그룹의 팬들이 경쟁관계에 있는 아이돌 그룹의 홍보활동에 부정적이거나 저항하는 모습을 보이는 것으로 설명할 수 있다. 아울러 충성도가 높은 고객은 가격에 대한 민감도가 낮고 경쟁기업의 촉진활동에 유혹당하지도 않기 때문에 마케팅을 위한 금전적 · 시간적 비용을 절감할 수 있게 하므로 기업의 수익성을 높이는 데 기여한다.

이와 같이 고객충성도가 기업에 가져다 줄 수 있는 혜택(benefits)들을 정리하면 [표 5-6]과 같다.

표 5-6 ▮ 고객충성도의 혜택

혜택	내용
비용절감	• 충성된 고객은 브랜드와 친숙함 • 고객과의 거래방법을 알고 있으며 고객에게 필요한 도움도 명확히 인지함 • 자원을 이용하는 관점에서 보다 효율적임
추천	• 충성고객은 친구나 친지에게 브랜드를 언급하며 추천함
변절하지 않고 불평	• 충성고객은 나쁜 경험을 하였을 때 불평하므로 이들이 다른 경쟁업체로 옮겨가지 않도록 문제를 조용히 해결하려고 함
채널 이동	• 충성고객은 다양한 채널을 이용하여 구매함 이는 전체 소비를 증가시키고 영업비용을 줄이게 함
자발적인 브랜드 인식	• 충성고객은 브랜드를 좀 더 마음 깊은 곳에 간직할 수도 있음
브랜드 자산에 대한 보다 큰 인식	• 충성고객은 브랜드가 제공하는 보완적인 혜택을 보다 잘 인식하는 경향이 있음
우회전보다는 좌회전	• 충성도전략의 미묘한 영향이 차이를 만들어 낼지도 모름

자료 : Duffy, Dennis L.(2003), "Internal and External Factors Which Affect Customer Loyalty", *Journal of Consumer Marketing*, 20(5), 480.

6. 고객만족과 고객충성도의 관계

기업과 거래한 결과에 대해 만족하는 고객은 해당 기업에 호의적인 감정을 가지고 향후에도 계속 거래할 가능성이 커지므로 고객만족은 고객충성도와 매우 밀접한 관계를 가질 것으로 예상할 수 있다.

일반적으로 고객만족의 결과로 고객충성을 들 수 있지만 현실적으로 고객만족이 재구매 또는 상표충성으로 연결되는지에 대해서는 일부에서 의문을 제기하였다. 즉, 고객충성도를 결정하는 선행요인으로 고객만족을 제시한 연구들이 있었음에도 불구하고 일부 연구결과에서는 만족한 고객을 충성된 고객으로 설명하기가 충분하지 않다고 하였다.

Deming(1986)[22]이 "단순히 만족한 고객을 확보하는 것만으로는 충분하지 않다"고 제기한 이래, 고객만족은 고객유지와는 다른 것이며 직관적으로는 고객만족의 증가가 고객유지 및 이익의 증가를 가져올 것 같지만 현실은 그렇지 않다는 주장[23]도 나타났다. 그 이유는 현재 고객만족을 측정하는 시스템이 어느 정도의 고객들이 얼마나 오랫동안 기업에 충성스럽게 남을 것인지에 대한 통찰력을 제공하도록 설계되지 않았고, 다양한 제품/서비스 중에서 선택할 자유를 가지고 있는 단순히 만족한 고객을 자동적으로 충성스럽게 만들기도 매우 어렵기 때문이다. 따라서 고객만족과 고객충성도가 선후관계로 움직인다는 가정은 잘못된 주장이라는 것이다.

사례 : 고객만족도가 충성도로 연결되지 않는 이유

일반적으로 고객만족도가 높을수록 고객충성도도 높아진다. 그런데 특정 기업이나 업종에 따라서는 다음과 같은 3가지 사유로 인해 고객만족도가 충성도로 연결되지 않을 수 있다.

첫째는, 거짓충성도(spurious loyalty)의 경우이다. 거짓충성도는 거래를 통해 쌓아온 신뢰에 기반을 두지 않은 충성도로 대부분 비용과 관련하여 형성된다. 이러한 충성도는 경제적 비용이나 시간, 서비스 위치 등으로 인해 거래처를 바꾸기 어려운 경우 발생하게 된다. 고객이 거래기업과 의미있는 관계를 추구하지 않고 타성에 의해 거래하는 경우에도 고객만족도가 충성도로 연결되지 않을 수 있다.

둘째는, 인지부조화이론에 의한 해석이다. 고객이 제품을 구입했으나 제품성과가 기대에 미치지 못하면 인지부조화를 경험하게 되는데 이때 고객은 제품성과가 기대한 정도는 되었다고 자기합리화함으로써 자신의 투자노력을 정당화하는 경우가 있다. 이 경우 고객만족도가 높게 나타나더라도 과거 경험을 반영하는 고객충성도는 인지부조화의 영향 때문에 낮을 수 있다는 것이다. 즉 고객만족과 충성도는 다른 선행요인에 의해 영향을 받기 때문에 관련성이 낮아진다.

마지막으로, 고객의 서비스관련 지식 향상이 고객충성도에 부정적 영향을 미칠 가능성이다. 즉 제공된 서비스에는 만족하지만 고객이 해당 서비스에 대해 많은 정보를 추가로 습득함으로써 보다 정교한 서비스를 기대하는 경우에는 고객만족이 충성도로 연결되지 않을 수 있다.

Bain & Company의 실증자료[24]에서도, 만족 또는 매우 만족하다고 응답한 고객의 65~85%가 거래기업을 저버리고 다른 기업으로 이탈한 것으로 나타난다. 더욱이 85~95%가 만족한다고 응답한 자동차산업에서는 30~40%의 고객만이 종전의 제조회사나 모델을 재구매하였다고 한다. 이와 같이 고객만족만으로 고객이 자기 기업과 계속 거래하도록 만드는 것은 한계가 있으므로 기업전략의 중심을 고객만족에서 고객충성도로 전환하는 것이 필요하다. 그리고 고객이 만족하는 내용과 상황에 따라 고객충성도로 어떻게 연결되는지와 만족한 고객을 충성스러운 고객으로 유도하기 위한 전략적인 접근방법에 대한 연구도 필요하다.

하지만 그동안의 실증분석 결과들을 종합해 볼 때, [표 5-7]과 같이 고객만족과 고객충성도가 매우 밀접한 관계를 형성하고 있다는 것에는 대체로 이의가 없어 보인다. 그리고 고객만족과 고객충성도는 정(+)의 관계가 있다고도 할 수 있다.

표 5-7 ▮ 고객만족과 고객충성도 사이의 관계에 대한 실증분석 결과[25]

	고객만족과 고객충성도의 관계
Oliver(1980)	경로분석을 통해 고객의 만족이 구매 후 태도나 재구매 의도에 영향을 미치는 사실을 확인
Woodside et al. (1989)	전반적인 환자의 만족과 대상 병원을 다시 선택할 의도와의 사이에 유의한 관계를 발견함
Bitner(1990)	구조방정식 모델을 통해 고객의 만족이 재구매 의도에 유의한 영향을 미친다는 점을 확인

Bolton and Drew (1991)	전화회사 고객의 고객만족에 대한 행동주의적 시사점을 제시함
Selnes(1993)	고객이 제품이나 서비스의 사용경험을 통하여 제품품질을 평가할 수 있을 때, 고객만족이 고객충성도에 긍정적인 영향을 미칠 수 있음을 검증
Anderson and Sullivan(1993)	재구매 의도의 표명은 여러 제품 목록들에 대한 만족의 표명과 강하게 관련된 것을 발견함
Fornell et al. (1996)	ACSI(american customer satisfaction index) 모델을 통해 고객충성도는 고객만족의 결과변수라고 제시
Reichheld(1996)	"매우 만족"한 고객은 만족한 고객에 비해 제록스 제품을 6배나 더 많이 재구매할 것으로 보임
Dabholkar et al. (2000)	서비스품질과 고객충성도 사이에서 고객만족의 매개역할에 대한 조사결과, 고객만족이 서비스품질과 행동의도(고객충성도) 관계를 완전히 매개하면서 행동의도에 영향을 미침

이와 같은 고객만족과 고객충성도와의 관계를 구체적으로 분석해보면 [그림 5-1]과 같이 6가지 형태로 나누어 볼 수 있다.[26)]

① 형태 1은 고객만족과 충성도를 동일한 개념으로 보는 것이다.

② 형태 2는 고객만족이 충성도의 핵심개념이며, 고객만족 없이는 충성도도 없으며 고객만족이 충성도를 뒷받침한다고 보는 것이다.

③ 형태 3은 고객만족의 핵공학적 역할(nucleonic role)을 완화하여, 고객만족은 고객충성도의 구성요소 중 하나일 뿐이라고 보는 것이다.

④ 형태 4는 고객만족과 단순한 충성이 요소가 되는 '궁극적인 충성도'라는 상위 개념의 존재를 제시한다.

⑤ 형태 5는 고객만족의 일부가 고객충성도에서 발견되며, 고객만족이 고객충성도의 핵심적인 것은 아니지만 본질적인 것의 일부라고 간주하는 것이다.

⑥ 형태 6은 고객만족이 변환과정의 시발점으로서 궁극적으로는 별개의 고객충성이 되는 것이라고 보는 것이다. 이는 고객충성이 고객만족

과 독립적인 것이 될 수 있으므로 만족한 경험이 역전(즉 불만족)되더라도 충성상태에 영향을 미치지 못한다고 한다.

그림 5-1 ▮ 고객만족과 충성도의 관계 비교

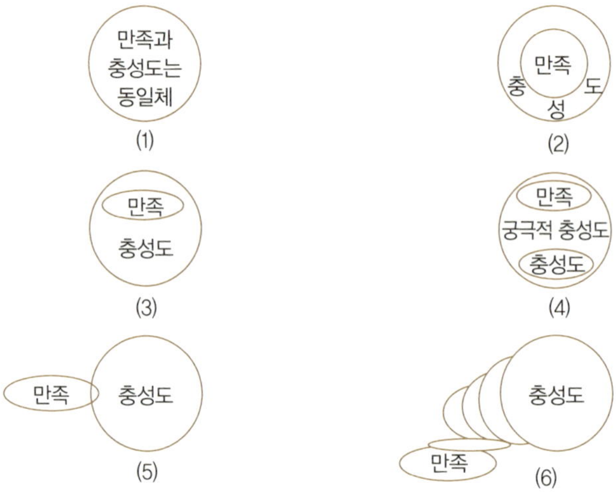

자료 : Oliver, Richard L.(1999), "Whence Consumer Loyalty?," *Journal of Marketing*, 63(Special Issues), 33-44.

이와 같은 형태들에 대해 Oliver는, 형태 1의 경우 동일 개념에 대해 2가지 표현을 제시하고 있으나 고객만족과 충성은 2가지 구분되는 개념이므로 기각한다고 한다. 즉 고객만족이란 어떻게 제품이나 서비스가 그 목적을 충족시켰는지를 반영하는 것으로 일회성 소비에 대한 일시적인 소비 후 상태 또는 계속적인 소비에 대한 반복적인 경험 상태이므로 기업의 입장에서 고객만족은 고객에게 전달되는 것인 데 반해, 고객충성도는 확고하게 방어가능한 수준으로 획득된 지속적인 고객의 선호상태라는 것이다.

형태 2와 3은 고객만족이 고객충성도의 발생에 대한 핵심적인 요소라고 한다. 둘의 차이는 형태 2는 만족이 핵심적인 요소라는 것이고 형태 3은 만족이 필요요소라는 것이다. 비록 고객만족이 고객충성도의 핵심적인 요소가 아닐지라도, 고객충성도가 형성된 이후에라도 만족이 없는 충성도를 유지하기는 어려울 것이다. 하지만 충성 없는 만족의 존재(예 : 만족스런 음식)와 만족 없는 충성의 존재(맹목적인 신념)와 같은 소비상황도 있음을 감안할 때, 이들보다는 형태 5가 보다 정확하다고 한다. 형태 4의 경우 형태 2와 3과 같은 이유로 기각될 수 있다고 한다.

형태 5의 경우 고객만족과 충성이 일부 겹친다고 보지만 각 개념의 내용에 비해 겹치는 비중이 적은 것으로 본다. 그러나 형태 5는 고객만족과 충성도가 독립적이라는 기준을 충족시키지 못한다고 한다.

형태 6의 경우가 고객만족과 충성도의 관계를 가장 적절히 표현한다고 한다. 형태 6은 유충이 나비로 변태하듯이 고객만족이 충성으로 변환된다고 하며, 충성이 단순한 고객만족으로 회귀될 수 없다고 한다. 다만 씨앗이 햇빛과 수분 및 토양의 양분을 필요로 하듯이 고객만족도 추가적인 만족이나 요소들이 없으면 충성도로 변환되지 않는다고 한다.

고객만족과 고객충성도 사이의 관계를 기준으로 고객의 유형을 분류해보면 다음 [표 5-8]과 같이 네 가지로 나눌 수 있다.

첫째는, 최상의 고객인 충성고객(loyalist)으로 높은 만족과 높은 충성도를 나타내는 고객이다. 둘째는, 만족도와 충성도가 모두 낮은 고객인 이탈자/테러리스트(defecter/terrorist)로 주변에 부정적 구전을 전하여 타인의 의사결정에 불리하게 영향을 미치는 고객이다. 셋째는, 높은 만족을 느끼지만 충성도가 낮은 고객으로 용병(mercenary)이라고 칭한다. 이들 고객에 대해서는 충성고객으로 만드는 프로그램을 통해 더 많은 반복구매를 유도할 필요가 있다. 넷째는, 만족도는 낮지만 지속적인 충성도를 보이는 고객으로 인질(hostage)이라 칭한다. 이들 고객은 독점시장이나 높은 교체장벽(switching barrier) 때문에 현재의 거래기업에 대해 불만족하지만 다른 기업으로 거래선을 바꿀 수 없는 고객들이다.

표 5-8 ▮ 고객만족과 고객충성도에 따른 고객유형 분류[27)]

고객의 유형	고객만족	고객충성도	고객행동
충성고객	높은 수준	높은 수준	지속구매/지지
이탈자	낮은 수준	낮은 수준	이탈
용병	중간 – 높은 수준	중간 – 낮은 수준	구매/이탈 반복
인질	중간 – 낮은 수준	높은 수준	구매전환 불가능

우리나라 은행거래 고객의 경우 만족도가 낮더라도 수시입출식예금 통장에 공과금납부, 급여이체, 카드결제, 대출금 원리금 상환 등 많은 금융거래를 연계시키고 있어 거래 은행을 교체하기에는 많은 시간과 노력이 소요된다. 따라서 한 번 특정 은행과 거래를 하게 되면 고객만족도가 낮더라도 사실상 계속 거래를 해야 하므로 앞의 고객유형 중 '인질'과 같은 형태의 충성도를 보이게 되며, 이 경우 고객만족과 고객충성도의 관계는 서로 독립적이 될 수 있으므로 Oliver의 분류 형태 중에서 형태 6에 해당될 수 있다.

7. 서비스품질과 고객충성도의 관계

고객만족과 고객충성도의 관계뿐만 아니라 서비스품질이 고객충성도에 미치는 영향에 대한 관심도 적지 않았다. Zeithaml 등(1996)[28)]은 서비스품질이 고객충성도의 지표라고 할 수 있는 행위의도에 직접적으로 영향을 미치는 [그림 5-2]와 같은 모델을 통해 서비스품질의 제고가 호의적인 행위의도를 확대시키고 비호의적인 행위의도를 감소시키는 현상, 즉 고객충성도를 제고시킨다는 점을 밝혀냈다.

그림 5-2 ▮ Zeithaml 등의 행위의도에 대한 서비스품질의 영향 모델

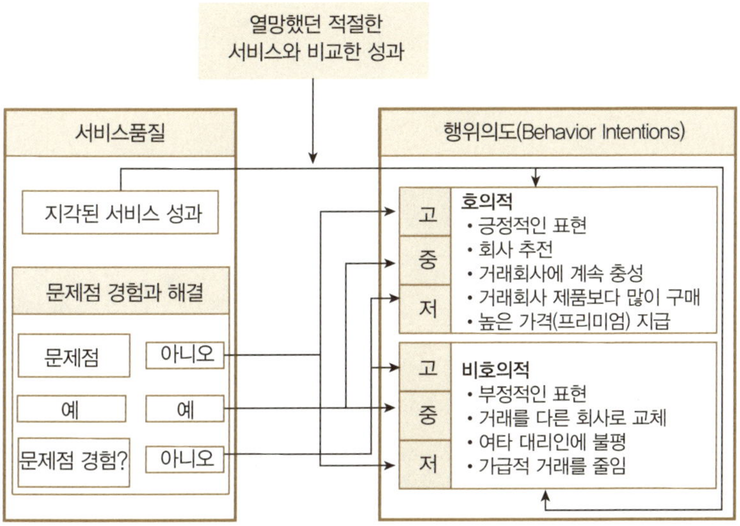

그리고 Zeithaml(2000)[29]은 서비스품질이 고객만족 과정을 거치지 않고 직접적으로 고객유지에 영향을 미침으로써 기업의 이익에 영향을 미치는 과정도 [그림 5-3]과 같이 제시하였다.

한편 Bell 등(2005)[30]은 [그림 5-4]와 같은 모델을 통해 기술적 서비스품질과 기능적 서비스품질은 서로 영향을 미치면서 각각 고객충성도에도 직접적인 영향을 미친다는 사실을 확인하였다.

이는 우리가 서비스품질이 우수한 서비스업체나 품질이 뛰어난 제품의 제조회사에 대해 일부 만족스럽지 못한 측면이 있더라도 서비스품질/품질 때문에 계속 거래하는 경우를 설명하는 근거가 될 수 있다. 예를 들어 욕쟁이 할머니의 해장국 집에 단골이 되는 이유가 모든 부분에서 만족을 느끼기 때문이라기보다는 다른 해장국 집에서는 느끼거나 맛볼 수 없는 서비스품질/품질이 있기 때문일 것이다.

그림 5-3 ▮ 서비스품질과 고객유지 및 이익과의 관계에 대한 개념적 모델

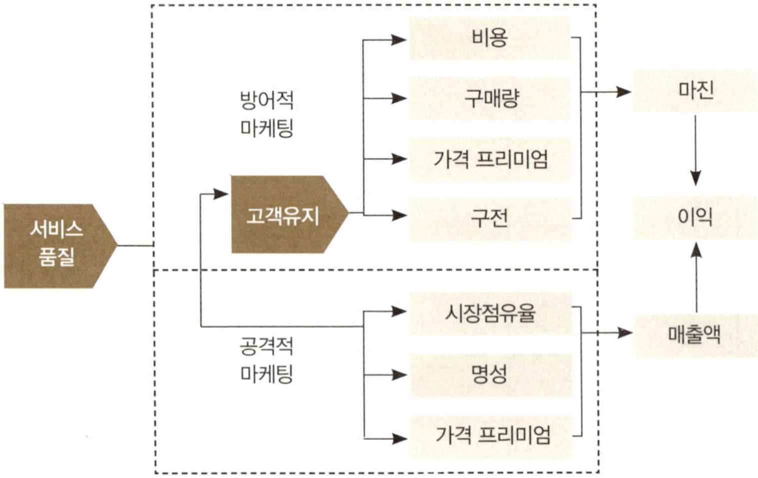

그림 5-4 ▮ Bell 등의 서비스품질과 고객충성도 관계 모델

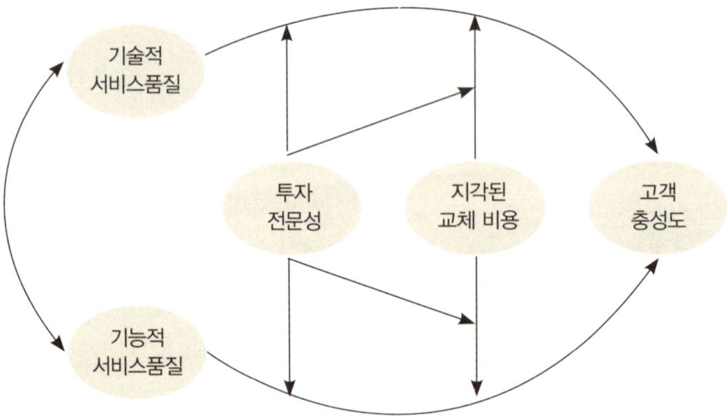

표 5-9 ■ 서비스품질과 고객충성도의 관계[31)]

연구자	연구 결과
Parasuraman et al.(1988) Zeithaml et al.(1996)	고객의 서비스품질 지각과 ① 거래 기업을 추천하고자 하는 의지 및 ② 그들의 구매의도와의 사이에 유의한 '+'의 관계를 발견함
Richardson et al.(1994)	지각된 품질이 구매의도에 유의하게 영향을 미침
Boulding et al.(1993)	재구매의도 및 추천의지에 대한 측정치와 서비스품질과의 사이에 '+'의 상관관계를 발견함. 대학에 대해 긍정적인 이야기를 하는 것과 졸업 후 기부금 납부 계획, 직원채용 대상 학교로 종업원에게 자신의 학교를 추천하고자 하는 계획을 포함한 행위의도와 서비스품질 사이에 '+'의 상관관계를 발견함
McLaughlin(1993)	도요타자동차를 재구매할 의도가 긍정적인 구매경험을 가진 사람의 37%에서 45%가 증가하였고, 긍정적인 서비스 경험을 가진 사람의 경우에는 37%에서 79%가 증가하였으며, 긍정적인 판매와 서비스 경험을 가진 사람의 경우에는 37%에서 91%가 증가한 것을 발견함
Cronin and Taylor(1992)	서비스품질과 구매의도와의 사이에 '+'의 상관관계를 발견함

자료 : Zeithaml, Valarie A.(2000), "Service Quality, Profitability, and Economic Worth of Customers: What We Know and What We Need to Learn," *Journal of the Academy of Marketing Science*, 28(1), 67-85.

8. 서비스품질, 고객만족 및 고객충성도의 관계

고객 입장에서 거래하는 기업의 서비스품질이 여타 비교대상 기업에 비해 우수할 경우 다른 조건이 동일하다면 해당 기업과 거래관계를 계속 유지하고자 할 것이다. 이와 같은 고객의 입장을 고려하여 기업도 고객이 다른 기업으로 이탈하지 않도록 하기 위해 일정수준 이상으로 충족시켜야 하는 서비스품질이나 고객만족과 같은 고객충성도의 선행요인들에 대해 많은 관심을 갖게 되었고, 서비스품질과 고객만족의 선후 인과관계가 확인된 이후 등장하게 된 관심사항은 고객충성도에 영향을 미치는 서비스품질과 고객만족의 관계에 관한 것으로 고객만족이 서비스품질과 고객충성도 사이를 매개하는지 여부를 확인하는 것이다.

이러한 맥락에서 Dabholkar 등(2000)[32]은 서비스품질과 고객충성도 사이에서 고객만족의 매개역할에 관심을 가지고, [그림 5-5]와 같은 세 가지 모형들에 대해 조사하였다.

- 고객만족과 서비스품질이 각각 개별적으로 행동의도(고객충성도의 지표)에 영향을 미침(모형 1).
- 고객만족이 서비스품질과 행동의도간의 관계를 완전히 매개함(모형 2).
- 서비스품질이 고객만족과 행동의도를 완전히 매개함(모형 3).

그림 5-5 ▮ Dabholkar 등의 고객만족의 역할에 대한 연구모형

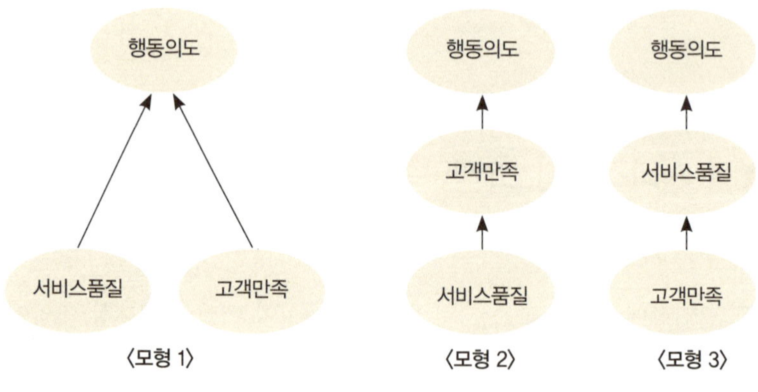

조사결과 세 가지 모형 중에서 '모형 2'가 가장 우수함을 확인하여, 고객만족이 서비스품질과 고객충성도 사이에서 연결고리 역할을 한다는 사실

을 제시하였다.

또한 Choi 등(2004)[33]의 보건의료(Health care) 분야를 대상으로 한 연구에서는 [그림 5-6]과 같이 지각(서비스품질과 가치)→정서(만족)→의욕(행위의도)의 인과관계 순서가 미국뿐만 아니라 한국에서도 성립하며, 서비스품질이 고객충성도에 직접적으로 영향을 미칠 뿐만 아니라 고객만족을 매개로 하여 간접적인 영향도 미치고 있음을 확인하였다

그림 5-6 ▮ Choi 등의 보건의료 고객만족 모델

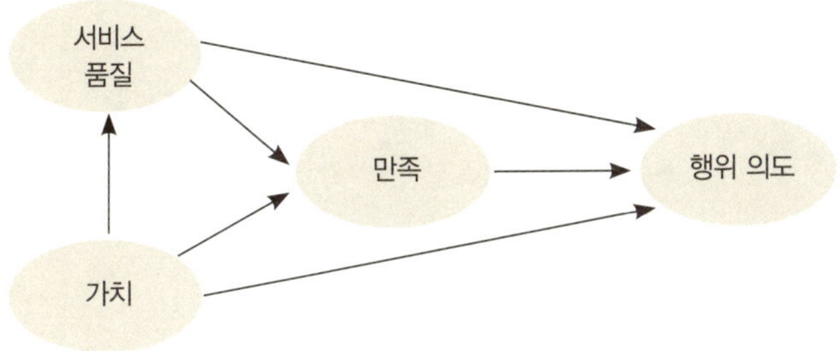

동 연구결과 고객만족과 서비스품질은 각각 고객충성도에 영향을 미칠 뿐만 아니라 고객만족과 서비스품질 사이의 상호작용 결과도 고객충성도에 큰 영향을 미친다는 점도 제시하고 있다.

한편 미국인의 고객만족지수를 측정하기 위해 Fornell 등(1996)[34]이 개발한 ACSI(american customer satisfaction index) 모델에서는 [그림 5-7]과 같이 서비스품질이 고객만족의 과정을 거쳐 고객충성도에 영향을 미친다고 보았다. 이 모델에서 고객만족의 선행변수는 고객의 기대, 지각된 품질, 지각된 가치이며, 결과변수는 고객충성도와 고객의 불평이다.

ACSI의 고객만족 개념은 과거부터 현재까지의 구매 및 소비 경험에 대한 평가를 누적적으로 종합한 것으로 본다. 따라서 ACSI 모델은 시장에서의 품질성과와 고객의 실제 구매행위 및 기업의 수익성을 예측할 수 있게

되어 기업의 영업활동 결과를 평가하고 문제점을 개선하여 경영성과를 향상시키는 데 활용할 수 있다.

아울러 최근의 연구들에서도 대체로 고객만족이 서비스품질과 고객충성도의 관계를 중간에서 매개하는 것으로 나타난다. 이는 서비스품질이 향상되면 고객만족이 증가하고, 고객만족은 고객충성도(재구매의도와 구전의도)로 연결되어 기업의 성과를 향상시킨다는 사실을 강조하는 것이다.

그림 5-7 ▮ 미국의 고객만족지수(ACSI) 모델

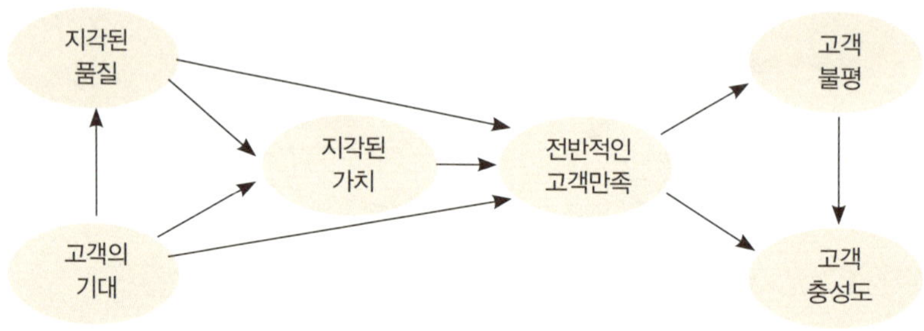

사례 : 은행고객의 만족도와 충성도에 대한 서비스품질의 영향

은행고객을 대상으로 조사한 결과, 기능적 품질(서비스)이 고객만족도 및 충성도에 미치는 영향력은 기술적 품질(이자율)에 비해 4~5배 큰 수준인 것으로 나타났다. 이는 고객들이 은행의 금융서비스가 여타 금융권에서는 제공할 수 없는 편익을 제공한다고 느끼고 있기 때문에 고객만족이나 충성도를 평가할 때 높은 비중을 두는 반면, 이자율 수준에 대해서는 은행별로 큰 차이가 없을 뿐만 아니라 선택의 여지도 거의 없는 것으로 판단하기 때문으로 보인다.

그러나 고객충성도(거래은행 변경)에는 기술적품질이 기능적품질보다 더 큰 영향을 미친 것으로 나타났다. 즉 거래은행의 '전반적 서비스' 및 '예금(대출)이자율 수준'에 대한 평가와 계속거래 여부를 조사한 결과, 조사대상자 304명 중 계속거래 의도가 없는 응답자는 16명이었다. 이들 중 8명이 전반적 서비스가 불량하다고 평가한 데 비해, 15

명이 대출이자율 수준이 불량한 것으로, 13명은 예금이자율 수준이 불량한 것으로 평가하였다. 이러한 조사결과는, Colgate와 Hedge(2001)의 "소매금융에서 가격결정과 관련된 문제가 고객이탈률에 가장 큰 영향을 미친다"는 주장과 일치한다.

서비스품질 평가와 계속거래 의도의 관계

(응답자수)

		전반적 서비스 평가			
		양호	그저 그렇다	불량	계
예금(대출) 이자율 수준	양호	유지 – 16(20) 이탈 – 0(0)	유지 – 1(0) 이탈 – 1(0)	유지 – 1(2) 이탈 – 0(0)	유지 – 18(22) 이탈 – 1(0)
	그저 그렇다	유지 – 43(48) 이탈 – 1(1)	유지 – 4(8) 이탈 – 0(0)	유지 – 1(0) 이탈 – 1(0)	유지 – 48(56) 이탈 – 2(1)
	불량	유지 – 81(81) 이탈 – 1(1)	유지 – 28(25) 이탈 – 5(6)	유지 – 12(12) 이탈 – 7(8)	유지 – 121(118) 이탈 – 13(15)
	계	유지 – 140(149) 이탈 – 2(2)	유지 – 33(33) 이탈 – 6(6)	유지 – 14(14) 이탈 – 8(8)	유지 – 187(196) 이탈 – 16(16)

주 : 1) ( ) 내는 대출이자율 수준에 대한 응답
2) '유지'는 거래은행과 거래를 유지하겠다는 것이며, '이탈'은 거래은행을 바꾸겠다는 것임. 유지나 이탈이 아닌 '그저 그렇다'로 응답한 경우 제외

자료 : 최창복(2009), *op. cit.*

참 | 고 | 문 | 헌

1) [표 5-1] 참고문헌을 정리함.

-Czepiel, John A., and Robert Gilmore(1987), "Exploring the Concept of Loyalty in Service," In Services Marketing Challenge : Integrating for *Competitive Advantage*, Czepiel, J. A., C. A. Congram & J. Shanahan. (Eds.), AMA, Chicago, IL.

-Assael, Henry(1992), "*Consumer Behavior & Marketing Action*," 4th Eds., PWS-KENT.

-Jones, Thomas O., and W. Earl Sasser, Jr.(1995), "Why Satisfied Customers Defect," *Harvard Business Review*, 73(6), 89-99.

-Zeithaml, Valarie A., L. L. Berry, and A. Parasuraman(1996), "The Behavioral Consequences of Service Quality," *Journal of Marketing*, 60(2), 31-46.

-Sheth, J. N., B. Mittal, and B. I. Newman(1999), *Customer Behavior: Consumer Behavior and Beyond*, Orlando, FL; Dryden Press.

2) Copeland, Melvin T.(1923), "Relation of Consumer's Buying Habits to Marketing Methods," *Harvard Business Review*, 1(April), 282-289.

3) Engel, James F., Roger D. Blackwell, and D. T. Kollat(1982), *Consumer Behavior*, The Dryden Press.

4) Jacoby, Jacob and and David B. Kyner(1973), "Brand Loyalty vs. Repeat Purchasing Behavior," *Journal of Marketing Research*, 10(Feb.), 1-9.

5) Assael, Henry(1992), "*Consumer Behavior & Marketing Action*," 4th Eds., PWS-KENT.

6) 오상락(1983), 마케팅관리론, 박영사.

7) Carman, James M. (1970), "Correlates of Brand Loyalty: Some Positive Results", *Journal of Marketing Research*, 7(February), 67-76.

8) 이유재(2003), 서비스마케팅, 학현사.

9) Dick, Alan S., and Kunal Basu(1994), "Customer Loyalty: Toward an Integrated Conceptual Framework," *Journal of the Academy of*

Marketing Science, 22(2), 99-113.

10) Zeithaml, Valarie A.(1981), "How Customer Evaluation Process Differ Between Goods and Services," in *Marketing of Services*, J. H. Donelly and W. R. George (ed.), Chicago, IL: American Marketing Association, 186-190.

11) Jacoby, Jacob, and Robert W. Chestnut(1978), Brand Loyalty: *Measurement and Management*, New York, John Wiley and Sons.

12) Oliver, Richard L.(1999), "Whence Consumer Loyalty?," *Journal of Marketing*, 63(Special Issues), 33-44.

13) Brown, George Hay(1952), "Brand Loyalty-Factor or Fiction?," *Advertising Age*, 23(9), 53-55.

14) Dick and Basu(1994), *op. cit.*

15) Raphel, Murray, and Neil Raphel(1995), "Up the Loyalty Ladder," *Progressive Grocer*, 74(4), 21-22.

16) Curasi, C. F., and K. N. Kennedy(2002), "From Prisoners to Apostles: A Typology of Repeat Buyers and Loyal Customers in Service Businesses," *The Journal of Services Marketing*, 16(4), 322-341.

17) Oliver, Richard L.(1999), "Whence Consumer Loyalty?," *Journal of Marketing*, 63(Special Issues), 33-44.

18) Bowen, J. T., and S. L. Chen(2001), "The Relationship between Customer Loyalty and Customer Satisfaction," *International Journal of Contemporary Hospitality Management*, 13(5), 213-217.

19) [표 5-5] 참고문헌을 정리함.

-Backman, S. J., and J. L. Crompton(1991), "Differentiation between High, Spurious, Latent, and Low Loyalty Participants in Two Leisure Activities," *Journal of Park and Recreation Administration*, 9(2), 1-17.

-Prus, Amanda, and D. R. Brandt(1995), "Understanding Your Customer," *American Demographics*, July, 10-13.

-Macintosh, Gerrard and L. S. Lockshin(1997), "Retail Relationships and Store Loyalty: A Multi-level Perspective," *International Journal of Research in Marketing*, 14, 487-497.

–Pritchard, M. P., M. E. Havitz, and D. R. Howard(1999), "Analyzing the Commitment–loyalty Link in Service Contexts," *Journal of the Academy of Marketing Science*, 27(3), 333–348.

20) Rosenberg, L. J., and J. A. Czepiel(1983), "A Marketing Approach to Customer Retention," *Journal of Consumer Marketing*, 2, 45–51.

21) Reichheld, Frederick F. and W. Earl Sasser, Jr.(1990), "Zero Defection: Quality Comes to Services," *Harvard Business Review*, 68(5), 105–111.

22) Deming, W. E.(1986), *Out of Crisis*, Cambridge, MA: MIT Center for Advanced Engineering Study.

23) Reichheld, Frederick F.(1993), "Loyalty–Based Management," *Harvard Business Review*, (March–April), 71.

24) Reichheld, Frederick F.(1996), *The Loyalty Effect, Boston*, MA: Harvard Business School Press. 재인용

25) [표 5–7] 참고문헌을 정리함.

–Oliver, Richard L.(1980), "A Cognitive Model of the Antecedents and Consequences of Satisfaction Decisions," *Journal of Marketing Research*, 17(Sep.), *460–469*.

–Woodside, Arch G., Lisa L. Frey, and Robert T. Daly(1989), "Linking Service Quality, Customer Satisfaction, and Behavioral Intention," *Journal of Health Care Marketing*, 9 (December), 5–17.

–Bitner, Mary J.(1990), "Evaluating Service Encounters: The Effects of Physical Surroundings and Employee Responses," *Journal of Marketing*, 54(April), 69–82.

–Bolton, Ruth N. and J. H. Drew(1991), "A Longitudinal Analysis of the Impact of Service Changes on Consumer Attitudes," *Journal of Marketing*, 55(January), 1–9.

–Selnes, Fred(1993), "An Examination of the Effect of Product Performance on Brand Reputation, Satisfaction, and Loyalty," *European Journal of Marketing*, 27(9), 19–35

–Anderson, Eugene W. and Mary W. Sullivan(1993), "The Antecedents and Consequences of Customer Satisfaction for Firms," *Marketing Science*, 12(Spring), 125–143.

-Fornell, Claes Michael D. Johnson, Eugene W. Anderson, Jaesung Cha, and Barbara Everitt Bryant(1996), "The American Consumer Satisfaction Index: Nature, Purpose, and Findings," *Journal of Marketing*, 60(October), 7–18.

-Reichheld, Frederick F.(1996), *The Loyalty Effect*, Boston, MA: Harvard Business School Press.

-Dabholkar, P. A., C. D. Shepherd, and D. I. Thorpe(2000), "A Comprehensive Framework for Service Quality: An Investigation of Critical Conceptual and Measurement Issues through a Longitudinal Study," *Journal of Retailing*, 76(2), 139–173.

26) Oliver, Richard L.(1999), "Whence Consumer Loyalty?," *Journal of Marketing*, 63(Special Issues), 33–44.

27) Jones, Thomas O., and W. Earl Sasser, Jr.(1995), "Why Satisfied Customers Defect," *Harvard Business Review*, 73(6), 89–99.

28) Zeithaml, Valarie A., L. L. Berry, and A. Parasuraman (1996), "The Behavioral Consequences of Service Quality," *Journal of Marketing*, 60(2), 31–46.

29) Zeithaml, Valarie A.(2000), "Service Quality, Profitability, and Economic Worth of Customers: What We Know and What We Need to Learn," *Journal of the Academy of Marketing Science*, 28(1), 67–85.

30) Bell, Simon J., Auh Seigyoung and Karen Smalley(2005), "Customer Relationship Dynamics: Service Quality and Customer Loyalty in the context of varying levels of Customer Expertise and Switching Costs," *Journal of the Academy of Marketing Science*, 33(2), 169–183.

31) [표 5–9] 참고문헌을 정리함.

-Parasuraman, A., Zeithaml, V. A., and Berry, L. L. (1988), "SERVQUAL: A Multiple–item Scale for Measuring Consumer Perceptions of Service Quality," *Journal of Retailing*, 64(Spring), 12–40.

-Zeithaml, Valarie A., L. L. Berry, and A. Parasuraman(1996), "The Behavioral Consequences of Service Quality," *Journal of Marketing*, 60(2), 31–46.

-Richardson, Paul S., Alan S. Dick, and Arun K. Jain(1994), "Extrinsic and Intrinsic Cue Effects on Perceptions of Store Brand Quality", *Journal of Marketing*, 58 (October), 28-37.

-Boulding, William, Ajay Kalra, Richard Staelin, and V. A. Zeithaml(1993), "A Dynamic Process Model of Service Quality : From Expectations to Behavioral Intentions," *Journal of Marketing Research*, 30(February), 7-27.

-McLaughlin, John P.(1993), "Ensuring Customer Satisfaction Is a Strategic Issue, Not Just an Operational One," Presentation at the AIC Customer Satisfaction Measurement Conference, Chicago, December, 6-7.

-Cronin, Jr., J. Joseph, and S. A. Taylor(1992), "Measuring Service Quality: A Reexamination and Extension," *Journal of Marketing*, 56(3), 55-68.

32) Dabholkor 등(2000), *op. cit.*

33) Choi, Kui-son, Woo-Hyun Cho, Sunhee Lee, Hanjoon Lee, and Chankon Kim(2004), "The Relationships among Quality, Value, Satisfaction and Behavioral Intention in Health Care Provider Choice: A South Korea Study," *Journal of Business Research*, 57, 913-921.

34) Fornell 등(1996), *op. cit.*

고객유지

CHAPTER • 06

1. 고객유지의 정의
2. 고객유지의 필요성
3. 고객유지와 종업원유지와의 관계
4. 고객의 관여
5. 고객의 몰입(Commitment)
6. 감내가능가격
7. 고객유지전략과 방법

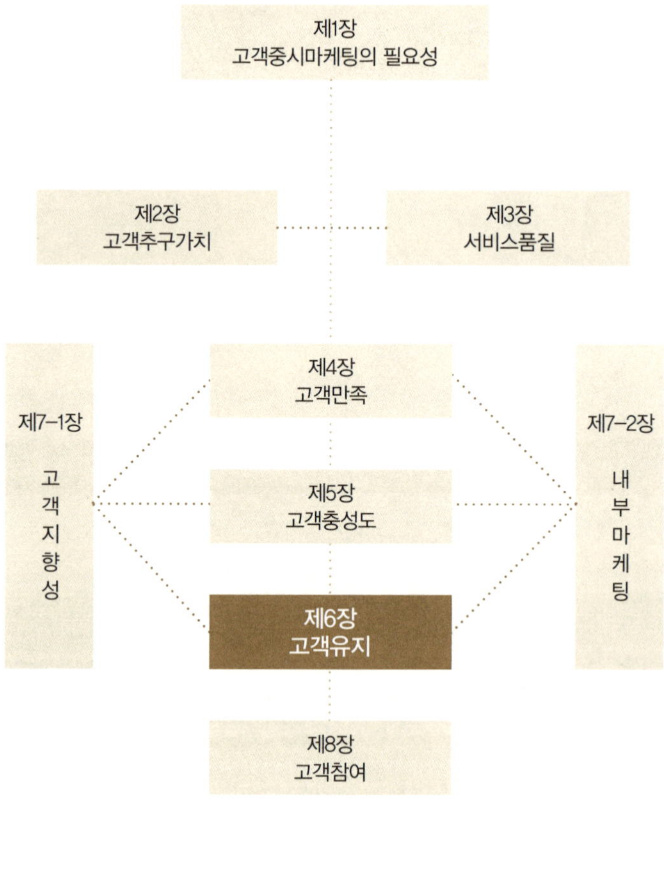
제1장
고객중시마케팅의 필요성
제2장
고객추구가치
제3장
서비스품질
제7-1장
고객지향성
제4장
고객만족
제5장
고객충성도
제6장
고객유지
제8장
고객참여
제7-2장
내부마케팅

1. 고객유지의 정의

고객유지란 고객으로 하여금 자신의 기업과 거래관계를 지속하도록 하는 것이다. 이는 소매점이 거래하던 고객으로 하여금 물품을 계속 구입하도록 하는 것이나 소매은행의 경우 고객이 거래 계좌를 계속 이용하도록 하는 것을 의미한다. 따라서 고객유지는 경영에 있어 새로운 고객을 확보하는 것과 같이 아주 기본적이고도 필수적인 일이다.

그렇다면 고객유지를 위해서는 어떻게 해야 하는가? 가장 단순한 거래로는, 기업이 제품을 만들어 필요한 사람에게 파는 것을 생각해 볼 수 있다. 수요에 비해 공급이 부족했던 과거에는 제품만 잘 만들면 고객이 서로 먼저 사가려고 하였으니 공급자는 고객이 누구인지 신경을 쓸 필요가 없었다. 하지만 공급이 수요를 초과하게 되면서 공급자들이 수요자들을 찾아나서야 하는 상황이 되었고, 공급자들의 제품이 기술적으로 비슷한 수준으로 발전하게 되면서 고객 입장에서는 어떤 제품을 구매하더라도 큰 차이가 없게 되었다. 더욱이 거래에서 유리한 입장에 서게 된 고객은 제품을 선택할 경우 구입하려는 제품/서비스 이외에 추가적인 서비스까지도 고려하게 되었다.

이와 같이 거래와 관련하여 고려하는 내용들이 복잡해진데다 기업과 고객 간 협상에서의 주도권도 바뀌게 됨에 따라 기업은 고객유지를 위해 고객이 현재 원하는 것, 앞으로 원하게 될 것, 고객의 관심사 등과 같은 고객 관련 정보의 수집뿐만 아니라 자신의 제품/서비스에 대해 좋은 평가를 해주도록 감정적인 호소까지도 동원하고 있다.

공급자들의 고객유지 노력은 우리 주위에서 쉽게 찾아볼 수 있다. 예를 들어, 동네 야채가게나 정육점 주인은 개별 고객의 이름이나 주소를 알고 있고, 각 고객이 무엇을 언제 구입했는지를 기억한다. 그리고 고객의 가족에 대해 묻고, 어떻게 지내며, 지난번 구입품에 대해 만족하는지도 물어본다. 이러한 것이 고객유지의 모든 것이자 기본인 것이다. 만약 이러한 상점 주인의 노력이 없다면 고객들은 굳이 이전에 거래했던 상점을 다시 이용해야 하는 심리적 부담감을 갖지 않아도 될 것이므로 고객을 잃기가 쉬워질 것이다.

이와 같이 기업은 자신의 고객에 대해 개인적인 모든 것을 알 수는 없지만 그들이 누구이고, 어디에 살며, 그들이 구입했던 물품이나 서비스를 추적 관리하는 한편, 최근에 구입한 것에 대해 만족하는지와 개선할 점은 없는지 정도는 물어보아야 한다. 이런 것들을 소홀히 한다면 다른 것에서 뭔가 잘못되었을 경우 오랜 고객마저도 잃을 수 있게 될 것이다.

고객은 거래상대방인 기업이 자신들을 중요한 거래처라고 인식하고 대접해 주기를 바란다. 그런데 기업이 고객을 배려해주지 않고 고객과 이해가 상충되는 문제들을 기업의 입장에서 처리해 버릴 경우 고객에게 섭섭하거나 무시당했다는 느낌을 줄 수가 있다. 그러한 경우에 적절한 사후조치를 신속히 취하지 않는다면 고객들이 다른 기업으로 거래관계를 바꾸려고 하는 것은 당연할 것이다. 따라서 고객과 거래관계를 유지하기 위해서는 서비스실패를 효과적으로 관리하는 것도 중요한 과제가 되고 있다.

2. 고객유지의 필요성

Drucker(1973)[1)]가 기업의 유일한 목적이 '고객창출'이라고 언급할 정도로 과거에는 신규고객 확보가 경영에서 가장 큰 과제였다. 그리고 고객만족이 고객유지와 시장점유율에 직접적인 영향을 미치는 것으로 여겨졌기에 고객유지보다는 고객만족이 관심의 대상이었다. 하지만 Dawkins와 Reichheld(1990)[2)]가 고객유지율이 5% 상승하면 기업에 기여하는 고객의 순현재가치(customer net present value)가 산업에 따라서는 25%에서 95%까지 증가한다고 발표한 이후 고객유지도 중요한 것으로 여겨졌다.

고객만족전략보다는 고객유지전략을 채택하는 것이 기업의 수익성과 시장점유율 목표를 보다 효과적으로 달성하는 것으로 나타나고 있다. 이는 고객유지율이 높아질 경우 거래와 관련한 고객과의 상호이해 증가로 관계유지비용 절감, 고객이탈에 따른 고객교체비용 절감, 신규고객 유치를 위한 할인행사 불필요하며, 신규 고객에 비해 기존고객은 높은 가격을 기꺼이 지불하는 등의 효과가 있어 기업의 수익에 크게 영향을 미치기 때문이다.

또한 Lindgreen 등(2000)[3)]은 이탈한 기존고객 수준으로 신규고객에게서 수익을 거두기 위해서는 16배 이상의 비용이 소요된다고 하였다. 그리고 기존고객을 유지하는 것보다 새로운 고객을 확보하는 데 업계 추정치로는 약 3배에서 7배의 비용이 소요된다고 한다. 그럼에도 불구하고 대부분의 기업이 시간과 노력 및 자원을 주로 신규고객을 확보하는 데 사용하는데, Weistein(2002)[4)]에 의하면 마케팅 예산의 80% 이상이 새로운 영업이나 신규 고객을 위해 배정되며 고객유지를 위해서는 20% 내외가 사용된다고 한다. 바람직한 것은 마케팅 예산의 최소한 75%를 고객과의 관계 제고를 위한 관계마케팅 활동과 고객유지 전략에 투자해야 한다.

기업의 가장 중요한 자산은 바로 고객이다. 고객들은 기업의 제품이나 서비스를 구입할 뿐만 아니라 만약 그들에게 귀를 기울인다면 더 많은 매출을 올릴 수 있는 방법을 알려주기도 한다. 기업은 고객과 거래관계를 유지하기 위해 자신의 고객들에게 서비스를 올바로 제공하고 있는지 항상 유의해야 한다. 드물게 불만을 나타내는 고객이 있던지 또는 누군가 불평을 했을 때에는 해당 고객을 계속 유지하기가 너무 늦을 수 있다.

더 큰 문제는 불평이나 불만을 제기하지 않고 있는 침묵하는 다수의 고객이다. 한 연구에 따르면, 불평을 제기하는 한 사람의 고객은 같은 문제를 갖고 있는 다른 8~15명의 고객을 대변하고, 불만 편지를 쓰는 경우에는 20명 정도의 같은 불만을 가진 고객들을 대변하며, 경영층에까지 불만을 제기하는 고객은 250여 명이나 되는 불만족한 고객을 대변한다는 것이다. 이러한 고객들의 불평과 불만을 효과적으로 관리하는 것이 경영성과에 중요한 영향을 미친다.

고객유지는 고객만족과 인과관계적으로 상호 연결되어 있는데 고객만족이 고객충성도의 직접적인 결정요인으로 작용하며 고객유지를 결정하는데도 중요한 요소가 된다. 따라서 Kotler(2000)[5)]는 고객유지의 핵심이 고객만족이라고 하였다. 만약 기업과 거래를 통해 만족한 고객은 오랫동안 충성스럽게 거래, 기업에 대한 우호적인 평가, 경쟁자에 대한 낮은 관심도, 가격에 덜 민감, 거래기업에 서비스 아이디어 제공, 신규고객에 비해 서비스하는 비용절감 등의 혜택을 기업에게 줄 수 있으므로 세심한 고객관리가 필요하다.

그렇다면 고객이 거래 기업과의 관계를 끊고 다른 기업으로 이탈하게 되는 이유는 무엇일까? Keavency(1995)[6)]에 따르면, 핵심 서비스에서의 문제발생, 서비스접촉 실패, 불편함, 서비스실패에 대한 잘못된 사후대응 등과 같은 서비스관련 문제들이 고객이 기업과 거래관계를 이탈하는 이유의 70% 정도를 차지한다고 한다. 이에 비해 가격과 관련된 불만 때문에 이탈하는 고객은 17%에 불과하였다.

만약 마케팅 담당자들이 서비스 문제 때문에 고객이 이탈한다는 점을 알게 된다면, 이러한 문제들을 해결하기 위한 조치를 최대한 강구하려 할 것이므로 문제가 쉽게 해결될 수 있을 것이다. 고객이 이탈하는 이유를 마케팅 담당자들이 주기적으로 점검하고 필요한 대응조치를 신속히 마련해야 할 것이다. 현장 판매직원들이 서비스관련 문제들을 덮어버리거나 모르고 넘어갈 경우 또는 적절한 권한이 없어 문제해결이 지연된다면 고객이탈은 계속될 것이다.

고객유지와 관련하여 Reichheld(1996)[7]가 제시한 미국 기업의 통계는 다음과 같다.

① 평균적으로, 미국 기업들은 5년에 고객의 절반 정도를 잃음.
② 일반적인 기업들이 매년 10~30%의 고객 손실률을 나타냄.
③ 고객유지율을 5% 정도 높이면 평균적인 고객의 가치(기업에 대한 평생 기여수익)를 25~100% 제고시킬 수 있음.
④ 렉서스(Lexus) 자동차 고객의 재구매율은 인피티니(Infiniti) 자동차 고객에 비해 20% 이상 높음. 도요타 매출액에서 렉서스 자동차의 비중은 3%에 불과한데 이익에서 차지하는 비중은 30%가 됨.

한편 고객유지는 직접마케팅(Direct Marketing)에서 특히 중요하다. 그 이유로 2가지를 들 수 있다.[8]

하나는, 우편 캠페인이나 전단지 송부 등 직접마케팅 방법을 시도할 경우 비용이 든다는 점이다. 즉 고정비의 대부분이 마케팅 활동의 초반부에서 발생한다. 하지만 실질적인 수익은 고객을 계산대에서 만난 후 고객이 구매할 때 정기적으로 발생하게 된다. 직접 마케팅에 소요되는 투입비용회수를 위해서는 고객유지를 통한 수익창출이 중요하다.

다른 하나는, 대부분의 거래가 여러 번 구매를 해야 이익이 발생한다는 것이다. 요즘에는 전단지의 홍수로 인해 고객들이 쉽게 마음을 바꿀 수 있을 정도로 많은 선택이 가능하다. 만약 고객이 의복을 구입하는 데 필요한 정보를 전단지를 통해 수집한다면, 매일 다수의 의복관련 전단지를 수령하게 될 것이므로 고객이 다른 경쟁업체의 제품을 구입할 기회도 많아진다. 따라서 마케팅 초기에 이미 많은 지출을 하였는데 고객이 오직 한 번만 구매하고 추가 거래를 하지 않는다면 이익을 낼 가능성이 적어지게 된다. 그런데 조사결과에 따르면 50% 정도의 고객이 한 번만 구매하고 더 이상 거래하지 않는다고 한다.

3. 고객유지와 종업원유지의 관계

고객을 유지하기 위해서는 고객의 변화하는 욕구를 충족시킬 수 있는 제품과 서비스를 지속적으로 경쟁우위가 있도록 발전시켜야 한다. 기업은 고객의 필요와 욕구를 수시로 확인해야 한다. 그런데 종업원은 고객이 기업과 거래를 하는 대부분의 접촉점에 있을 뿐만 아니라 판매시점에서 대면하는 고객의 필요와 욕구를 누구보다도 정확히 알 수 있고 경우에 따라서는 현장에서 즉각 이를 해결해 줄 수도 있는 매우 중요한 역할을 한다.

종업원이 고객의 감정과 심리를 잘 이해하고 적절하게 반응할 수 있는 능력을 갖출 경우 이러한 대면 거래관계를 통해 종업원과 고객 사이에는 보다 깊은 교류를 할 수 있을 뿐만 아니라 사회적 유대감이 형성될 수도 있다. 따라서 고객들을 유사한 안목과 비전 등을 공유할 수 있는 충성스런 종업원들과 장기적인 관계에서 연대의식을 가질 수 있도록 여건을 조성하는 것도 필요하다.

아울러 종업원이 긍정적인 거래 분위기를 조성한다면 고객들이 도움을 받는다는 느낌을 주게 될 수 있어 심리적으로 구매의사결정을 보다 빨리 할 수 있을 뿐만 아니라 고객의 긍정적인 행동을 이끌어낼 가능성도 높아진다고 한다. 더욱이 고객이 기대한 수준 이상의 서비스로 만족을 느끼도록 하는 가장 좋은 기회는 서비스제공자와 고객이 교류하는 경우 만들어진다고 한다. 그러므로 기업이 종업원을 효과적으로 활용할 경우 고객으로 하여금 거래관계를 계속하게 하거나 판매규모를 확대하려는 목적들을 달성할 수 있다.

이와 같이 종업원이 고객에게 미치는 영향의 중요성으로 인해 고객유지와 종업원유지 사이에는 직접적인 상관관계가 있다. 왜냐하면 종업원이 충성스러울수록 이직하지 않고 오래 근무하면서 좋은 성과를 거두기 위해 고객만족에 노력할 것이고, 이로 인해 고객들은 거래처를 바꾸고자 하는 유인이 줄어들게 될 것이기 때문이다.

만약 기업이 종업원 훈련과 유지에 소홀하거나 종업원의 노력과 성과에 대한 인센티브도 적절히 제공하지 않는다면 종업원이 고객의 요구에 제대로 대응하지 못하거나 불만을 가지고 업무를 수행할 수 있으므로 목표했던 경영성과를 달성하기가 쉽지 않을 것이다. 특히 서비스를 제공할 때 느껴지는 종업원의 노력에 대한 고객의 지각이 서비스만족도와 고객충성도에 매우 강한 영향을 미친다고 한다. 기업에 불만을 가진 종업원은 기업에 불만을 가진 고객과 마찬가지로 어렵지 않게 확인이 가능할 수 있으므로 고객만족과 같이 종업원 만족에 대해서도 중요성을 가지고 대하는 것이 필요하다. 나아가 고객유지 전략차원에서 종업원 관리업무가 수행되어야 한다.

Reichheld(1996)[9]는 오랫동안 근무해 온 종업원들은 기업에 다음과 같은 7가지 경제적인 장점이 있다고 한다.

① 채용에 소요되는 총비용을 감소시킴.
② 추가적인 교육비 지출을 억제함.
③ 일반적으로 여타 종업원보다 효율적으로 일함.
④ 최상의 고객을 발견하고 확보하는 데 훨씬 능숙함.
⑤ 보다 나은 제품과 가치의 생산을 통해 고객을 유지시킴.
⑥ 고객들을 확인하기 위한 자원이 됨(sources of customer referrals).
⑦ 종업원들을 확인하기 위한 자원이 됨(sources of employee referrals).

이 같은 장점에도 불구하고 보통의 미국 기업들은 4년이면 종업원의 절반 정도가 이탈한다는 조사결과가 있는데 이는 종업원유지를 고객유지와 연관시켜 관리하지 못하기 때문에 나타나는 현상이라고 할 수 있다.

4. 고객의 관여

4.1 고객의 관여

고객의 관여(involvement)란 고객이 제품이나 서비스에 대해 갖게 되는 관심의 수준이라고 할 수 있다. 금융거래를 하는 고객의 예를 든다면, 거래에 따른 위험이 상대적으로 큰 주식을 매입할 경우 높은 관여를 갖게 되지만 채무불이행 위험이 거의 없는 국채를 매입할 경우에는 그렇지 않은 것이 보통이다. 또한 일반적으로 고도로 관여된 고객은 저관여 고객에 비해 제품이나 서비스를 보다 정확히 배우고 이해하려는 열정이 더 큰 편이다.

대체로 고객이 기업의 제품 및 서비스 제시내용을 잘 이해할 수 있다면 해당 제품이나 서비스에 대해 확신을 가질 수 있게 되어 그렇지 못한 고객에 비해 높은 관여를 갖게 된다. 기업은 고객이 행하는 의사결정과 관련한 고객의 욕구를 정확히 파악해야 할 뿐만 아니라 고객교육이나 광고활동을 통해 고객의 욕구에 합치되는 기업의 제품이나 서비스를 고객들로 하여금 잘 이해할 수 있도록 지원해야 한다. 이러한 노력을 통해 고객이 원하는 제품이나 서비스를 적절히 제공할 경우 기업에 대한 고객의 신뢰도는 더욱 공고히 될 수 있다.

특히 금융 분야의 경우에는 상품과 서비스의 내용이 복잡하고 난이도도 높아 고객이 모든 내용을 올바로 이해하고 거래하기가 쉽지 않다. 고객의 금융지식이 부족할 경우, 금융상품이나 서비스에 대한 고객 자신의 평가기준이 제대로 갖춰져 있지 않으므로 단순한 기대가 고객만족에 중요한 역할을 하게 된다. 이러한 고객은 낮은 관여도를 보이며 과거의 기대와 동일한 기준에 따라 금융거래 성과를 평가하는 경향이 있다.

반면 금융지식이 있고 서비스도 잘 이해할 수 있는 고객의 경우에는 자신의 평가기준에 따른 성과 판단에 상당한 확신을 갖고 있기 때문에 금융상품과 서비스에 대한 평가에 있어 단순한 기대의 영향은 줄어들 것이다. 금융지식이 있는 고객에 대해서는 감성을 자극하는 내용의 마케팅보다는 리스크 및 수익률과 관련된 구체적인 데이터를 이용한 마케팅을 통해 높은 고객관여도를 유지하도록 하는 노력이 필요하다.

4.2 기업의 전문성

고객이 신뢰할 수 있는 거래상대 기업의 전문성은 고객이 거래에 대해 느끼게 되는 불확실성을 줄이고 확신의 수준을 높이는 데 중요한 역할을 한다. 판매원의 전문적인 제품지식 보유는 거래를 통해 고객들의 신뢰를 확보하는 데 도움이 될 뿐만 아니라 교차판매를 하는 데에도 촉진제 역할을 할 수 있다.

금융서비스의 경우에는 금융회사와 고객 사이의 신뢰 구축이 특히 중요하다. 신뢰(trust)란 '한 당사자가 다른 당사자로부터 지각하는 역량(competence), 성실(integrity) 및 충실(honesty)의 수준'으로 정의할 수 있다. 기업이 전문적인 역량과 그에 따른 명성을 갖추고 있다면 고객에게 신뢰를 높일 수 있는 여지가 커진다. 그러므로 기업의 전문성은 문제해결 능력에 대해 시장에서 인정받았다는 의미에서 고객에게 신뢰를 줄 수 있고, 전문성을 겸비한 판매원은 고객의 불확실성을 해소하고 신뢰를 제고할 수 있는 의사소통을 잘할 것으로 기대되므로 전문성이 미흡한 판매원에 비해 거래과정에서 고객을 보다 잘 설득하여 높은 성과를 거둘 가능성이 커진다.

기업의 명성은 고객이 서비스 제공자의 신뢰성을 평가하는데 긍정적인 영향을 미치게 된다. 그 이유는 기업이 그 명성을 유지하기 위해 일정한 수준의 품질을 성실하고도 충실하게 유지할 것으로 믿기 때문이다.

많은 변수들을 고려해야 하는 금융거래의 경우 다양한 금융상품과 고객의 욕구 사이에 개재될 수 있는 불확실성을 해소해야 하는데, 이러한 불확실성을 해소하는 수단이 될 수 있는 거래상대방과의 신뢰는 해당 거래뿐만 아니라 향후의 교차판매에도 많은 영향을 미칠 수 있다.

사례

회사원 A씨는 지난 달 거래하던 증권사에서 일방적인 통보를 받았다. "고객님이 가입한 펀드의 설정액이 50억 원이 안 되어 이달 말에 펀드가 청산되니 당장 환매하라"는 내용이었다. A씨는 일본 펀드에 가입했는데, 수익률은 마이너스 20%를 기록 중이었다. 그는 "매달 일정액을 넣고 있는 펀드인데 이렇게 없어질 수 있다니 황당하다"며 "원금 손실이 난 상태여서 원금이 회복될 때까지 좀 더 지켜보고 싶은데 무조건 해지해야 한다니 억울하다"고 말했다.

하지만 해당 펀드 운용사 관계자는 "A씨가 가입한 펀드는 설정액이 20억 원 밖에 안 되어 제대로 운용하기가 어렵다"며 "현행법상 덩치가 50억 원 미만이면 고객에게 동의를 구하지 않고 강제 청산할 수 있다"고 해명했다.

자료 : 조선일보, 2011년 7월 6일자 B7면 인용

최근 수익기반 다변화를 추구하고 있는 은행은 고객이 예금이나 대출 거래 이외에도 자신이 취급하는 금융투자상품이나 방카슈랑스상품 등을 구매하도록 교차판매를 시도한다. 그런데 만약 고객들이 은행직원의 보험이나 증권투자 상품 등에 대한 지식과 전문성을 확신하지 못한다면 은행으로부터 이들 금융상품의 구입을 꺼려할 수 있다. 다양한 금융상품에 대한 은행직원의 지식을 제고시키는 것은 고객으로 하여금 은행의 전문성을 신뢰할만한 것으로 인식하게 하는 데 직 · 간접적으로 기여할 것이고, 이는 다시 은행이 고객유지와 교차판매 기회를 늘리는 데 도움을 주게 될 것이다.

한편 일반적으로 소비자가 제품이나 서비스에 대해 전문적 식견을 갖게

되면 해당 제품이나 서비스에 대한 평가기준이 기능적 측면에서 기술적 측면 중심으로 이동하게 된다.[01] 낮은 전문성을 가진 고객들의 경우에는 서비스품질의 평가가 어렵기 때문에 구체적인 데이터로 측정가능한 기술적 측면이 아닌 감성적인 차원인 서비스의 기능적 측면에서 금융상품/서비스 제공자와의 관계나 명목적으로 제시되는 결과에 의존하여 평가하게 된다. 그렇지만 고객의 경험이 늘어나게 되면 여러 가지 상품/서비스의 다양한 속성들을 비교 · 평가할 수 있는 식견이 생기게 되고, 이같이 전문적 식견을 갖게 된 고객들은 금융서비스의 기술적 속성들까지도 보다 확신을 가지고 평가할 수 있게 된다. 고객이 전문성을 갖게 될수록 기능적 서비스품질(예 : 고객몰입이나 직원과의 친밀성 등)의 상대적 중요성은 줄어들게 된다.

이와 관련하여 금융서비스에는 '신탁책임'과 고객 · 금융기관 간 '양방향 정보흐름'의 특성이 있다. 신탁책임은 고객의 자금관리와 고객에게 제공하는 금융자문의 내용을 관리하는 데 대한 금융기관의 절대적 책임을 의미하며, 양방향 정보흐름은 장기간에 걸친 금융기관과 고객 사이의 규칙적인 상호작용적 의사소통을 의미한다.

그런데 우리나라 주요 은행의 채권형 연금상품 운영상황을 보면, 채권유통수익률보다도 크게 낮은 운용수익률을 지속적으로 제공하면서 고객들에게 수수료를 징구한다. 연금상품의 수익률이 시장금리에 따라 변할 수 있지만 고객에게 운용수수료를 징구하고자 할 때에는 대체로 벤치마킹수익률이나 채권수익률을 제공하는 것이 바람직하다. 그렇지 않으면 고객이 수수료를 지급하면서 자금을 맡길 이유가 없는 것이다. 그러나 이와 관련하여 고객에게 어떠한 정보제공 노력도 보이지 않아 우리나라 은행들의 고객에 대한 신탁책임 의식이 매우 미흡한 모습을 나타내고 있다.

01 제품이나 서비스의 평가기준에서 기능적 측면이란 이들이 제공되는 방법(how)과 관련되며, 기술적 측면이란 이들이 제공되는 것(what)과 관련된 것이다.

사례 : 적금보다 못한 수익률 … 노후 갉아먹는 은행 연금상품의 불편한 진실

회사원 강모(45) 씨는 얼마 전 ○○은행에서 날아온 '신탁재산운용보고서'를 보고 가슴이 철렁했다. 노후대비와 절세를 위해 2005년부터 월 25만 원씩 넣고 있는 안정형 연금신탁의 올해 수익률이 1.13%에 불과했기 때문이다. 강씨는 "은행 정기예금에 들어도 4% 안팎의 금리를 주는데 어떻게 운용했길래 수익률이 이런지 이해가 되지 않는다"며 "만기가 10여 년 남았는데 지금이라도 보험사나 자산운용사 상품으로 갈아타야겠다"고 말했다. 은행 연금상품에는 연말정산 때 연 72만 원의 소득공제 혜택을 주고 수익에 대해 전액 비과세하는 '개인연금신탁(구 개인연금)'과 연 400만 원을 소득공제해주되 수익의 일부에 과세하는 '연금저축신탁(신 개인연금)' 등 두 가지가 있다. 구 개인연금은 2000년 이후 판매가 중단됐고 현재는 신 개인연금만 가입할 수 있다.

그런데 연금상품의 수익률은 한숨이 나올 지경이다. 가장 많이 판매된 국공채형을 기준으로 한 최근 3년 수익률은 연평균 3%대에 불과하다. 신 개인연금은 사정이 더 나쁘다. 올해 국 · 공채형 평균 수익률이 2.77%에 머물렀다. 같은 기간 채권수익률(KIS채권종합지수)과 비교해도 은행의 운용 수익률은 한참 못 미친다.

은행의 개인연금신탁 수익률과 채권 종합지수 추이 비교

	2008년	2009년	2010년	2011년 9월
KIS 채권 종합지수	연 10.14%	연 4.36%	연 7.37%	연 3.84%
개인연금신탁	연 3.98%	연 4.17%	연 3.76%	연 3.60%

자료 : 제로인, 은행연합회

대표적인 노후대비 상품인 은행 연금상품이 오히려 고객의 노후를 갉아먹고 있다. 수익률이 형편없고, 그마저 연도별로 편차가 극심하다. 운용실력이 없거나 운용에 별 신경을 쓰지 않는다는 말이다. 그런데도 은행들은 채권형 펀드와 비슷한 수수료를 꼬박꼬박 떼 가고 있다. 고객이 답답해도 은행은 느긋하다. 수익이 아니라 신탁자산의 일정 비율을 떼는 수수료(신탁보수율) 구조 때문이다. 현재 은행들은 상품의 수익률과 관계없이 해마다 원금의 1% 가량을 챙겨가고 있다. 은행으로선 열심히 운용할 필요를 굳이 느끼지 못하는 것이다.

모 금융소비자연맹 관계자는 "위험이 전혀 없는 정기예금 금리에도 못 미치는 실적을 내면서 꼬박꼬박 수수료를 챙기는 건 은행의 도덕적 해이"라고 지적했다. 모 대학 경영학과 교수도 "낮은 수익성과 높은 수수료는 국가가 세금 혜택을 통해 국민에게 보장하려는 노후를 중간에서 가로채는 셈"이라고 비판했다.

자료 : 중앙일보 2011년 11월 1일 경제면(E1) 정리 인용

이와 같은 경우 은행은 고객참여 활동 등을 이용하여 고객과 금융기관 간 정보교환을 통해 고객의 불만해소는 물론 고객의 욕구를 충족시켜 줄 수 있는 고객맞춤서비스 제공을 시도할 수 있다. 이러한 시도를 통해 은행과 고객 사이의 문제해결과 신뢰 제고를 도모할 수 있는 것이다. 다만 고객참여 활동으로 고객충성도를 강화시키기 위해서는 고객이 해당분야에 유용하고도 실질적인 전문성을 가진 경우에 가능하다고 한다.[10)]

은행이 고객의 수요에 대해 전문성을 가지고 대응하기 위해서는 고객들을 수요에 맞춰 세분화할 필요가 있다. 이와 같은 고객세분화 전략의 논의에서 교차판매는 상당히 많은 비중을 차지하는 이슈가 된다. 효과적인 고객세분화 전략은 잠재적인 고객도 포함하여 다음 3가지 항목들을 고려해서 추진되어야 한다.[11)]

① 태도 및 동기 : 어떻게 생각하는가, 무엇을 원하는가, 어떻게 반응할 것인가, 우리 브랜드를 어떻게 지각할 것인가

② 인구통계 : 누구인가, 사는 곳은, 재산과 상품믹스

③ 행동 및 용도 : 이용 채널, 우리 회사로부터 구매액, 지불하고자 하는 의욕

참고로 Royal Bank of Canada의 경우에는 고객세분화 기준으로 현재의 수익성과 잠재력, 연령층, 신용위험, 선호하는 유통채널, 경쟁자의 유혹에의 취약성과 같은 6가지를 이용하고 있다.

4.3 고객의 구매관련 위험지각

고객들은 다양한 상품과 서비스가 제시되고 있는 시장에서 자신의 수요와 욕구에 적합한 것들을 정보수집, 분석 및 평가 등의 과정을 거쳐 구매하게 된다. 이러한 구매결정 과정에도 불구하고 적지 않은 경우 자신이 기대했던 것과 다른 제품이나 서비스를 구매하게 되는 잘못된 결과의 위험에 놓여 있다. 이러한 현상은 인터넷 광고를 통한 제품 구입 시 광고 내용과 실제 제품의 내용이 고객이 예상했던 것과 다른 경우가 발생하는 것과 같이 자주 나타난다. 더욱이 고객들은 제품이나 서비스의 내용이 복잡하고 난이도가 높을수록 더욱 잘못된 구매의사결정의 위험을 느끼게 될 것이다.

위험 개념의 정의에 대해서는 확신론자(Positivist)와 상황론자(Contextualist)의 2가지 시각이 있다.[12] 위험에 대해 확신론자는 객관적으로 증명가능한 경험에 근거한 확률의 개념으로 정의하지만, 상황론자는 위험이 사용되는 상황에 근거하여 정의한다. 일반적으로 전문가는 확신론자의 모델에 따르는 데 비해 비전문가는 상황론자의 모델을 이용하는 경향이 있다.

소비자들은 고도의 기술적 제품의 사용에 따른 위험을 올바르게 이해하기가 용이하지 않은데, 소비자들이 이러한 제품들을 평가할 때 고려할 수 있는 제품위험 정보에는 2가지가 있다. 그 중 하나는 제품 사용에 따른 잠재적 부작용에 대한 설명서와 같이 공개된 정보이며, 다른 하나는 특정 제품의 위험에 관해 소비자들이 추정하는 비공식적인 정보들이다.[13]

마케터와 마케팅정책 입안자들은 소비자들이 제품위험 정보를 어떻게 평가하는지를 이해하는 것이 중요하다. 왜냐하면 소비자는 제품위험 정보로 인해 제품에 대한 평가를 낮출 수도 있지만 고객에 따라서는 지속적으로 제품위험 정보를 무시하기도 하며, 경우에 따라서는 제품위험 정보가 소비자들의 제품 평가치를 향상시킬 수도 있기 때문이다.

금융상품의 경우에는 금리, 환율 등의 시장리스크와 함께 신용리스크가 복잡하게 얽힌 경우가 많기 때문에 다양한 상품정보가 제공됨에도 불구하고 많은 고객들이 그들이 부담하는 위험을 제대로 이해하지 못하는 것으로 나타난다. 금융상품 제공자들은 고객들로 하여금 자신이 매입하는 상품을 올바로 이해한다고 확신시키기 위해 고객이 투자위험을 인식하는 방법과 금융상품을 평가하는 방법을 알아 볼 필요가 있다. 고객이 복잡한 상품에 대해 올바로 이해하고 있다고 스스로 확신할 수 있다면 구매의사결정을 하는 데 훨씬 수월할 것이기 때문이다.

한편 고객들이 나타내는 위험성향 또는 위험선호는 개인의 속성이 아니며, 고객들의 위험에 대한 지각이 위험을 수용하거나 회피하는 성향에 중요한 영향을 미친다고 한다. 고객의 위험지각은 금융거래 의사결정과 함께 경쟁상품들을 비교 · 평가하는 데도 중요한 역할을 할 수 있다.

대체로 긍정적이거나 낙관적인 자극에 노출된 소비자는 특정 형태의 제품위험을 극복하려고 하는 반면, 부정적 자극에 노출된 소비자들은 이러한 위험을 회피하려고 한다. 아울러 손실중심 메시지는 소비자로 하여금 고위험 제품을 채택하도록 하는 반면 이득중심 메시지는 저위험 제품의 매력을 증대시킨다고 한다. 이러한 이유는 기대이론(prospect theory)[14]에서 소비자는 결과가 손실로 구성되어 있으면 위험한 옵션을 선호하는 반면, 결과가 이익으로 구성되어 있으면 저위험 옵션을 선호한다는 주장으로 설명된다.

예를 들어, 동전을 던져 앞면이 나오면 200원의 이익을 얻고 뒷면이 나오면 아무것도 받지 못하되 동전을 던지지 않으면 그냥 100원의 이익을 얻을 수 있는 게임이 있다면, 대부분의 사람들은 확실하게 이익을 확보할 수 있는 100원을 선택한다는 것이다. 반면에 동전을 던져 앞면이 나오면 200원을 내야 하고 뒷면이 나오면 돈을 한 푼도 안 내도 되는데, 동전을 던지지 않으면 100원을 내야 하는 게임의 경우에는 많은 사람들이 한 푼도 안 내기 위해 동전을 던짐으로써 200원을 내야 하는 위험을 감수한다는 것이다.

5. 고객의 몰입(Commitment)

기업으로서는 자신의 고객이 다른 거래처로 이탈하지 않고 계속 자신과 관계를 유지하며 거래하기를 원한다. 하지만 고객의 입장에서는 이왕이면 좋은 제품과 서비스를 제공하는 우량한 거래처와 관계가 유지되기를 원한다. 이러한 여건에서 고객이 특정 거래처와 관계를 계속 유지하고자 하는 심리적 동기를 고객몰입이라 한다.

경영학에서 몰입에 관한 연구는 직무에 관한 종업원의 몰입에 대하여 주로 행해졌으나 경쟁이 치열해지고 고객유지의 중요성이 인식되면서 기업과의 관계를 계속하고자 하는 고객의 몰입도 관심의 대상이 되었다. 이는 고객이 거래하던 기업을 교체하는 것과 관련하여 기업교체 이전의 거래형태뿐만 아니라 기업과의 관계에 대해서도 분석해 볼 필요가 있기 때문이다.

5.1 정의

몰입에 대해서는 조직과 마케팅 분야는 물론 심리학 및 경제학에서도 연구되었다. 그동안 몰입에 대해 다양한 정의가 시도되었으나 아직 일반적으로 받아들여지고 있는 정의는 없는 상황이다.

고객몰입의 정의로 Dean(2007)[15)]은 "고객의 공급자와의 일체감 및 관여(involvement)의 강도로 나타나는 심리적 욕구에 기반한 애착(attachment)"으로 보았다. 즉 심리적 애착이 감정적 몰입의 기초가 된다는 것이다. Iniesta(2000)[16)]는 "몰입은 안정적이고 영구적인 관계를 개발하고 유지하려는 의도나 의지를 불러일으키는 개인의 지각, 믿음 및 감정에 의해 발생되는 심리적 상태다"라고 하였다. 그리고 몰입은 그러한 관계를 원하거나 그렇게 해야 한다고 느끼기 때문에 특정한 의무감을 갖는 행위에 대해 스스로 증명한다고 하였다. Meyer와 Herscovitch(2001)[17]는 몰입을 "하나나 그 이상의 목표와 관련된 행위 과정에 개인을 속박하는 힘"으로 정의하였다. 이러한 힘은 관심있는 목표와 개인 간 관계의 속성을 반영하는 다양한 근원적 심리상태이며, 이러한 관계를 지속하려는 의사결정에 영향을 미친다고 한다.

고객몰입은 "거래 상대방 사이의 관계 지속을 위한 명시적이거나 암묵적인 약속(Dwyer 등 1987[18])" 또는 '기업에 대한 심리적 애착(Gruen 등 2000[19])'에서 나아가 "특정 기업과 거래관계를 지속하도록 고객을 속박하는 힘(Meyer와 Allen 1997)[20]"과 같이 다양하게 정의되어 왔다.

한편 고객몰입과 유사한 개념으로 고객충성이 있는데, 고객몰입이 관계를 유지하려는 동기인 데 비해, 고객충성은 관계를 유지하려는 의지라고 할 수 있다. 고객몰입과 충성도는 둘 다 거래기업에 대한 고객의 애착과 긍정적인 행위를 반영하는 태도이다. 그리고 고객몰입은 특정 회사에 대한 고객의 충성도를 증가시키고, 고객충성은 기업에게 신규 고객을 찾는 비용과 기존 고객을 유지하는 비용을 줄여주므로 수익에 긍정적인 영향을 미친다. 왜냐하면 고객몰입과 고객충성은 기업의 신용을 제고시킬 뿐만 아니라 기업의 효율성, 생산성 등을 촉진시키기 때문이다.

5.2 고객몰입의 요소와 종류

고객행동과 고객유지에 영향을 미치는 몰입의 속성과 구조에 대해서는 아직 일치된 견해가 없지만 그 개념적 영역에 대해서는 알아볼 필요가 있다. 마케팅학자들은 대체로 종업원몰입에서와 같이 고객몰입에서도 Meyer와 Allen(1997)[21]이 제시한 감정적, 지속적, 규범적이라는 3가지 요소를 포함해야 한다고 한다.

1) 감정적 몰입(affective commitment)

특정 기업에 대한 의지에 근거한 애착(desire-based attachment)으로 설명된다(예 : 고객은 그들이 원하기 때문에 기업과 계속 거래한다). 감정적 몰입은 긍정적인 거래 경험과 강한 상관관계가 있는 것으로 보인다. 이는 심리적 애착으로도 폭넓게 해석된다. 일부 학자는 이를 욕구에 근거한 애착으로 정의하였으나 다른 학자는 관계를 유지하고자 하는 행위적 의지를 포함하는 심리적 애착으로 정의했다.

2) 지속적 몰입(continuance commitment) 또는 행위적 몰입

이는 고객이 특정 기업과 계속 거래해야 한다고 느끼는 비용에 근거한 애착(cost-based attachment)으로 설명된다(예 : 고객은 자신들이 필요하니까 기업과 거래한다). 지속적 몰입은 행위 과정의 단절과 관련하여 지각된 비용 및 유용한 대안이 결여되었다는 지각과 관련된다. Bendapudi와 Berry(1997)[22]는 소비자들이 거래상대방을 교체하는 데 따른 비용, 기업에 대한 의존 및 매력적인 대안의 부재와 같은 이유로 '강제적인 관계(constraint-based relationship)'로 계속 거래한다고 하였다. 이에 따라 일부 학자들은 지속적 몰입은 '타산적인 몰입'으로 감정적 몰입에 비해 충성의 지속성이 떨어지는 것을 발견하였다.

3) 규범적 몰입(normative commitment)

특정 기업에 대한 의무에 근거한 애착(obligation-based attachment)으로 설명된다(예 : 고객은 해당 기업과 계속 거래해야 한다는 의무감 때문에 기업과 거래한다 - 그렇게 하는 것이 옳은 일이다). 이는 고객 자신이

해야 할 바를 한다고 느끼는 것을 의미한다. 규범적 몰입은 지각된 의무감에서 고객을 기업과 묶어버리는 힘을 나타낸다. Meyer와 Allen은 규범적 몰입은 개인들이 적절하다고 판단하는 행위에 관한 규범들을 수용할 때 사회화를 거쳐 발전한다고 하였다.

이러한 사회적 영향은 '주관적 규범(subjective norm)'에서도 나타나는데, 주관적 규범은 자신에게 중요한 사람이 어떠한 행위를 자신에게 하기 원하거나 하지 않도록 원하는 의지를 개인이 지각하는 것이다. 따라서 이는 사람들로 하여금 순응하도록(거래상대방을 교체하지 않도록) 압력을 줌으로써 반드시 순응해야 한다고 느끼게 만드는 것이라고 할 수 있다. 규범적 몰입은 대체로 감정적 몰입과 강하게 관련되어 있고, 충성에 대한 영향은 감정적 몰입보다는 약한 편이다.

5.3 몰입의 다차원적 구조

몰입에 대해 Iniesta(2000)[23]는 다음과 같은 다차원적인 몰입의 속성들을 제시하였다.

① 감정적 특질(affective character) : 감정적 결합체로서의 몰입, 관련이 있는 다른 상대방의 목적 및 가치와 동일시하는 몰입, 관계에 포함되는 몰입

② 인지적 특질 : 지각과 믿음으로서의 몰입

③ 행위의지 특질 : 욕구(desire), 의도 또는 행위의지로서의 몰입

④ 행동적 측면 : 활동(act) 또는 동작(action)

⑤ 상호적 측면 : 거래당사자의 몰입은 다른 당사자의 몰입에 대해 자신이 어떻게 지각하느냐에 따라 결정됨.

이와 같은 속성들을 반영하여 Sanchez와 Iniesta(2004)[24]는 소매상과 거

래하는 고객의 몰입 구조를 다음 그림과 같이 제시하였다. 출발점은 오랫동안 널리 받아들여지고 있는 태도적 몰입(attitudinal commitment)과 행위적 몰입(behavioral commitment)이다.

그림 6-1 ▮ 몰입의 다차원적 속성

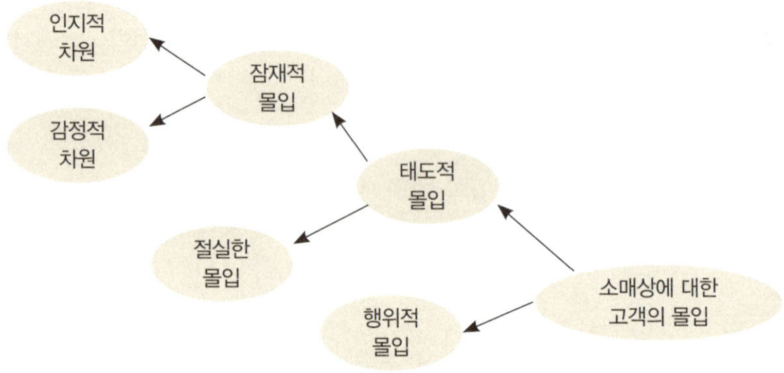

자료 : Sanchez와 Iniesta(2004).

1) 태도적 몰입

태도적 몰입은 거래상대방 사이의 관계를 반영하는 심리적 상태로 정의될 수 있다. 태도적 몰입은 2가지 차원인 잠재적(latent) 몰입과 절실한(felt) 몰입으로 구성된다.

(1) 잠재적 몰입

이는 개인을 거래관계로 연결하고 그런 관계를 유지하도록 하는 지각, 지식, 믿음 및 감정의 묶음으로 정의될 수 있다. 이 정의는 태도의 인지적 및 감정적 요소를 포괄한다.

① 인지적 차원(cognitive dimension) : 인지적 차원은 관계에 대한 개

인의 지각과 지식 및 믿음을 포함하며, 기존 관계와의 특정한 결속을 발생시킨다. 인지적 차원은 관계의 붕괴와 유용한 대안의 부재로 인해 발생할 수 있는 비용의 지각과 관련된다. 즉 관계가 종료됨에 따라 발생할 수 있는 물질적 비용이 몰입의 결정적인 요인으로 작용한다. 물질적 비용 외에 고려해야 할 사항으로는 소비자가 관계를 종료할 경우 부담해야 할 감정적인 비용도 있다. 감정적인 비용과 관련된 몰입은 심리적인 일관성과 안정을 유지하고자 하는 욕구(desire)에 의해 유발된다.

② 감정적 차원(emotional dimension) : 감정적 차원은 고객이 거래 소매상과 상업적 관계를 유지하면서 발전한 느낌과 감정을 나타낸다. 감정적 요인 중에는 거래 상대방의 목표와 가치에 대해 느끼게 되는 일체감이 있는데, 이는 기업과 고객의 관계를 구축하는 데 가장 큰 역할을 담당한다. 거래상대방에 대한 애정의 감정은 소비자–소매상 차원에서는 특히 중요하다.

한편 소비자는 Sheth와 Parvatiyar(1995)[25]가 "소비자는 자신의 믿음, 느낌 및 행위와 조화로운 관계를 바란다"고 주장한 것과 같이, 현재 자신에게 구축된 가치체계와 일관성이 없거나 부조화되는 관계를 피하려고 한다. 유사하게 Crosby와 Taylor(1983)[26]는 소비자는 심리적 긴장을 피하기 위해 선호하는 브랜드에 대해 자신이 느끼고 생각하는 것과 일관성을 유지하려 한다고 하였다. 고려해야 할 여타 감정적 요인으로는 관계에 대한 연대감(involvement)이 있다. 연대감은 몰입의 선행변수이자 결과로 여겨져 왔으며, 관계에 대해 개인이 보인 관심으로 몰입의 한 부분으로 여겨져 왔다.

(2) 절실한 몰입(felt commitment)

절실한 몰입은 행위의지가 나타날 때 발생한다. 절실한 몰입은 개인이 행하고, 반응하며, 실제 행위로 발전하도록 움직이는 심리적 상태로 정의될 수 있으며, 가장 널리 이용되는 몰입에 대한 정의이다. 이는 안정적이고 영구적인 관계를 유지하고 그 방향으로 최대의 노력을 하는 의지나 의도를 포함한다. 이러한 의지(intention)는 욕구나 이를 이행할 필요성에 의해 움직일 수 있다.

거래상대방에게 적응하려는 의도(willingness)는 관계 유지를 위한 노력이다. 이러한 노력은 관계의 한 당사자가 자신의 작업공정이나 거래품목을 상대 거래처에 적응하기 위해 바꾸는 것으로 나타난다. 이는 비용절감, 수익증대 또는 거래에 대한 차별적인 통제 노력 또는 관계 초기에 신용의 표시 등의 형태를 가질 수 있다. 고객-소매상 관계에서는, 소매상에 대한 고객의 적응이 자주 발생하지는 않는다. 그럼에도 불구하고 이러한 현상이 나타나는 경우에는 고객이 소매상에 적응하려고 하는 몰입의 징후로 보일 수 있다. 즉 소매상이 도입한 변화에 고객이 적응하려고 한다면 고객은 스스로 몰입의지를 보이는 것이다.

2) 행위적 몰입(behavioral or manifest commitment)

행위적(또는 명백한) 몰입은 구두나 문서의 방법 또는 이와 유사한 의사표시 행위를 통해 안정적이고 영구적인 관계를 발전시키려는 의지의 표시로 정의될 수 있다.

양 당사자 사이의 관계를 정의한 공식 계약은 몰입을 구두나 서면으로 표시하는 것이므로 양 당사자에게 법적으로 정당한 권리의 형태가 될 수 있다. 이러한 의미에서 계약 내용은 신뢰할만한 몰입 또는 서약의 형태를 갖는다. Grönroos(1990)[27]는 "고객 관계를 시작하고 유지할 때, 판매자는 상품이나 서비스 등에 대한 약속을 하고 구매자는 상호 관계와 관련한 자신의 몰입에 대해 약속 등을 하게 된다"고 지적하였다. 이러한 의사 표명은 계약보다는 덜 엄격하고 덜 공식적이지만, 결코 덜 중요하지 않다고 한다. 한편 행위적 몰입은 특정 당사자의 힘에 의해 다른 당사자에게 부여된 의

무의 정도를 함축적으로 의미한다. 이러한 의무감은 당사자에게는 자신이 행하기를 원하거나 필요하다고 느끼는 것 이상으로 크게 작용할 수 있다.

6. 감내가능가격

6.1 가격의 역할

고객의 관점에서 가격이란 상품을 획득하기 위해 포기하거나 희생한 것이다.[28] 가격에는 객관적 가격(상품의 실제 가격)과 지각된 가격(고객에 의해 인식된 가격)이 있는데 고객들은 상품의 실제 가격을 잘 기억하지 못하는 대신 자신에게 의미있는 방법으로 가격을 인식하는 경향이 있다.

가격에 대한 관심은 음료수와 같이 저가의 상품보다는 내구재와 같은 고가의 상품이나 서비스가 더 큰 것이 일반적이다. 그러나 복잡성, 가격정보 결여, 처리시간과 같은 요인들이 가격에 대한 관심에도 불구하고 정확한 가격 지식의 획득을 방해할 수도 있다. 또한 동일한 상표지만 가게마다 가격이 달리 매겨지는 경우에는 실제의 가격과 지각된 가격 사이의 갭에 영향을 미칠 수 있다.

경우에 따라서는 가격정보가 상품의 품질을 추측하게 할 수도 있다. 일부 고객들이 품질에 대한 판단을 가격에 거의 의존하는 것과 같이 가격과 품질 사이의 관련성에 대해 강한 신념을 가진 고객들이 많이 있다.

품질에 대한 지표로 가격을 사용하는 것은 다음 사항들에 의해 영향을 받게 된다.

① 품질에 대한 여타 판단지표의 이용가능성

② 상품그룹 내 가격변동성

③ 상품그룹 내 상품품질변동성
④ 고객의 가격의식수준
⑤ 상품그룹 내 품질변동성을 감지할 고객의 능력

6.2 무관심지대

일반적으로 가격을 낮추면 판매량이 증가하고, 반대로 가격을 높이면 판매량이 줄어드는 것이 보통이다. 하지만 시장점유율을 늘리기 위해 기업이 가격을 변화시킴에도 불구하고 판매량이 변화하지 않는 가격구간이 있다.

참고로 미국의 은행들은 이자율 수준과 관련된 잠재적 시장규모 및 수익 영향을 매우 구체적으로 계량화하기 위해 금융상품별로 고객의 이자율 수요탄력성 분석을 실시해 왔다. 이러한 분석결과 각 상품의 평균 마진(margin) 가격 근처에 금융상품 판매량이 이자율 변화에 반응하지 않는 '무관심지대'가 있음을 발견했다. 무관심지대 밖에서는 이자율 변화에 대응하여 수요가 급격히 늘어나거나 줄어들었다. 하지만 무관심지대에서 이자

그림 6-2 ∎ 무관심지대

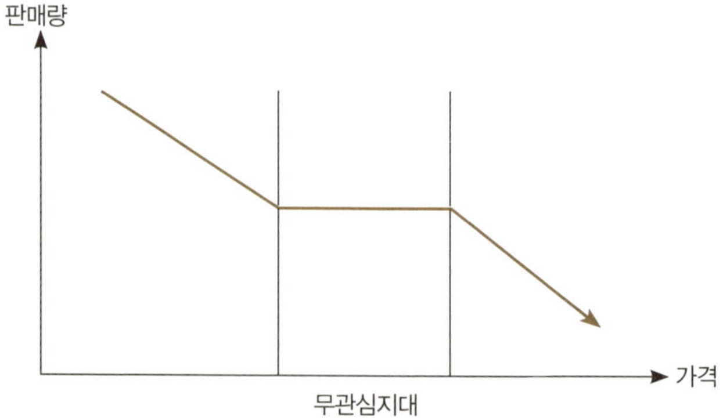

율을 낮춘 은행은 예금 증대도 없이 수익만 줄어들었다.

이와 같은 현상들에 대해 그동안 독일과 미국의 학계에서 2가지 견해가 제시되었다.[29)]

독일의 경영학계에서는 특정 제품의 가격이 경쟁제품들의 평균가격과의 차이가 적은 수준이면 그러한 가격차이로 인한 판매량이나 시장점유율의 변화는 상대적으로 적게 영향을 받지만 가격차이가 어느 선을 넘으면 판매량이나 시장점유율이 상대적으로 크게 영향을 받는다고 한다. 그리고 특정 제품이 경쟁제품들의 평균가격과의 가격 차이에도 불구하고 판매량(또는 시장점유율)의 변화가 없는 가격차이 구간이 존재할 수 있는데 이 구간을 '독점영역'이라고 하였다. 독점영역이 존재하는 이유는 ① 경쟁제품과의 수용가능한 가격차이, ② 상표충성도, ③ 현재의 제품 대신 다른 제품을 구입할 경우 부담해야 할 교체비용 때문이라고 한다.

한편 미국 마케팅학계에서는 현재의 가격을 인상/인하하더라도 가격탄력성이 1 이하인 비탄력적인 구간을 '가격수용범위'(latitude of price acceptance)라고 하며, 이 범위 내에서의 가격변동은 판매에 의미있는 영향을 주지 않는다고 하였다.

가격수용범위에 영향을 주는 요인으로는 준거가격의 수준, 구매빈도, 상표충성도 등이 있으며, 고려하는 상품의 수가 증가할수록 가격수용범위의 폭이 줄어든다고 한다. 이와 같은 가격수용범위의 존재에 대한 이론적 근거로 '동화–대조이론'과 'Weber의 법칙'이 제시되었다.

동화–대조이론에서는, 개인은 기존의 심리적 판단척도에 근거하여 새로 유입되는 자극을 평가하는데 새로운 자극과 심리적 판단척도의 차이가 적으면 새로운 자극을 기존의 판단척도와 유사하다고 지각적으로 '동화'시키지만 그 차이가 크면 실제보다도 더 크게 '대조'시키려는 습성을 갖고 있다는 것이다. 준거가격과 비슷하다고 판단되는 가격이라면 고객은 구매량을 변화시키지 않게 되는데, 이렇게 공급자가 가격을 인상/인하하더라도 판매량이 의미있는 수준으로 변화하지 않는 가격범위를 가격수용범위라고 한다.

한편 심리학의 지각이론에서는 모든 인간의 감각 과정은 어떤 자극에 대해 반응할 수 있는 반응의 상한과 하한이 존재한다고 제시하였는데, 이때 2개의 자극이 지각적으로 구분될 수 있는 최소한의 자극변화량을 차이식역(differential threshold)이라고 한다.

Weber의 법칙에 의하면, 이러한 차이식역은 초기자극의 절대적 강도에 따라 비례하게 된다. 즉, 초기자극의 강도가 클수록 차이식역에 도달하기 위해 필요한 추가적인 자극의 변화치는 커진다는 것이다. 이러한 주장에 따르면 현재 상품의 가격이 높을수록 차이를 느낄 수 있는 가격의 차이가 커질 것이고 가격수용범위도 넓어진다고 한다. 예를 들면, 100만 원짜리 상품에서 가격을 1만 원 인상할 때 고객이 느끼는 정도와 10만 원짜리 상품에서 가격을 1만 원 인상할 때 고객이 느끼는 정도가 다르다는 것이다.

6.3 감내가능가격

제품이나 서비스의 가치가 지불한 가격보다 클 경우 고객은 만족을 느끼게 된다.[02] 고객이 거래를 통해 만족을 느끼면서 제품이나 서비스의 가치에 대한 대가로 지출을 수용할 수 있는 가격을 '감내가능가격'이라고 한다. 감내가능가격은 소비자잉여와 밀접히 연관되므로 소비자잉여에 따른 고객만족이 커질수록 감내가능가격도 높아질 것이다.

고객만족이 높아질 경우 수요의 가격탄력성이 축소되어 감내가능가격도

02 제품/서비스의 가치를 V라고 하고, 가격과 원가를 각각 P와 C라고 한다면, V > P인 경우 소비자는 자신이 지불하는 가격보다 더 큰 가치를 느끼게 되어 그것을 계속 구입하게 된다. 이때 V−P는 소비자혜택이라고 한다. 그리고 P > C인 경우 판매가격이 생산원가보다 크게 되므로 이익이 발생하고 P−C는 공급자 혜택이 된다. 따라서 V > P > C가 성립되어야 기업이 생존할 수 있다는 원리를 서울대 윤석철 교수는 '기업의 생존부등식'이라고 하였다.

높아질 수 있다. 그리고 경제여건이 개선될 경우에도 고객의 씀씀이가 커지게 되어 감내가능가격 수준이 상승하는 경향이 있다. 그러나 경쟁이 치열한 품목에서는 고객만족이 높게 나타나더라도 다른 대안 제품의 품질이 더 매력적이라면 감내가능가격 수준이 낮아질 수 있다.

산업 내 경쟁이 증가할 경우 기업은 고객을 유인하고 계속 단골로 유지하기 위해 경쟁할 것이므로 고객만족을 높이기 위한 목적으로 보다 많은 편익들을 제공할 것이다. 이와 같은 경쟁의 증가는 기업의 의도와는 달리 고객의 감내가능가격을 하락시킬 수 있다. 반면 기업 간 경쟁이 약한 경우에는 다른 선택의 여지가 없거나 다른 제품을 선택함에 따라 추가 소요되는 비용으로 인해 감내가능가격이 높아질 수 있다.

참고로 금융회사가 제시하는 일부 금융상품의 경우에는 최종적인 운용성과가 금융시장의 상황변동 등으로 금융기관의 통제범위를 벗어나는 요인에 의해 영향을 받게 되므로 고객들에게 금융상품의 잠재적 위험과 수익에 대해 정확히 안내함으로써 고객들이 금융거래에 따른 위험과 수익의 감내가능한 범위를 적절히 설정해 놓도록 하는 것이 바람직하다. 그렇지 않을 경우 위험과 수익에서 적은 변동이 발생하더라도 고객이 수용할 수 없는 불만들이 발생할 수 있기 때문이다. 그러므로 고객들이 이해할 수 있다면 불확실성이 높을 경우 고객이 예상하는 위험과 수익의 변동폭은 커질 것이고, 금융상품에 대해 고객이 갖게 되는 예상 성과는 특정한 수치(예 : 10%)보다는 범위(예 : 7~13%)로 형성될 것이다. 이 경우 위험과 수익의 변화에 대해 고객들이 감내할 수 있는 폭이 커지게 되어 불만의 발생이 줄어들게 될 것이다.

한편 고객이 상품이나 서비스에 대해 지출하고자 하는 최대금액을 지출의지(WTP : willingness to pay)라고 한다. 고객이 예상하는 수준 이상으로 기업이 성과를 달성할 경우 고객은 만족하게 되고, 이는 상품이나 서비스에 대해 고객이 비용을 지출하고자 하는 의지에 영향을 미치게 된다. 대체로 만족한 고객은 보다 높은 가격이라도 지불하려는 경향이 있으므로 기업의 수익성에 유리한 영향을 미치게 된다.

지출의지와 고객만족 간 관계는 사회적 교환의 공정성에 초점을 두는 공평성이론(equity theory)으로 설명할 수 있다.[30] 공평성이론은 교환에의 참여자는 투입에 대한 성과의 비율이 어느 정도 공정하면(분배의 정의) 공평하게 다뤄졌다고 인지한다고 주장한다. 만약 유리하거나 불리하게 발생한 불공평성은 둘 다 부정적인 감정상태를 발생시킴으로써 사람들이 공평성을 재구축하기 위해 교환의 변수들을 수정하게 한다. 예를 들어, 기업이 행한 조치(가격이나 서비스품질 조정 등)에 대응하여 고객들은 자신이 통제할 수 있는 조치(예 : 구매빈도)들을 조정함으로써 지출의 공평성을 유지하려고 노력한다는 것이다. 그리고 고객들이 제고된 만족상태를 경험하게 되면 교환에 따른 성과가 성공적이라고 지각하게 되므로 더 많이 지출하려고 하며, 이로 인해 투입 대비 산출의 비율이 공평한 수준으로 수렴하게 되므로 공평성이 유지된다고 한다.

7. 고객유지전략과 방법

7.1 고객유지전략

치열해지고 있는 시장경쟁 환경에서 생존하고 승리하기 위해서는 효과적인 고객유지전략의 개발이 우선되어야 한다. 고객과 장기적인 거래관계를 유지하려면 기업들이 단기적인 거래중심의 목표를 장기적인 관계중심의 목표로 전환해야 한다. 고객유지를 목적으로 하는 장기적인 관계중심의 전략 수립에는 고객과의 관계를 더욱 확고하게 하는 마케팅 개념을 도입해야 한다. 지속적으로 경쟁우위가 있는 고객가치도 제공하여야 한다.

고객과 거래관계를 오랫동안 유지시켜 나갈 수 있다면 제품수명주기(product life cycle)와 같이 고객도 기업이 관리를 시도할 수 있는 고객수명주기(customer life cycle)가 있을 수 있다. 기업이 고객을 확보하는 단계, 거래관계를 유지하는 단계 및 시간경과에 따라 고객의 기여가치를 증대시키는 단계로 구분할 수 있다. 이러한 고객관리가 성공할 경우 고객을 예비고객(prospect) 및 첫 거래 손님의 단계에서 주요 고객이나 궁극적으로는 충성스런 고객의 단계로 가치수준을 높일 수 있다.

고객유지의 첫 번째 과제는, 자신의 고객을 잘 아는 것이다. 고객이 누구고, 얼마나 지출하는지를 알아야 한다. 두 번째 과제는, 고객의 장기 가치를 아는 것이다. 즉 고객이 평생 동안 자신의 제품을 얼마나 구입해줄 것인지를 알아야 한다. 고객이 평생 동안 거래관계를 유지할 경우 기업에 기여하게 되는 가치를 고객평생가치(CLTV : Customer Life Time Value)라고 하는데, 이는 고객이 평생 동안 기여할 것으로 예상되는 매출액을 이용하여 미래의 현금흐름을 추정한 후 다시 이를 현재가치로 할인해서 측정한다. 이를 측정하기 위해서는 수익 마진, 고객유지율, 할인율 및 시간과 같은 변수들이 필요하다. 고객의 평생가치가 클수록 해당 고객을 유지하기 위해 지출해야 하는 비용도 크게 책정해야 한다.

고객유지율을 제고하기 위해서는 고객과 관련하여 다음 사항들을 유의하여 관리할 필요가 있다.[31)]

① 고객이 기대하는 것이 무엇인가?

② 고객의 기대에 부응하기 위해 어떠한 조치를 취할 수 있는가?

③ 기존고객과 관계를 강화할 수 있는 기회는 무엇인가?

④ 더 나은 혜택을 주어야 할 가치가 있는 고객이 누구인가? 그리고 어떠한 혜택에 그들이 반응할 것인가?

⑤ 고객과의 상호작용이 고객만족과 고객충성도에 어떤 영향을 미칠 것인가?

⑥ 고객과의 상호작용이 어떻게 개선될 수 있는가?

⑦ 고객이 보다 높은 충성도를 갖도록 하기 위해서는 어떤 전략이 필요한가?

한편, 고객유지전략의 개발에서 사용할 수 있는 수단으로는 시장세분화와 고객가치 제공이 있다.[32] 첫째, 시장세분화의 경우 마케팅 담당자들은 모든 고객들이 동일하지 않다는 점을 인식해야 한다. 일부 고객들은 여타 고객들에 비해 명확하게 훨씬 중요하다. 이들은 A급 고객으로 거액 구매자이다. 이러한 고객계층에 대해서는 자원 투자, 전담 판매직원 배치 등을 통한 특별한 관심의 표시가 필요하다. 핵심적인 수익관리는 A급 고객계층에 대해 행해져야 하고, 개인별 마케팅 프로그램도 이들 고객들에 대해 마련되어야 한다. B급 고객 또는 중간층 구매자들은 기업 수익의 핵심 기반을 형성하기도 한다. 이들 고객을 유지하고 증대시키기 위한 전략들도 별도로 마련되어야 한다. C급 고객 또는 소액 구매자들은 전화 콜센터나 웹사이트와 같은 비용 효율적인 프로그램을 통해 서비스를 제공하도록 한다. 둘째, 고객가치 제공은 그 내용에 대한 정의가 아직 명확하게 정해져 있지 않지만 실무적으로 가격과 품질 이외에 전문화된 지식이나 시간 절약과 같은 지각된 이미지, 혁신성 및 무형의 제안들뿐만 아니라 다양한 서비스 차원들을 포함하여야 한다.

고객유지를 성공적으로 수행하기 위해 Reichheld(1996)[33]는 다음과 같은 전략들을 조합해서 활용해야 한다고 제시하였다.

- 고객유지에 대한 구체적인 정의 : 이는 제품, 산업, 고객이라는 영업의 맥락에서 고려되어야 한다. 고객은 은행의 계좌번호나 보험계약 번호와 다르며, 다른 식당에서 식사한다고 해서 고객이탈로 판단할 필요가 없다.
- 고객 규모가 아닌 '적정한' 고객을 획득하는 관점에서 고객충성 평가 : MBNA라는 신용카드회사는 고객들을 유사그룹으로 구분하여 신용카드를 출시한 후, 다음 단계로 각 그룹 내에서 수익성 있는 개인들을 추

출해내는 기법을 개발하였다.

- 유통채널의 변경 : 보험회사인 State Farm사는 개별 대리점보다는 독점적으로 자사의 보험 상품을 판매하는 대리점들과 특별한 마케팅 파트너십을 구축하였다.
- 창의적인 여과과정을 거쳐 고객의 역선택(adverse selection)을 최소화 : Progressive Insurance사는 보험대리점들에게 가급적 교통이 혼잡한 소매상 지역이 아닌 외딴 지역의 사무용 빌딩에 점포를 마련하도록 하였는데, 이는 충동적으로 구매하는 경향이 있는 젊은 모터사이클 운전자들을 회피하기 위한 것이었다.
- 신규고객 확보뿐만 아니라 고객유지에 대해서도 보상 : Great-West 생명보험회사의 경우 고객유지 목표를 달성한 단체건강보험 중개인에게 50%의 수수료를 지급했다.
- 고객들에게 계속 거래에 대한 혜택 제공 : 사무용품 슈퍼마켓인 Staples사는 고객의 구매 패턴을 추적하여 선택된 소수의 반복구매 고객들에게 할인쿠폰을 제공하였다.
- 가장 가치있는 고객들을 유치하기 위한 특별한 프로그램 마련 : 이들 고객들에게는 기본적으로 세심하게 차별화된 관심을 보여준다.

7.2 고객유지를 위한 구체적인 방법

고객과 거래관계를 계속 유지하기 위해서는 거래 시작단계에서부터 좋은 이미지를 심어주어야 할 뿐만 아니라 매번의 거래에서도 고객이 계속 거래하고 싶은 감동을 주어야 한다. 이를 위해서는 기업이 고객과 접촉하는 모든 측면에서 고객을 위해 세심한 배려를 하고 있음을 적극적으로 보여줄 수 있어야 한다. 다음은 고객유지를 위해 사용할 수 있는 방법들이다.[34)]

① 높은 가치의 고품질 제품을 전달해야 함 : 고객은 제품이 전달되는 방법으로 기업에 대해 단정적인 판단을 하는 경향이 있다. 만약 제품이 찢겨진 포장지로 전달되든지, 박스의 글자가 읽기 어렵다든지, 제품이 엉성하게 포장되어 있든지 하게 되면, 고객은 그와 같은 모습으로 기업에 대한 이미지를 갖게 된다.

② 개별적인 모든 고객접촉을 중시해야 함 : 고객이 기억하게 되는 첫 번째 인상을 좋게 해야 한다. 긍정적인 첫 번째 경험은 충성스런 고객을 확보하는 데 최선의 방법이다. 부정적인 경험으로 뒤돌아선 고객을 다시 돌아오게 하기는 아주 어려울 것이다.

고객은 반드시 사람만을 통해서 기업과 접촉하는 것은 아니다. 주문서 양식도 고객이 기업에 대해 이미지를 갖게 되는 접촉이 된다. 주문서는 많은 경우 기업과 고객의 첫 번째 상호작용 과정이지만 대체로 마지막 과정으로 생각하는 경향이 있다. 우리는 평상시 멋진 인쇄물, 대단한 사진 촬영, 정교하게 계산된 업무마감을 생각하지만, 현실적으로는 주문서를 작성할 때 쏜살같이 삽시간에 만들어버리는 경우가 많다. 그리고는 "부가가치세를 추가합니다"라고 적어놓고 고객이 그 의미를 이해할 거라고 기대한다. 아울러 글씨도 읽기 어려울 정도로 작게 인쇄해서 품목 번호가 무엇인지 알기 힘들게 해서는 안 되며, 엉뚱한 크기로 만들어서 반송 봉투를 넣는 것이 대형 종이 지도를 접는 것보다 괴롭게 해서는 곤란하다.

③ 고객을 알아야 함 : 마케팅 데이터베이스를 구축한 후 자료를 분류해서 어느 고객들이 자신의 기업에서 구매하는지와 얼마만큼 구매하는지를 알 수 있어야 한다. 기업은 수익성과 잠재력에 따라 고객을 평가할 수 있어야 한다. 최고의 고객을 판단하는 데 있어 적정한 평가기준을 사용하고 있는지도 확인해야 하며, 단지 거액 구매자에게만 신경을 써서는 올바른 전략을 수행하기 곤란하다. 은행은 고객들을 심사하면서 많은 잔고가 있는 고객을 최고의 고객으로 판단한다. 이

들 은행은 적은 잔고를 가진 고객들이 여러 가지 은행서비스를 이용하고 있기 때문에 수수료 수입을 통해 많은 기여를 하고 있는 점을 간과하고 있는데, 이러한 고객이야말로 가장 수익성 높은 고객일 수 있다.

④ 고객의 문제를 알아야 함 : 만약 수년 동안 계속 거래해 온 특정 고객이 갑자기 구입규모를 크게 축소시켰다면 이러한 상황이 해당 고객과 면담해야 할 시기라는 점을 알려줄 데이터베이스시스템이 있어야 한다. 이때 기업은 해당 고객에게 낮은 가격이나 높은 할인율, 무이자 혜택 등을 제공함으로써 다시 구매를 늘리도록 특별한 제안을 해야 한다. 아울러 해당 고객에게 "귀하를 고객으로 계속 모시고 싶습니다. 혹시 저희가 잘못해드린 것은 없는지요?"와 같은 편지를 보낼 수도 있을 것이다.

⑤ 자신의 기업이 고객의 관심에서 최우선 순위에 있도록 함 : 고객 그룹별로 구매하는 규모에 따라 고객관계 프로그램을 구축한다. 그리고 마케팅 빈도를 고객의 지출규모 및 전반적인 수익잠재력과 연계시키도록 한다. 여타 고객에 비해 수익성이 없는 고객들에 대해서는 1년에 2회나 3회 정도의 관계 마케팅 프로그램을 만들고, 높은 수익성이 예상되는 고객들에 대해서는 관계 지속을 위해 매월 편지를 보내는 방법을 강구할 수 있다. 고객에게 부가가치 서비스를 제공해야 하고, 고객별로 대접해줘야 하는 방법과 고객 자신들이 대접받아야 한다고 희망하는 방법으로 고객을 대접할 줄 알아야 한다.

⑥ 자신의 제품/서비스 믹스를 수정함 : 고객들에게 자신의 기업과 거래해야 하는 확실한 제안과 이유를 제공한다. 관례에 얽매이지 말아야 한다. 만약 카탈로그가 일정기간 동안 변하지 않고 있다면 고객이 관심을 갖도록 제품 믹스를 변경해야 한다. 그렇지 않으면 고객들이 카탈로그를 보면서 "지난 번 것과 같아, 옛날 것과 똑같네"라고 하면서 옆으로 던져놓고선 쳐다보지도 않을 것이다.

⑦ 마케팅 프로그램에서 낭비를 줄여야 함 : 마케팅 방식을 개선하고 마케팅 프로그램을 항상 최상의 상태로 유지한다. 이는 점검, 반복 점검하고 또다시 점검하라는 의미이다. 만약 어느 고객 그룹에게 1년에 10번의 우편을 보냈지만 반응이 적다면 우편횟수를 줄이거나 다른 고객 그룹에게 우편횟수를 늘려 반응의 변화를 측정함으로써 마케팅 프로그램의 문제점을 점검해 볼 수 있다.

⑧ 탁월한 고객 서비스를 제공함 : 고객 서비스는 어떠한 고객유지 프로그램에서도 가장 중요한 요소 중 하나이다. 고객이 제기하는 불만이 어떻게 관리되는가? 고객으로서는 주문한 제품이 최고의 품질이길 바란다. 항상 제품이 100% 완벽하다고 기대할 수는 없으므로 가끔 문제가 발생할 수도 있으나 고객으로서는 그러한 때 존중을 받으면서 직원들이 최우선 순위로 문제를 해결해 주기 바란다. 고객 서비스와 관련하여 갖게 되는 경험들이 기업에 대한 이미지 형성에 매우 중요하다.

어떤 고객들은 문제가 있는 제품에 대해 아주 흡족한 고객 서비스를 받은 후 오히려 오랫동안 충성스런 고객이 된 경우도 있다. 미국의 Coldwater사의 경우 고객이 전화를 하면 자동응답기가 아닌 실제 직원이 응대를 하며, 만약 고객 주문에 대해 실수를 하거나 고객이 만족하지 못하는 경우에는 회사가 고객에게 아름다운 꽃바구니를 보냄으로써 이를 만회하려는 정책을 사용한다. 여기에는 텔레마케터가 고객이 제기한 문제를 해결할 수 있도록 훈련되어 있어야 하며 고객이 어느 것에 관심을 가지고 있는지 결정할 수 있는 권한도 있어야 하는 것이 필수적이다.

⑨ 고객유지 프로그램을 인간적인 유대가 있도록 만듦 : 고객과의 관계가 기업 대 개인(company-to-person)이 아닌 개인 대 개인(person-to-person)으로 형성된다는 점을 명심해야 한다. 미국의 한 회사 카탈로그에서는 내용 전체를 직원의 가족과 애완동물에 대한

이야기로 게재함으로써 고객을 직원의 일상생활에 끌어들이는 한편 가족구성원과 같은 느낌이 들도록 하였다. 한나 안데르손(Hannah Andersson)사의 경우에는 어린이용 고급 면제품 의류를 판매하는데 구입고객의 자녀가 성장하여 안데르손사 옷을 못 입게 되는 경우 옷을 반납하면 다른 옷을 구입할 때 할인혜택을 제공한다. 그리고 반납된 옷은 필요한 어린이에게 기부한다. 이와 같은 정책을 통해 고객들은 구입하는 의복의 가치뿐만 아니라 경제적으로 자신보다 못한 다른 사람들을 위해 뭔가 할 수 있다는 자부심을 느끼게 된다.

⑩ 고객유지 체계를 구축하기 위해 파트너십을 활용함 : 파트너십은 고객을 위한 가치를 구축하게 한다. 예를 들어 시티뱅크(카드)와 아메리칸에어라인사가 항공마일리지 제공에 대한 파트너십을 구축함으로써 두 회사 모두가 고객충성과 유지율을 높일 수 있었다. 파트너십이 늘어나 호텔과 렌터카 등이 추가될수록 사람들이 더욱더 카드를 사용하는 습관에 접어들게 되고 참여한 파트너들에 대한 의존도도 높아지게 되었다.

⑪ 예상치 못한 서비스를 제공함 : 오늘날 고객들은 불행히도 잘 대우해주면 대부분 놀라게 된다. 고객들은 무시되고 잘못 대우받을 것으로 예상한다. 만약 가전제품회사의 사장이 직접 고객에게 애프터서비스가 마음에 들었는지, 개선해야 할 서비스는 없는지를 물어본다면 해당 고객은 놀랄 뿐만 아니라 매우 기쁘게 생각할 것이다. 대형 회사에서 개별 고객을 인식해준다면 훨씬 더 놀랍고도 효과적일 것이다. 이와 같은 방법은 효과적으로 고객유지전략을 실행하는 사례가 된다.

⑫ 개인별 맞춤식 제안을 최대화하기 위해 고객 데이터베이스를 이용함 : 어떠한 사람이 제품을 어떻게 구매하는지 알게 되면 그들의 구매습관에 맞춰 거래조건을 제안할 수 있을 것이다. 만약 특정 고객이 일회성으로 구매하는 것이 아니라 반복적으로 자주 구매하는 충성고객인 경우에는 20% 가격할인이나 무료배송 혜택의 제공을 적극 고

려해 볼 필요가 있다.

⑬ 판촉활동의 시기와 빈도를 점검함 : 고객 데이터베이스를 이용하여 고객별로 독특한 판매방식을 도입하도록 한다. 가능한 모든 정보를 활용하여 1 대 1 고객관계를 구축한다. 제품을 재구매하는 경우에는 축적된 정보를 활용하여 주문담당자도 전화로 “지난번 구입제품과 같은 것을 주문하실 건가요?”라고 응답할 수 있도록 하여야 한다. 이러한 응대의 경우 고객으로 하여금 거래 기업이 자신을 중요하게 인식하고 있음을 알게 함으로써 거래관계를 유지하는 데 기여할 수 있다.

⑭ 온라인 마케팅을 활용함 : 웹사이트를 활용한 판매의 경우 주문을 신속하고도 저렴한 비용으로 처리할 수 있다. 인터넷에서의 매장은 24시간 전 세계를 대상으로 열려 있고 항상 고객과 상호작용이 가능하다. 고객들은 언제라도 정보를 수집할 수 있고 훨씬 현명하게 구매할 수 있다.

참 | 고 | 문 | 헌

1) Drucker, P. F.(1973), *Management: Tasks, Responsibilities, Practices*, Harper & Row, New York.

2) Dawkins, P. M. and F. F. Reichheld(1990), "Customer Retention as A Competitive Weapon", *Directors & Board, Summer*, 42–47.

3) Lindgreen, A., R. Davis, R. J. Brodie and M. Buchanan–Oliver(2000), "Pluralism in Contemporary Marketing Practices", *International Journal of Bank Marketing*, 18(6), 294–308.

4) Weinstein, Art(2002), "Customer Specific Strategics–Customer Retention: A Usage Segmentation and Customer Value Approach", *Journal of Targeting, Measurement and Analysis for Marketing*, 10(3), 259–268.

5) Kotler, P.(2000), *Marketing Management: Analysis, Planning, Implementation*, and Control, 10th ed., Prentice–Hall, Englewood Cliffs, NJ.

6) Keavency, S. M.(1995), "Customer Switching Behavior in Services Industries: An Exploratory Study", *Journal of Marketing*, 59(April), 71–82.

7) Reichheld, Frederick F.(1996), *The Loyalty Effect*, Boston, MA, Harvard Business School Press.

8) Geller, Lois(1997), "Customer Retention Begins with the Basics" , *Direct Marketing*, 60(5), 58–62.

9) Reichheld(1996), *op. cit.*

10) Eisingerich, Andreas B., and Simon J. Bell(2006), "Relationship Marketing in the Financial Services Industry: The Importance, Participation and Problem Management for Customer Loyalty," *Journal of Financial Services Marketing*, 10, 86–97.

11) BAI and Cambridge Group(2001), "Competing on Supply, Winning on Demand"

12) Dean, W. and P. Thompson(1995), "The Varieties of Risk", *Working Paper, University of Alberta*, Canada.
13) Cox, Anthony D., Dena Cox, & Gregory Zimet(2006), "Understanding Consumer Responses to Product Risk Information", *Journal of Marketing*, 70, 79–91.
14) Kahneman, D., and A. Tversky(1979), "Prospect Theory: An Analysis of Decision under Risk," *Econometrica*, 47(2), 263–291.
15) Dean, Alison M.(2007), "The Impact of Customer Orientation of Call Center Employees on Customers' Affective Commitment and Loyalty", *Journal of Service Research*, 10(2), pp.161–173.
16) Iniesta, M. A.(2000), "Commitment in Consume–Retailer Relationships", unpublished doctoral dissertation, University of Almeria, Almeria.
17) Meyer, J. P., Herscovitch L.(2001), "Commitment in the Workplace: Toward A General Mode", *Human Resource Management Review*, 11(3), 1053–4822.
18) Dwyer, F. R., Schurr P. H., Oh S.(1987), "Developing Buyer–Seller Relationships", *Journal of marketing*, 51(2), 11–27.
19) Gruen, Thomas W., John O. Summers and Frank Acito(2000), "Relationship Marketing Activities, Commitment, and Membership Behaviors in Professional Associations", *Journal of Marketing*, 64(3), 34–49.
20) Meyer, John. P. and Natalie. J. Allen(1997), *Commitment in the Workplace: Theory, Research, and Application*, Thousand Oaks, CA: Sage.
21) Meyer와 Allen(1977), *op. cit.*
22) Bendapudi, Neeli and L. L. Berry(1997), "Customers' Motivations for Maintaining Relationships with Service Providers", *Journal of Retailing*, 73(1), 15~37.
23) Iniesta(2000), *op. cit.*
24) Sanchez, Manuel and M. Angeles Iniesta(2004), "The Structure of Commitment in Consumer–Retailer Relationships : Conceptualization and Measurement", *International Journal of Service Industry*

Management, 15(3/4), pp.230-249.

25) Sheth, J. N. and Parvatiyar A.(1995), "The Evolution of Relationship Marketing", *International Business Review*, 4(4), 397-419

26) Crosby, L. A. and J. R. Taylor(1983), "Psychological Commitment and Its Effects on Post-decision Evaluation and Preference Stability among Voters", *Journal of Consumer Research*, 9(4), 413-431.

27) Grönroos, Christian(1990), "Relationship Approach to Marketing in Service Contexts: The Marketing and Organizational Behaviour Interface", *Journal of Business Research*, 20(1), 3-11.

28) Zeithaml, Valarie A.(1988), "Customer Perception of Price, Quality and Value: A Means-End Model and Synthesis of Evidence," *Journal of Marketing*, 52(July), 2-22.

29) 곽영식 · 홍재원 · 백지원(2001), "상표별 고려상표군 크기에 따른 가격수용범위 차이 측정", 한국마케팅저널, 3(3), 25-45.

30) Oliver, Richard L. and John E. Swan(1989), "Consumer Perceptions of Interpersonal Equity and Satisfaction in Transactions: A Field Survey Approach," *Journal of Marketing*, 53(April), 21-35.

31) Ginn, John, Merlin Stone and Yuksel Ekinci(2010), "Customer Retention Management in the Recession", *Journal of Direct, Data and Digital Marketing Practice*, 12, 115-127.

32) Weinstein, Art(2002), "Customer Specific Strategics-Customer Retention: A Usage Segmentation and Customer Value Approach", *Journal of Targeting, Measurement and Analysis for Marketing*, 10(3), 259-268.

33) Reichheld, Frederick F.(1996), *op. cit.*

34) Geller(1997), *op. cit.*

고객지향성과 내부마케팅

CHAPTER • 07

1. 고객지향성(Customer Orientation)
2. 내부마케팅(Internal Marketing)

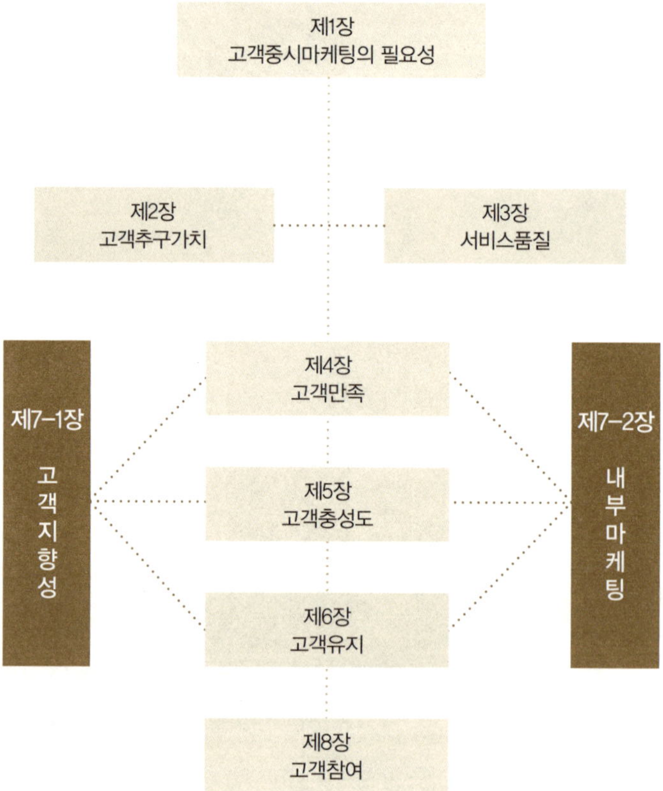
제1장
고객중시마케팅의 필요성
제2장
고객추구가치
제3장
서비스품질
제4장
고객만족
제5장
고객충성도
제6장
고객유지
제8장
고객참여
제7-1장
고객지향성
제7-2장
내부마케팅

1. 고객지향성(Customer Orientation)

1.1 고객지향성의 정의

기업이 성공하기 위해서는 고객의 필요와 욕구를 시의적절하게 충족시킬 수 있어야 하므로 고객지향적인 영업문화를 가지고 있어야 한다. 마케팅 개념이 도입된 1950년대 이후 고객지향성은 마케팅관리 분야의 이론과 실무에 있어 이정표로 인식되어 왔다. 이러한 인식의 형성은 대부분의 고객지향적인 기업이 고객의 검증하는 수요를 학습에 의해 예측하여 경쟁자들보다 우월한 가치를 제공함으로써 보다 큰 고객만족을 지속적으로 거둘 경우 탁월한 성과를 낼 것이라는 예측을 바탕으로 실증분석한 결과에 따른 것이다.

이러한 인식을 바탕으로 고객지향성은 우월한 고객가치 창출과 고객만족 획득을 위한 조직 학습의 기초이념이 되고 있다. 이와 같이 고객지향적인 기업이 되면 보다 우월한 고객성과를 거둘 수 있는 마케팅 전략을 수립하고 실행하는 데 필요한 정보를 올바로 획득하고 소화할 수 있게 될 것이다.

사례

스타벅스의 가치 슬로건 중의 하나는 '고객친밀'이다. 스타벅스의 북미판매센터 수석부사장인 Jim Alling에 따르면 '고객친밀은 고객을 인식하고, 고객이 원하는 음료수를 알거나 그러한 음료수를 고객이 좋아하는 대로 상품화하는 것과 같이 단순한 것일 수 있다'고 한다. "당신의 취향대로 드세요"가 고객지향적 서비스전략의 핵심이다. Hartline 등(2000)[1]은 고객지향적 기업이 뛰어난 서비스품질을 제공하고 고객의 만족을 창출할 가능성이 보다 높다는 것이 널리 받아들여지고 있다고 한다. 일반적으로 고객지향성은 서비스분야에서 더 큰 고객만족을 불러일으키며, 보다 높은 고객충성도를 획득한다고 한다.

자료 : Macintosh, Gerrard(2007), "Customer Orientation, Relationship Quality, and Relational Benefits to The Firm", *Journal of Service Marketing*, 21(3), pp.150–159.

특히 서비스를 제공하는 기업이 시장에서 성공할 수 있느냐의 여부는 일선 종업원과 고객 사이의 상호작용에 의해 크게 영향을 받게 된다. 이러한 이유 때문에 고객만족을 획득하는 데 있어 서비스담당 종업원들의 고객지향성이 갖는 역할에 대해 많은 관심이 있어 왔다. 이와 같이 고객지향적인 일선 종업원의 가치가 서비스제공 기업의 임원과 관리자들에 의해 점차 높게 인식되고 있는 반면에 이들 종업원들의 고객지향성이 형성되는 과정에 대해서는 관심이 크지 않은 편이다. 따라서 고객지향성의 가치가 조직 내에 어떻게 파급되고, 고객지향성이 일선 종업원에게서 고객에게 어떻게 전달되는지를 파악하는 것도 매우 중요하다.

기업의 활동이 고객을 지향하도록 하는 것의 중요성은 이미 오래전부터 알려져 왔다. 하지만 많은 마케팅 이론가들은 Drucker(1954)[2)]가 전문화된 기능인 마케팅부서뿐만 아니라 모든 조직이 고객에 초점을 맞춰야 한다고 제시하였기 때문에 그를 고객지향성 연구의 선구자로 여긴다.

고객지향성에 대해 기업 차원과 개인 차원에서 다음과 같이 접근해 볼 수 있다.

1) 기업 차원

Parasuraman(1987)[3)]에 따르면 서비스마케팅 논의의 초기단계에서부터 고객지향성을 가진 조직의 중요성에 대해 상당한 논의가 있었다고 한다. 하지만 고객지향적이 되는 것이 서비스조직에 무엇을 의미하는지와 그것을 이미 구축된 서비스마케팅 패러다임에 어떻게 활용하는지에 대한 명확한 이해 부족으로 인해 고객마케팅에 대한 연구가 활발하지는 못하였다.

기업이 고객지향적이라고 할 경우에는 고객에 관한 시장정보를 기업이 자체적으로 수집하여 내부조직들과 공유하고, 그러한 정보에 따라 대응하는 데 내부조직 전체가 적극적으로 참여하는 것을 의미한다. 그리고 고객지향성이라는 용어는 마케팅전략을 수립하고 실행하는 데 있어 핵심으로서 고객을 강조하는 조직문화로 설명된다. 또한 고객지향적 조직문화는 고객중심의 문화가 기업 전반적으로 퍼져서 종업원들이 고객지향적인 행동을 일관성 있게 나타내고, 고객들은 이러한 조직문화에 익숙해져 있게 된다.

Narver와 Slater(1990)[4]는 고객지향성이란 현재와 미래의 변화까지를 포함한 고객의 가치사슬을 이해하기 위한 것이라고 주장하였다. 고객지향성을 조직문화 차원에서 고려할 경우 "장기적인 조직의 수익을 창출하기 위한 목적으로 소유자, 경영자 및 근로자들의 이해를 배제하지 않으면서 고객의 이해를 최우선에 놓는 신념의 집합(set of beliefs)"이라고 정의할 수 있다.

고객지향적인 판매전략을 수행한다면 단기적인 일부 목적은 달성할 수 없을지 몰라도 궁극적으로는 만족하는 고객들을 확보할 수 있으므로 장기적인 목적을 달성하게 되는 것이다. 즉 고객지향성을 추구하게 되면 기업과 고객이 장기적으로 우호적인 관계를 맺게 되며 이는 양쪽 모두에게 이롭게 된다. 이와 같이 고객지향성의 핵심은 '고객 우선'과 '고객과의 장기적인 관계'를 구축하는 것이다.

2) 개인 차원

기업이 아닌 개인 차원의 고객지향성이란 판매담당자가 개별 고객의 욕구를 충족시키고 고객의 만족도를 높이면서 아무런 심적 부담을 주지 않고 고객들이 구매의사결정을 할 수 있도록 도와주는 것이다.

개별 판매원의 고객지향성은 현대 판매이론의 중심이 되고 있다. 복잡다단해지고 있는 고객의 수요와 이를 충족시키기 위해 경쟁이 치열해지고 있는 영업환경에서 마케팅 분야의 주요 이슈가 되고 있는 것은 고객과의 장기적인 관계에서 가치를 창출하기 위해 고객의 욕구를 정확히 판단하고 만족시키는 것이며, 바로 이것은 고객지향성의 핵심이 된다. 또한 판매원의 고객에 대한 장기적인 지향성, 즉 고객지향성이란 개별 판매원과 고객의 차원에서 마케팅 개념의 실행인 것이다. 이러한 마케팅 개념은 기업과 고객간 거래의 상호작용 과정에서 고객이 지각하는 가치를 창출하기 위해 고객의 욕구와 필요를 판매원이 이해해야 한다는 원리에 기반을 두고 있다.

그런데 높은 수준의 고객지향성은 고객의 장기적 욕구에 대한 높은 수준의 관심을 반영하는 데 반해, 낮은 수준의 고객지향성은 단기적 판매목표의 달성을 위한 이기적 관심을 반영한다. 이때 고객에 대한 판매원의 관심은 일반적으로 높은 수준의 성과를 거두는 데 강한 동기요인이 있으며 이는 판매원 자신의 감정을 투자하는 것이라 할 수 있다.

Donavan 등(2004)[5]은 종업원이 직무수행 과정에서 고객의 욕구를 충족시키려는 성향을 갖고 있다면 고객지향적이라고 여겼다. 이들은 고객지향성을 개인의 기본적인 특성에서 유래하는 성향으로 정의하고, 4개 차원으로 구성된 개념으로 고객지향성을 설명하였다. 즉 ① 고객이 원하는 대로 봉사하고자 하는 개인의 욕구, ② 고객의 욕구를 읽어내려는 개인의 욕구, ③ 개인적 관계를 맺고자 하는 개인의 욕구, ④ 의도한 서비스를 만족스럽게 전달하려는 개인의 욕구가 그것이다. 여기에서 고객이 원하는 대로 종업원이 봉사하려는 욕구는 종업원이 자신의 고객을 특별하다고 느끼도록 만들려는 욕망이라고 하였다.

한편 고객지향성은 학습된 행위로 환경적 요인에 의해 영향을 받을 수 있으며 시간이 흐름에 따라 적응정도도 발전한다고 한다. 조직문화도 종업원의 태도와 행동방법을 형성하는 데 도움을 준다. 예를 들면, 개별 판매원은 조직 및 마케팅 관리활동의 결과로 인해 고객지향적인 분위기에 적응하고, 그 결과 고객지향성도 쉽게 받아들일 수 있는 것이다. 그리고 기업도 이왕이면 보다 고객지향적인 판매원을 채용하려 할 것이다. 이러한 선순환

과정을 통해 기업의 고객지향성과 판매원의 고객지향성이 같이 증가한다고 할 수 있다.

Brown 등(2002)[6]은 전사적(全社的)으로 시장지향적인 기업이 되고자 하는 서비스 기업의 전략에서는 개인 차원의 고객지향성이 핵심 역할을 수행한다고 하였다. 이러한 맥락에서 고객지향성은 고객대면 인력이 고객으로 하여금 고객자신의 욕구를 충족시킬 구매 의사결정을 하도록 도와주기 위해 노력함으로써 현대 마케팅 개념을 실행하는 정도라고 정의되기도 한다.

한편 많은 실증분석 문헌에서는 판매자의 역할이 감소한다고 제시하고 있다. 그 이유는 다양한 셀프서비스 도구들이 이용되면서 전통적인 의미에서의 판매자의 역할은 덜 중요해지고 있고, 따라서 거래과정에서 부가가치를 제공하는 판매자만이 그 자리를 지킬 수 있다는 것이다. 그러나 만약 판매자의 고객지향성이 기업과 고객 사이의 관계를 실제로 조절할 수 있다고 한다면, 이러한 판매자 역할의 제거는 판매성과에 부정적인 영향을 끼칠 수 있을 것이다. 더욱이 판매원은 고객이 목격하는 판매조직의 유일한 대변자가 될 수 있으므로 고객의 욕구를 만족시키기 위한 개별 판매원의 서비스 의식은 판매성과에 결정적인 변수가 될 것이다.

실제로 Swenson과 Herche(1994)[7]는 산업재 판매원에 대한 연구에서 고객지향적인 판매행위가 판매원의 성과에 정(+)의 관계가 있음을 발견했다. 부동산중개인에 대한 연구(Dunlap 등 1988)[8]에서도 경험이 같은 수준인 경우, 뛰어난 성과를 낸 사람들이 낮은 성과를 낸 사람들보다 고객지향적인 것으로 나타났다. 이와 같이 판매자와 그들의 고객지향성의 관계는 여타 조건이 동일하다면 대체로 보다 강한 고객지향성을 가진 판매자가 보다 높은 수준의 판매성과를 거두는 것으로 나타난다. 또한 기업차원의 시장지향성은 최일선에서 기업의 철학을 실천하며 고객에 대한 기업의 외교관 역할을 하는 판매자를 통해 간접적으로 성과에 영향을 미친다고 생각할 수 있다.

그동안의 연구에서 고객지향성은 기업과 개인 차원에서 모두 성과에 긍정적인 영향을 미친 것으로 나타나고 있다. 이와 관련하여 2가지 질문이 제기된다. 그 하나는 "기업 차원에서의 고객지향성이 직접적으로 판매자 개인의 성과에 영향을 미치는가?"이고, 다른 하나는 "고객지향성이 기업의 판매력에 영향을 미침으로써 간접적으로 일선 판매자의 성과를 향상시키는가?"이다.

1.2 시장지향성과 고객지향성 및 서비스지향성

1) 시장지향성

거의 50여 년간 시장지향성은 기본적인 조직 현상으로 여겨졌다. 시장지향성은 일찍이 1920년대부터 문헌에서 나타난다. 1950년대 들어 시장지향성은 기업차원에서 마케팅 개념을 실천할 수 있도록 구체화한 것으로 여겨졌다.

기업의 마케팅지향성에 있어 최초의 관심대상은 기업의 가치와 지향성을 구체화해 나갈 수 있는 최고경영층의 능력이었다. 1960년대 중반에는 실증연구들이 시장지향성의 효과를 측정하기 시작했고, 이후 몇 년간 기업의 시장지향성에 대한 조직구조의 효과를 점검하는 이론 구축이 강조되었다. 그러나 1970년대 초에는 시장지향성의 중요성이 줄어들었는데, 이는 개별 고객의 수요변화에 대한 신속한 대응에서 얻을 수 있는 이익의 효과를 축소시켜버린 빠른 기술변화 때문이었다.

이후 10여 년간 연구의 초점이 판매조직 내부로 이동하였으며, 평가 및 보상시스템의 개선을 통해 나타나는 판매조직의 시장지향성을 연구하기 시작했다. 판매자의 고객지향성으로 알려진 시장지향성의 개인적 차원은 판매자가 고객과 직접 만남으로 판매자의 고객지향성이 판매성과에 영향을 미칠 것이라는 믿음 때문에 큰 관심의 대상이 되었다. 판매조직 내부로 초점을 맞춤으로써 기업 내 정보흐름이 기업의 시장지향성을 활성화시킨다는 이론이 형성되었다.

1980년대 들어서는 관계마케팅에의 관심이 시장지향성에 대한 관심을 다시 불러일으켰다. 이는 만족과 신뢰와 같은 관계적 성과에 미칠 수 있는 시장지향성의 영향을 점검하는 방식으로 나타났다.

한편 시장지향성은 기업 간 성과차이가 발생하는 이유와 관련하여서도 마케팅 문헌에서 언급되어 왔다. Hunt와 Morgan(1995)[9]은 시장지향성을 "① 현재 및 잠재적인 고객과 경쟁자에 대한 체계적인 정보의 수집, ② 시장지식을 개발하기 위한 목적으로 정보를 체계적으로 분석, ③ 전략의 인식, 이해, 창출, 선택, 실행 및 수정을 이끌어 갈 지식의 체계적 이용"이라고 하였다. 그는 시장에 대한 지식이야말로 시장지향성의 핵심이라고 한다. 그리고 Slater와 Narver는 시장지향성을 "여타 주요 주주의 이해를 고려하는 가운데 수익성 창출과 우월적 고객추구 가치의 유지에 가장 높은 우선순위를 부여"하는 학습문화로 정의하면서, 시장지향성을 고객추구 가치와 학습에 연결시켰다.

시장지향성은 시장정보처리, 시장지식, 우월적 고객추구 가치, 경영과정 및 학습 등을 포함하는 여타 많은 개념들과 함께 연구되어 왔지만, 대부분의 연구에서 시장지향성이 이러한 개념들과 구분될 수 있다고 보았다. 그러나 일부의 정의에 따르면 시장지향성이 정보처리 및 경영집행 조직 요소들을 최소한 포함하는 것으로 여기고 있다.

시장지향성을 분석한 문헌들은 시장지향적 기업이 일관성 있게 보다 우수한 판매성과를 거둔다는 점을 발견해 왔다. 일반적으로 전사적(全社的)인 차원의 시장지향성을 성취해 온 기업들은 마케팅 철학을 지원하는 문화와 환경의 창출을 통해 이러한 성과를 거둔다는 것이다. 이와 같은 문화와 환경이 조직에 소속된 판매담당 종업원들로 하여금 보다 고객지향적이 되도록 영향을 미쳤을 것이라는 예상을 할 수 있다.

한편 기업의 시장지향성이 고객지향성과 다르다는 주장에 따르면, 시장지향성은 고객의 수요와 욕구충족에 중점을 두는 고객지향성과 경쟁 위협에 대한 대응에 중점을 두는 경쟁지향성이라는 2가지 개념을 결합한 것이라는 데 차이가 있다고 한다.

사례 : 시장지향적 기업의 정보창출과 활용

시장지향적 기업이란 시장관련 지식(무형의 자원)을 보유하고 있고, 이러한 지식을 고객추구 가치로 전환할 수 있으며, 해당 시장에서의 변화에 적응(높은 수준의 학습능력)할 수 있는 기업으로 볼 수 있다.

따라서 시장지향성과 관련하여 어떤 형태의 정보가 창출 및 처리되어야 하며, 어떤 형태의 경영과정에 사용되어야 하는지에 대해 보다 명확히 할 필요가 있다. 전자의 경우 고객추구 가치, 고객만족 측정 및 경쟁자 벤치마킹을 포함하며, 후자의 경우 시장감지(market sensing), 고객연계, 채널결합 및 제품개발, 공급경로관리, 고객관계관리 등이 포함된다.

경영과정별 우월한 성과의 원칙과 핵심적인 시장지향 활동

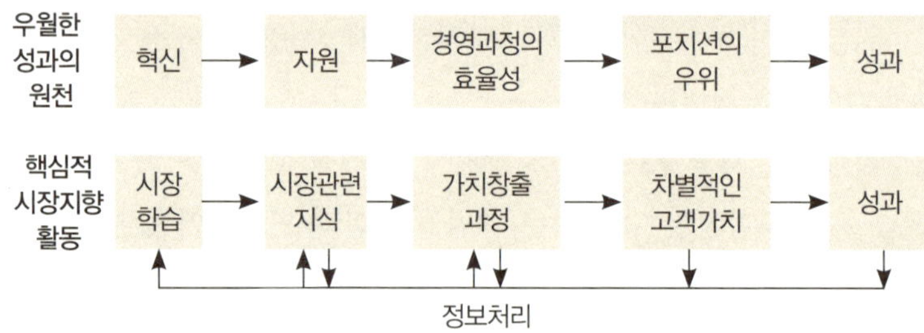

시장지향성을 경영활동 과정에서 추구하기 위해서는 다음과 같은 과제들을 염두에 두어야 한다.

- 어떠한 경영활동 과정들이 시장지식으로 발전하며, 이러한 과정들이 어떻게 설계되고 관리되어야 하는가?
- 어떠한 경영활동 과정들이 시장지식을 차별화된 고객추구 가치로 전환시키며, 이러한 과정들이 어떻게 설계되고 관리되어야 하는가?
- 어떠한 경영활동 과정들이 시장학습으로 발전하며, 이러한 과정들이 어떻게 설계되고 관리되어야 하는가?
- 어떠한 시장정보가 이렇게 다양한 경영과정들을 관리하는 데 필요하며, 시장정보가 어떻게 창출되고 처리되어야 하는가?

자료 : Stoelhorst J. W. and Eric M. van Raaij(2002), "On Explaining Performance Differentials Marketing and the Managerial Theory of the Firm", *Journal of Business Research*, 57(5), 462–477.

2) 고객지향성

고객지향성은 시장지향성, 고객우선, 고객의식 등의 용어와 같은 개념으로 사용되어 왔다. 많은 연구에서는 시장이 기업의 실제 고객과 잠재적 고객들의 집합인 점을 감안하여 시장지향성과 고객지향성을 교환 가능한 개념으로 여겼다.

하지만 다른 연구에서는 시장지향성과 고객지향성을 다른 것으로 보고 시장지향성이 고객지향성을 포괄하는 보다 광의의 개념이라고 한다. 즉 시장지향성의 경우 고객과 경쟁자를 포함한 개념인 데 비해 고객지향성은 고객에만 중점을 두며 기업의 전체 조직문화보다는 종업원 개인 수준의 개념으로 볼 수 있다는 것이다.

한편 고객지향성의 개념화 및 실행과 관련한 접근방법에서 3가지 견해가 제시되고 있다.

첫 번째 견해로는, 판매담당자의 고객지향성은 고객의 욕구를 충족시키는 구매의사결정을 하도록 고객을 도와서 판매하는 정도로 측정할 수 있다는 것이다.

두 번째 견해로는, 고객지향성 또는 시장지향성을 조직문화의 일부로 생각하는 것이다. 따라서 고객지향성은 고객의 수요에 관한 정보를 처리하는 데 한정될 수 없으며, 정보를 주입하고 이를 특정 행위로 전환시키는 조직 기능들 간 유기적인 메커니즘을 필요로 한다. 이런 의미에서 고객지향성은 조직문화에 깊이 뿌리박힌 가치와 믿음을 기반으로 나타나게 된다는 것이다.

세 번째 견해로는, 고객지향성을 이해하기 위해서는 다음과 같은 5가지의 기본적인 사항들에 대한 고객지향성 판단이 필요하다는 것이다.

① 의사결정 수행(Shapiro 1988)[10)]

② 시장 이해력

③ 행위적 문화에 기초한 관점

④ 전략적 관점

⑤ 고객중심적 관점(Deshpandé 등 1993)[11]

3) 서비스지향성

기업의 서비스지향성이란 "뛰어난 서비스를 창출하고 제공하는 서비스행위를 지원하고 보상하는 데 초점을 맞춘 기업의 방침, 관행 및 절차와 관련된 시스템을 전체 조직 및 구성원이 채택하는 것"이다. 즉 기업 전반적으로 고객의 기대를 만족시키기 위한 서비스 관행(practice)과 행위(behavior)를 창출하고 개발하며 보상하는 조직 분위기가 있는 경우 기업에 서비스지향성이 있다고 보는 것이다.

Homburg 등(2002)에 따르면 서비스지향성 개념에는 조직과 개인이라는 두 가지 차원(level)이 있다. 조직차원에서의 서비스지향성은 서비스 조직의 구조, 분위기 및 문화와 같은 내부 설계의 특성에 대해 합의된 조직의 특질로 분석되어야 한다는 것이다. 개인차원에서의 서비스지향성은 "종업원과 고객 사이의 상호작용의 질에 영향을 미치는 태도와 행위의 집합"으로 정의될 수 있으므로 서비스를 제공할 때 개인의 기본적인 경향(predisposition)과 예의바르고 친절한 성질(disposition)이라는 것이다. 개인차원은 개성 측면을 강조하며, 조직 내 특정한 개인은 다른 사람이나 다른 조직보다 서비스 지향적이라는 것이다.

서비스지향성을 조직변수로 평가한 연구에 따르면 뛰어난 서비스를 창출하고 생산하는 데 필요한 네 가지 기본적인 요소를 다음과 같이 제시하였다.

① 서비스 리더십 관행 : 전체 조직에 확산된 서비스 비전과 경영진의 행위 및 스타일을 포함하는 종업원 리더십 차원

② 서비스 대면 관행 : 고객 대응 및 담당직무와 관련한 의사결정에 부여한 종업원의 권한과 같은 차원을 포함하는 종업원과 고객의 상호작용

③ 서비스 시스템 관행 : 서비스시스템이 효율적으로 작동하는 데 필요한 서비스표준의 공유, 고객에게 보다 큰 가치를 제공하기 위한 서비스 기술의 사용, 서비스실패 예방 및 회복과 같은 조치를 취하기 위한 시스템과 관련된 차원

④ 인적자원관리 관행 : 서비스지향적 훈련과 보상시스템의 차원

그림 7-1 ▮ 서비스지향성의 4개 차원과 요소들

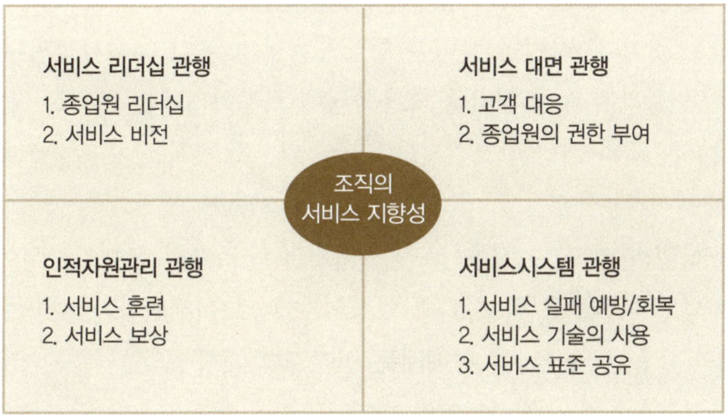

자료 : Lytle, Richard S., Peter W. Hom, Michael P. Mokwa(1998), "SERV*OR: A Managerial Measure of Organizational Service-Orientation, Original Research Article", *Journal of Retailing*, 74(4), 455-489.

1.3 고객지향성의 속성

그동안의 고객지향성의 속성에 대한 연구에서는 2가지의 가정을 해왔다. 그 하나는 고객지향성이 서비스 근로자가 갖춘 상당히 안정적인 기질이라는 것이다. 다른 하나는 고객지향성이 기본적으로 고객지향성과 관련이 없는 작업태도(예 : 직무만족)의 2차적 결과라는 것이다. 이에 따라 고객지향

성에 관한 연구들은 사람 또는 상황(환경) 중 어느 곳의 특성에 초점을 맞추느냐에 따라 분류될 수 있다.

먼저 사람에 초점을 두는 연구에서는 고객지향성이 대체로 상당히 개인적인 속성 또는 "작업현장에서 고객의 욕구를 충족시키는 기질"로 정의되었다. 이러한 정의의 연장선에서 일부에서는 고객지향성의 가능한 선행변수로 지속적인 개인의 속성들과 함께 개인의 선택 측면을 부각시켰다. 예를 들어, 고객지향성이 유쾌함, 감정적 안정성 및 활동에 대한 욕구, 성실성과 외향성, 현명한 직무수행, 인지 스타일, 감정적 지성에 의해 예측될 수 있다는 것이다. 하지만 이러한 주장의 유용성은 다소 제한적인데 그 이유는 개인 성격에 대한 검사를 채용과정에 사용하기에는 대체로 타당성이 너무 낮다는 점과 개인이 고객지향적으로 되도록 변화를 유도해낼 수 있다는 점 때문이다.

한편 상황(환경)에 초점을 둔 연구에서는 근로자의 고객지향성이 집단 내 정체성을 기반으로 한 사회적 영향의 결과로 이해되었다. 이러한 고객지향성의 활용이 확산되기 위해서는 먼저 고객지향성의 가치가 기업의 정체성과 전략목표에 구체화되어야 한다. 그리고 종업원들이 자신의 기업과 일체감을 가짐으로써 고객지향성의 가치를 스스로 정의할 수 있어야 한다.

조직행동 연구자들은 개별 근로자에 대한 작업환경의 영향을 나타내기 위해 일반적으로 작업태도를 사용하였다. 하지만 서비스 근로자의 고객지향성의 상황적 원인에 대한 연구에서는 관리자의 역할에 관심을 가졌다. Kohli와 Jaworski(1990)[12]는 "선임 관리자들은 스스로 시장지향성의 가치를 확신하고, 자신의 조직 몰입을 부하 근로자들과 공유해야 한다"고 하였다. 종업원들은 경영층이 시장지향성에 몰입하는 것과 관련된 행위와 자원배치 결과 등을 보면서 경영층의 의지를 확인할 수가 있다. 즉 일선 종업원의 고객지향성은 자신의 관리자가 실천하는 모범적인 고객지향적인 행위(role model)에 크게 영향을 받게 된다.

1.4 고객지향성 추구에 따른 혜택

고객지향성은 고객과 장기적인 관계를 구축한다는 목적하에서 고객의 이해에 최우선 순위를 두고, 고객의 욕구를 잘 이해하는 것을 강조한다. 따라서 고객지향성은 기업이 고객만족을 제고하도록 돕는다. 고객지향적인 시각을 가진 회사는 경쟁자보다 좋은 품질 제공, 고객만족 및 조직목적의 달성을 보다 효율적이고도 효과적으로 이루어낼 것이다. 왜냐하면 기업이 고객의 욕구를 보다 잘 이해하게 되면, 고객의 욕구를 보다 정확하고 낭비없이 충족시켜 줄 수 있으므로 경쟁력을 갖게 되고 궁극적으로 이는 기업의 장기 수익성에 직접적으로 긍정적인 영향을 끼치기 때문이다.

고객지향적인 기업은 종업원 행위의 중요성을 전략수립 시 기본적으로 반영하게 되므로 다른 기업보다 고객지향성이 훨씬 더 핵심적인 역할을 하게 된다. 그러므로 고객지향성의 역할은 경쟁우위에 핵심적이며, 특히 고객대면이 많은 서비스산업일수록 근로자의 고객지향성은 직접적으로 또는 서비스 환경(service climate) 조성이라는 역할을 통해 간접적으로 이익에 기여하므로 무엇보다도 중요한 것이 된다. 따라서 고객지향성은 격심한 경쟁환경에서 지속가능한 경쟁우위를 유지하고 승리의 자리를 확보하는 문제해결에 있어 하나의 가능한 해답이 될 수 있을 것이다.

기업이 고객지향적이 됨으로써 얻게 될 혜택으로는 다음과 같은 것이 있다. 먼저, 고객지향성의 지각은 고객의 서비스품질에 대한 평가와 정(+)의 관계가 있다. 즉, 고객지향성은 ① 해당 기업 종업원의 성과, ② 고객에게 제공되는 물리적 상품 및 ③ 기업의 물리적 환경 등에 대해 지각되는 품질과 정(+)의 관계가 있다.

서비스품질에 대한 지각은 서비스 거래에 따른 만족이나 고객이 평가하는 가치와 정(+)의 관련이 있기 때문에, 강한 고객지향성은 거래에 따른 만족과 가치, 궁극적으로는 기업활동의 성과도(간접적이지만) 향상시키게 된다. 따라서 기업은 고객지향성을 제고함에 따라 직접 및 간접적으로 이익을 더 얻을 수 있게 된다. 즉 고객지향성이 고객의 품질 인식에 대해 영향을 미치고, 그리고 다시 고객의 품질 인식이 고객의 가치와 만족에 대해 영향을 미침으로 높은 성과를 거두는 데 영향을 미치게 된다.

이와 같이 강한 고객지향성은 서비스품질 지각의 우호적 개선, 우월한 가치, 높아진 고객만족, 우호적인 활동결과와 연결된 성과에 대한 고객 인식의 확대로 이어지게 된다.

그림 7-2 ▮ 고객지향성이 성과로 연결되는 프로세스 모형

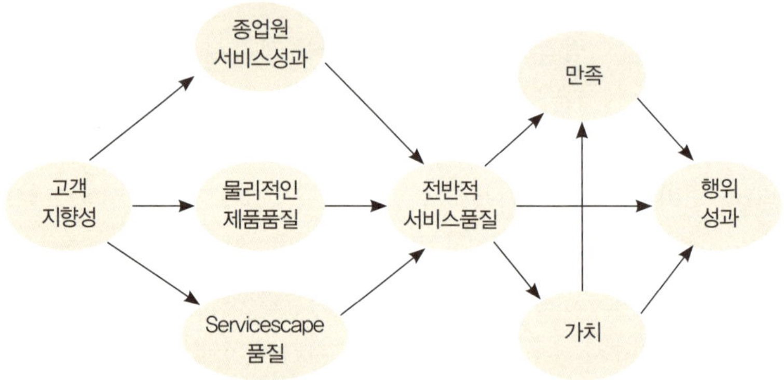

자료 : Brady와 Cronin(2001).

고객지향적인 기업은 시장전략을 수행하는 데 있어 보다 성공적인 것으로 여겨진다. 이와 관련하여 조직의 학습역량(learn capacity), 즉 소비자의 필요와 욕구를 확인하고 적용하려는 조직역량의 중요성이 강조된다. 그리고 서비스공급자들이 고객지향적인 기업으로 생존하기 위해서는 고객정보를 수집, 전달 및 대응조치를 취하기 위해 부단히 노력해야 한다. 이러한 과정을 거쳐 고객지향적인 기업이 되면 종업원 성과가 개선될 뿐만 아니라 고객들로부터 물리적 제품 및 지원 설비에 대해 우호적인 평가를 받게 될 것이다.

1.5 고객지향성 제고 방법

대체로 모든 기업들은 ① 고객욕구의 충족, ② 경쟁자들보다 우월한 대안의 제시와 같은 2가지 광의의 마케팅 목적을 가지고 있다.

기업들은 이러한 목적을 달성하기 위해 고객지향성을 제고시키려고 할 것이다. 고객지향성 분야에서는 목표시장의 인식 및 욕구와 필요를 가장 잘 판단하고, 이러한 것들을 디자인, 커뮤니케이션, 가격책정 및 적절하고도 경쟁력 있는 실행가능한 제안의 제공을 통해 고객을 만족시키는 기업이 성공할 것이라고 한다. 그러나 디자인, 커뮤니케이션, 가격책정 및 경쟁력 있는 제안의 제공과 같은 형태에 의한 고객지향성의 정의는 "전통적인 마케팅"의 요소에 의한 것으로 인식될 수 있다.

경쟁이 더욱 치열해져가는 환경에서 성공하기 위해, 즉 경쟁우위를 획득하기 위해서는 보다 차별화된 제안을 할 필요가 있다. 기업이 고객지향적이 되면서 고객의 욕구를 충족시키고, 경쟁자보다 우월한 제안을 제시한다는 목적을 달성할 경우 고객들은 그러한 기업의 제품과 서비스로부터 가치를 인식하게 될 것이다.

서비스의 특성상, 고객지향적인 문화는 무엇보다도 종업원의 행위로 확인된다. 좋은 서비스는 "그 이상 더(above and beyond)" 또는 "추가로 더 해주려는(go extra mile)" 의지로 자주 설명된다. 그리고 기업에서의 고객지향성 제고 노력은 기업의 물리적 제품과 환경 및 서비스 품질에 대한 고객의 인식을 개선시키려는 전략을 수립 및 실행하는 것이라고 할 수 있다.

모든 종업원은 어떠한 역할을 맡고 있더라도 기업이 경쟁우위를 획득하고 고객에게 가치를 제공하는 데 있어 기업의 자발적인 차별화 노력에 핵심적인 요소가 될 수 있다. 기업 내부의 사람들은 기업 외부의 사람들이 보게 되는 모든 것의 일부분이 될 수 있으므로 자신의 경쟁우위와 관련하여 발생하는 결과에 대해 책임을 져야 한다. 일부 종업원들은 서비스를 창출하고, 제품의 판매나 기업 제안의 홍보에 있어 최일선에 서게 되며, 다른 종업원들은 고객의 가치를 창출하기 위해 후선에서 근무하기도 한다. Porter의 가치사슬 모델은 고객을 위해 공동으로 가치를 창출하는 기업의 9가지 활동을 설명하였다. 이러한 맥락에서 기업의 모든 종업원들은 담당 업무에 관계없이 가치를 창출하는 데 있어 직간접적으로 참여하게 된다. 종업원이 기업의 성공에 핵심요소라고 하는 것은 더 이상 기발한 아이디어가 아니므로 종업원들을 효과적으로 활용하는 전략이 필요하다.

한편 종업원만족과 시장지향성 사이의 관계에 대한 연구들에 따르면, 전반적인 직무만족이 고객지향적 행위와 정(+)의 관계가 있다. 그리고 Siguaw 등(1994)[13]은 조직 내에서 시장지향성의 수준이 높아질수록 종업원들 사이의 직무만족의 수준도 높아진고 지적하였다. 그리고 기업의 서비스 분위기를 결정짓는 서비스지향성은 모든 종업원의 고객지향성에 대한 가치와 믿음으로 표시된 문화의 결과일 수 있으므로 종업원들의 직무만족 수준을 통해 높일 수가 있다고 한다. '서비스수익사슬이론(service profit chain theory))'에서는 직무설계, 인적자원 정책 및 관행과 같은 활동을 포함하는 '내부 서비스품질'이 종업원 만족에 영향을 미친다고 한다. 또한 고객지향성은 서비스 분위기를 창출하고 발전시키는 데 우호적인 문화에서 더욱 발전할 수 있는 것으로 받아들여진다.

2. 내부마케팅(Internal Marketing)

2.1 정의

기업이 고객지향적으로 되는 것은 마케팅전략을 수행하는 것과 같으며, 고객지향성을 추구하는 기업들은 장기적인 고객만족을 이끌어내는 활동을 적극 수행하는 종업원을 선호하게 될 것이다. 그러므로 이들 기업의 경영 목적 중 하나는 고객지향적인 종업원 행위를 권장하고 육성하는 것이 되어야 한다. 아울러 경영활동을 통해 고객들이 지각하는 긍정적인 성과를 거두는 한편, 궁극적으로는 고객들이 호의적으로 느낄 수 있는 활동들을 늘려야 할 것이다. 이런 이유로 기업에 대해 고객들이 긍정적으로 인식하도록 만드는 고객지향적인 조직문화를 조성해나가는 것이 필요하다.

그런데 이러한 조직문화는 내규나 문화적 규범 등을 통해 종업원들에게 주입되고, 종업원과 고객 간 상호작용이 발생할 뿐만 아니라 종업원의 서비스가 실행되는 일선 영업현장에서 가장 명확하게 나타난다. 일반적으로 기업이 고객지향적인 이미지를 조성하기 위해서는 종업원이 고객지향적인 태도를 보여야 하고, 고객지향적인 종업원을 만들기 위해서는 먼저 기업이 종업원 지향적이 되어야 한다.

이러한 맥락에서 내부마케팅 개념은 Berry(1981)[14]가 제시한 이후 널리 사용되었는데, 그는 "종업원을 내부고객으로 여기며, 직무는 조직의 목표를 제시하는 동시에 내부고객들의 필요와 욕구를 만족시키는 내부 상품으로 여기는 것"으로 정의하였다. 내부마케팅에 대한 다른 정의로는 "종업원의 욕구를 충족시키는 직무 상품을 통해 적격의 종업원을 유인, 개발, 동기부여 및 유지하는 것"이 있다.

이러한 내부마케팅의 기본적인 아이디어는 만족한 종업원이 만족한 고객을 이끌어낸다는 것이다. 즉, 종업원들을 서비스 과정에 효과적으로 활용하려면 그들이 최종 고객에게 서비스하도록 하기에 앞서 먼저 자신의 직무를 수행하는 데 행복감을 느끼도록 해야 할 것이다. 더욱이 종업원이 자신의 직무를 사랑한다면 그 마음이 고객에게 전달되고 그 결과 고객들도 종업원이 제시하는 제품/서비스를 사랑하게 될 것이다.

내부마케팅은 당초 종업원이 높은 수준의 서비스를 일관성 있게 제공하도록 동기부여하기 위한 과제의 해결책으로 제시된 것이다. 특히 내부마케팅의 논리는 내부고객의 욕구를 만족시키면 이들의 동기부여를 가져오고,

또한 이직하지 않고 계속 근무토록 함으로써 높은 수준의 직무만족도와 고객지향적인 서비스행위를 달성할 수 있다는 것이다. 그리고 이를 달성한 후에 기업도 높은 수준의 외부고객 만족도와 고객충성도 창출을 기대해야 한다는 것이다.

사례 : 특송 세계 1위 기업, 페덱스(Fedex)

"직원을 공정하게 대접… 단결이 1등 회사 만들어"

1975년에 고등학교를 졸업한 마이클 더커(당시 22세)는 미국 테네시주 멤피스에서 4년 전에 출범한 신생 물류회사 페더럴 익스프레스(현 페덱스 · FedEx)에 입사했다. 처음 업무는 화물취급자로 시간당 2달러 81센트를 받았다. 그를 고용한 창업자 프레드릭 스미스는 당시 31세로 명문 예일대를 졸업한 운수기업 갑부의 아들이었다. 그는 조지 부시 전 대통령과 함께 예일대의 비밀 엘리트조직 '해골단' 멤버였다. 하지만 그가 만든 회사엔 능력에 관계없이 일정 고위직 이상의 승진을 가로막는 '유리 천장'이 존재하지 않았다.

페덱스의 철학은 'P-S-P'(People-Service-Profit)로 요약된다. "회사가 최선을 다해 직원을 배려하면, 직원은 진지하게 서비스의 질을 높이고, 그러면 이익은 자연스럽게 창출된다"는 것이다. 이러한 철학에 따라 더커는 회사 지원으로 대학원까지 졸업했는데 페덱스의 임원 절반 정도가 이 같은 교육 혜택을 받았다. 가장 귀족적인 창업자인 스미스가 가장 민주적인 경영을 실천한 것은 해군 소대장으로 복무한 베트남전쟁에 참전한 경험 때문이었다. 그는 베트남에서 처음 노동자 계층을 만났고, 사람을 공평하게 대하는 것이 얼마나 중요한지 배웠다. 페덱스의 현 경영진은 대부분 군(軍)이나 2년제 공립대 출신이다. 그래서 페덱스에는 먼저 장수가 목숨을 거는 '전쟁의 경영술'이 흐른다. 2008년 리먼 쇼크로 영업이익이 20억 달러에서 7억 달러로 급감했을 때, 연봉삭감률은 창업자인 스미스 회장 20%, 더커 대표 10%, 부 · 차장 5%, 평직원 0%였다.

단결은 기적을 만들었다. 1997년 세계 최대 물류회사 UPS가 파업에 돌입했을 때, 페덱스 직원들은 자진해서 자정을 넘겨 일했다. 그때 페덱스로 옮겨온 UPS의 물량은 이후 페덱스를 떠나지 않았다. 창업 26년의 젊은 페덱스가 90년 역사의 UPS를 누르고 특별수송분야 1위 기업으로 뛰어오른 순간이었다.

자료 : Weekly BIZ, Cover Story, 2011년 4월 9일자. 한양대 F.B.I. 정리 인용

한편 Rafig와 Ahmed(2000)[15]는 아직 명확히 정의되지 않은 내부마케팅의 개념을 다음과 같이 3단계로 구분하였다.

(1) 1단계 : 종업원 동기부여 및 만족

- 종업원을 고객으로 대우하면서 종업원 만족에 초점
- 종업원의 만족 대상이 종업원의 욕구를 충족시키는 '직무(job)'로 정의됨

(2) 2단계 : 고객지향성

- 기본적으로 종업원을 만족시키고 동기를 부여하는 것보다는 종업원의 내적인 고객지향성을 창출하는 데 초점
- 종업원관리에 마케팅 기법을 적용

(3) 3단계 : 전략실행 및 변화관리

- 전략달성에 종업원의 역할과 기업의 목표를 의식하도록 하는 데 초점
- 변화에 대한 저항과 부서 간 및 직무 간 갈등의 극복에 초점

이와 같은 분류에 따라 Liao(2009)[16]는 여러 학자들에 의해 그동안 제시된 내부마케팅의 개념과 정의를 다음 표와 같이 정리하였다.

표 7-1 ▮ 내부마케팅에 대한 개념과 정의들[17]

1단계 : 종업원 동기부여 및 만족	
Sasser와 Arbeit(1976)	직무 제안을 제품으로 보고, 종업원을 고객으로 보는 것은 경영자로 하여금 자신의 서비스를 구매하는 자에게 전념하는 것과 같은 노력을 직무에 대해서도 동일하게 하도록 한다.
George (1977)	만족한 고객을 확보하기 위해서는 기업도 만족한 종업원을 확보해야만 한다.

Thompson 등 (1978)	유능한 종업원을 유인하고, 유지하며, 동기를 부여하는 것은 기업에 결정적으로 중요하다.
Berry(1981)	내부마케팅은 종업원을 내부고객으로 보는 것이며, 조직의 목표를 제시하면서 이들 내부고객의 욕구와 필요를 충족시키는 내부제품으로 직무를 보는 것이다.
Berry와 Parasuraman (1991)	내부마케팅이란 유능한 종업원들의 욕구를 만족시키는 직무라는 제품을 통해 이들 종업원들을 유인하고, 개발하고, 동기부여 및 유지하는 것이다. 내부마케팅은 종업원을 고객으로 여기는 철학이며, 직무제품을 인간의 욕구에 맞추는 전략이다.
Bekkers와 Van Hasstrecht (1993)	내부마케팅은 외부시장에서의 성과를 높이기 위해 변화될 필요가 있는 내부활동에 관심을 쏟는 조직 내 마케팅의 한 형태이다.
Bak 등(1994)	내부마케팅은 종업원을 내부의 고객으로 간주하는 것으로, 내부고객들을 만족시키기 위해 마케팅 관점에서 인적자원을 관리하는 것이다.
2단계 : 고객지향성	
Grönroos (1981)	내부마케팅의 목적은 종업원에게 조직을 판매함으로써 '동기부여되고 고객지향적 의식을 가진 종업원'을 확보하는 것이다.
Johnson과 Seymour(1985)	내부마케팅은 종업원들에게서 고객지향적 행위가 창출되도록 하는 것을 의미한다.
Gummesson (1987)	고객대면 종업원에는 제품 및 서비스를 제공하는 개인뿐만 아니라 파트타임 판매자도 해당된다.
Thomas (1987)	내부마케팅은 종업원에게 서비스 개념을 판매하는 과정이며, 이는 직원과 경영진 사이의 접점과 부서 간 접점을 통해 작동한다.
Kotler와 Armstrong (1991)	내부마케팅은 일선 종업원과 후선 지원담당 종업원 모두가 하나의 팀으로 활동하도록 훈련 및 동기부여시킴으로써 종업원 사이에 고객지향성을 구축하는 것이다.
Grönroos (1994)	내부마케팅이란 고객지향성과 서비스 의식을 향상시키기 위해 열정적인 활동과 협상 및 마케팅 전략과 거의 같은 방법으로 조직이 종업원으로 구성된 내부시장을 자극하는 것이다
Cahill(1995)	종업원은 서로 고객으로 여겨야 하며, 이를 통해 지속적인 고객지향성을 주입함으로써 외부고객에게 보다 나은 서비스를 제공할 수 있어야 한다.
Kotler(1977)	내부마케팅은 고객에게 잘 봉사하기 위해 유능한 종업원을 성공적으로 채용, 훈련 및 동기부여하는 것이다.

Liao 등 (2004)	내부마케팅은 보다 효율적인 내부환경을 구축하고, 종업원의 고객지향성을 제고하기 위해 조직 내 모든 상호작용 활동을 관리하기 위한 마케팅적 접근방법을 취하는 것이다.
3단계 : 전략실행과 변화관리	
George (1990)	내부마케팅은 복수의 기능을 통합하는 경영과정과 같이 조직의 인적자원을 관리하기 위한 철학이다.
Christopher 등 (1991)	내부마케팅의 목적은 직무 간 조정과 협력을 개선하기 위한 것이다.
Glassman과 McAfee(1992)	내부마케팅의 역할은 마케팅과 인적자원의 기능을 통합하고, 인력을 마케팅 기능의 자원으로 간주하는 것이다.
Martin(1992)	내부마케팅의 역할은 부서별 고립현상을 해소하기 위한 해결방안이 될 수 있다.
Rafig와 Ahmed (1993)	내부마케팅은 변화에 대한 조직적인 저항을 극복하기 위한, 그리고 기업 및 부서 전략의 효과적인 실행을 위해 종업원을 배정하고, 동기부여 및 통합하기 위한 계획적인 노력이다.
Joseph(1996)	내부마케팅은 마케팅과 인적자원관리를 결합함으로써 내부 및 외부고객 모두에 대한 서비스품질을 개선하는 것이다.
Piercy(2002)	내부마케팅은 전략적 변화를 실행하는 데 있어 핵심적인 수단이다.

2.2 내부마케팅의 필요성

거울은 먼저 웃지 않는다고 한다. 거울을 바라보는 사람이 웃어야 비로소 거울도 웃게 되는 것이다. 기업도 매장을 찾아온 고객이 웃도록 하기 위해서는 최소한 판매원이 먼저 웃는 얼굴이 되도록 하여야 한다. 매장을 처음 찾아온 손님이 제일 먼저 보는 것은 매장의 분위기이고 다음으로는 판매원의 표정이고 그 다음이 판매원과의 거래를 통해 확인하는 기업의 상품 및 서비스 등과 판매원의 숙련도와 친절 정도를 인식하게 될 것이다. 이렇게 종업원이 웃는 얼굴로 고객을 맞이하는 것이 매우 중요하기 때문에 기업으로서는 종업원이 웃음을 머금도록 하기 위한 제반 조치를 강구해야 한다.

사례 : 하나금융지주 김정태 회장 내정자

하나금융지주의 차기 회장으로 내정된 김정태 행장은 지난 2008년 하나은행 행장에 취임하면서 자신의 방 앞에 '조이 투게더(Joy Together)'라는 팻말을 붙였다. '누구라도 즐거운 마음으로 찾아오라'는 뜻으로 본인의 이름 영문 이니셜인 'JT'를 자신의 리더십에 빗대 맛깔스럽게 풀이한 것이다. 펀(fun) 경영으로 집약되는 '형님 리더십'을 발휘해 직원들의 마음을 사겠다는 의지를 내비친 셈이다.

김 내정자는 자타가 공인하는 영업통이자 소통경영의 강자다. 평소 화통하고 솔직한 성격으로 친화력이 좋고 직원들 이야기에 귀를 기울인다. 그는 27일 내정자로 확정된 후에도 "권위주의적 리더가 아닌 '헬퍼(helper)'가 되겠다"고 거듭 강조했다. 그는 "리더로서 방향을 제시해주고 직원들이 자발적으로 참여하면서 스스로의 능력을 최대한 발휘할 수 있도록 돕겠다"고 강조했다.

그의 소탈한 면모는 금년도 첫 출근일인 1월 2일 본점에서 인기 개그프로그램의 한 코너인 '감사합니다'를 따라 하며 직원들에게 새해 인사를 건넨 대목에서 그대로 드러난다.

김 내정자는 2006년 하나대투증권 사장으로 부임하고 맞은 첫 사내 체육대회에서도 임원들에게 "망가지라"고 주문하며, 2,000명이나 되는 직원들 앞에서 각설이 분장을 하고 나타나기도 했다.

자료 : 서울경제신문 2012년 2월 28일자 인용

서비스제공 기업들은 지속가능한 경쟁우위의 획득 차원에서 종업원들을 고객지향적이 되도록 하는 방안을 모색해 왔다. 만약 종업원들이 적극적인 서비스 문화에 동화되고 또한 개선된 고객서비스를 제공하기 위해 경영층의 지원을 받게 되면, 이러한 경험은 종업원들이 보다 큰 직무만족을 느끼게 만들고 이는 다시 종업원의 고객지향성을 제고하게 만들 것이다. 이와 같이 서비스지향적 분위기를 선호하는 조직문화는 종업원의 태도와 행위를 서비스지향적으로 이끌 수 있고, 이는 다시 보다 높은 고객추구 가치와 개선된 경영성과를 낳게 된다.

기업의 고객지향성을 제고시키는 데 있어 조직문화를 중요한 수단으로 활용할 수 있다고 인식했음에도 불구하고 고객지향성이 종업원들 사이에 어떻게 확산될 수 있는지에 대해서는 상대적으로 관심이 매우 적었다. 그동안 고객지향성과 외부고객의 반응이나 영업성과와의 관계에 대한 연구가 많았던 것에 비해 고객지향성과 종업원의 태도 및 행위와의 관계에 대해서는 관심이 적었던 것이 사실이다.

종업원의 만족은 유능한 종업원의 퇴사를 막을 뿐만 아니라 이들 종업원의 생산성도 높이게 될 것이다. [그림 7-3]은 Heskett 등(1994)[18]이 제시한 것으로 서비스-수익사슬(Service-Profit Chain)에서 종업원 만족이 서

그림 7-3 ▮ 서비스-수익 사슬내에서의 연계구조

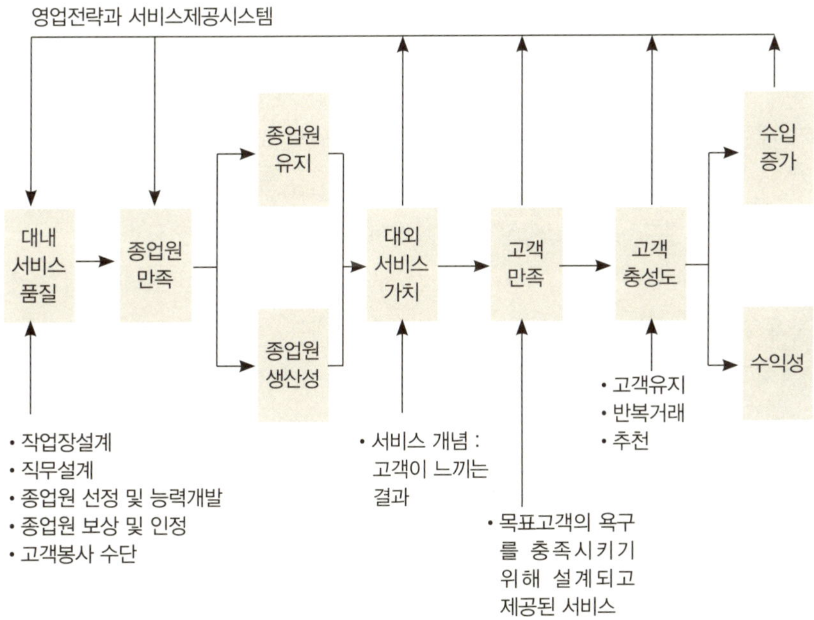

자료 : Heskett 등(1994), *op. cit.*

비스제공시스템에서 차지하는 위치와 역할에 대해 잘 설명해주고 있다.

내부마케팅은 종업원의 고객지향적 행위를 창출하기 위한 수단으로 여겨져 왔다. 이러한 맥락에서 내부마케팅이란 종업원의 고객지향성과 서비스 의식을 강화하기 위한 목적으로 마케팅전략과 같은 방법을 이용하여 기업이 자신의 종업원으로 구성된 내부시장을 자극하기 위한 것이라는 주장도 제기되었다. 그러나 이와 같은 목적을 달성하기 위해서는 기본적으로 종업원을 매우 중요한 내부 고객으로 다뤄야 한다는 전제가 필요하다.

Grönroos(1985)[19]는 고객을 직접 대면하는 종업원의 고객지향적 행위가 고객의 반복적인 구매행위에 결정적인 영향을 미친다고 강조하였으며, 많은 연구자들도 서비스기업의 성공에서 고객대면 인력의 핵심적인 역할을 강조해 왔다. 왜냐하면 고객만족, 고객충성 및 긍정적인 입소문(word of mouth)과 같은 서비스기업의 성공 여부는 서비스제공 근로자와 고객 사이의 인적 상호작용에 크게 영향을 받기 때문이다.

고객대면 종업원은 기업이 고객과 교류하는 주요 수단일 뿐만 아니라 상당한 범위에서 고객을 위한 기업의 영업방향을 나타내는 실제적 도구가 되기 때문이다. 이에 따라 일부 학자들은 종업원의 고객중심 의식, 시장지향성, 판매의식을 제고하기 위해서는 내부적으로도 마케팅과 같은 방법을 사용해서 동기를 부여하고 영향력을 미쳐야 한다고 주장하였다.

한편 서비스 만남(service encounter)이란 '고객이 서비스와 직접 상호작용하는 기간'을 의미하는데, 이 기간 중 고객들은 서비스제공자와 서비스를 자주 동일한 것으로 간주한다. 이로 인해 고객대면 종업원은 서비스를 고객에게 전달하는 전체 조직을 대변하는 '진실의 순간(moment of truth)'을 결정짓게 된다. 이와 같이 고객의 전반적인 서비스 만족에 가장 큰 영향을 미치는 것은 서비스제공자와의 대면 순간인 것이다.

이러한 현상은 특히 은행 산업에서 두드러지는데 이는 금융상품에 대한 지식이 부족한 고객들이 높은 수준의 개인적 상담을 요구하기 때문이다. 수익성에 민감한 고객들이 많은 금융업에서 고객과의 상호작용을 통해 영업성과를 달성하려면 고객과 대면하는 종업원이 가장 중요한 역할 중 하나를 담당하게 된다. 이와 같이 업무의 난이도가 높고 노하우가 많이 필요한 산업에서는 경쟁이 치열해질수록 최고의 인력을 끌어들여야 하고, 이를 위해 종업원에게 동기를 부여하는 것이 더욱 필요하다. 이러한 기업의 경우 고객만족을 제고시키기 위해서는 먼저 근로자를 만족시키기 위한 내부마케팅을 효과적으로 활용해야 할 것이다.

2.3 종업원의 역할

종업원은 일반적으로 마케팅 믹스의 요소로 명확하게 여겨지지 않았지만, Kotler(2000)[20)]에 의해 제품, 서비스, 유통채널 및 이미지와 함께 차별화되는 변수의 하나로 언급되어 왔다. Kotler는 친절하고, 신뢰할만하며, 고객에게 잘 대응하며 의사소통 능력이 있는 직원들을 보유함으로써 조직을 차별화할 수 있다고 보았으며, 이러한 차별화의 수단으로 종업원을 꼽았다.

하지만 종업원에 대해 조금 애매한 관점이 있다. 예를 들어 "우리 종업원들은 우리 회사의 가장 중요한 자산이다"라는 표현은 일상적으로 많이 접할 수 있는 형태의 문장이다. 또한 유사하게 경영서적 등에서 조직의 가장 중요한 자산으로 "인적자원"이라고 하기도 하며, "인적자원의 가치가 고정자산의 가치보다 커졌다"는 단적인 표현도 있다. 하지만 인적자원의 가치는 종업원들이 어떤 의식을 갖고 있느냐에 따라 평가가 크게 달라질 수 있다.

만약 종업원들이 고객에게 봉사하기 위해 그 자리에 있다고 스스로 인식하지 못하거나 그들이 고용된 이유가 고객을 위한 가치창출을 돕는 것이라고 지각하지 못한다면 인적자원의 가치는 매우 적어질 것이며 기업이 목표로 하는 고객지향성의 달성도 어려울 것이다. 이러한 맥락에서 고객에 대한 봉사를 위해 기업 전체가 협력하는 것은 진정한 의미의 고객지향성을 달성하기 위해 반드시 선행되어야 하며, 이를 위해서는 종업원의 역할이 매우 중요하게 부각된다.

1) 종업원 역할과 고객대면 : 산업재 제조업체 예[21)]

기업 내부의 일부 직원들은 마케팅믹스의 창출이나 실행에 포함되게 된다. 즉 디자인, 가격책정, 재무, 유통, 제품 설치 또는 서비스 중 어느 곳에서든지 역할을 부여받게 될 것이다. 이들 중 일부는 고객대면의 임무를 부여받는 반면, 다른 종업원들은 고객대면과 다소 거리가 있는 임무를 맡게 된다.

마케팅믹스에 포함된 각 종업원들은 해당 믹스나 기업과 관계되는 목표시장 고객들의 신념, 태도, 의지 및 행동을 변화시키거나 우호적인 관계를

그림 7-4 ▮ 고객에 대한 종업원의 영향

대면 또는 대면의 가능성	전통적인 마케팅믹스의 설계 또는 실행에 포함 여부: 포함	전통적인 마케팅믹스의 설계 또는 실행에 포함 여부: 비포함
높음	**대면자(contactor)** 판매자, 판매관리자, 고객서비스 판매서비스, 기술서비스, 일반관리 임원, 마케팅 임원, 설계 엔지니어, 판매 엔지니어	**조정자(modifier)** 안내담당, 전화교환원, 청구부서, 신용담당부서
낮음	**영향자(influencer)** 연구개발, 스탭, 생산계획자, 생산직근로자, 운송부문, 공정 엔지니어	**고립자(isolated)** 인적자원, 인사부, receiving담당, 외상매입담당

자료 : Judd(2003), *op. cit.*

강화시킬 기회를 갖는다. 이들과 달리 마케팅믹스를 창출하거나 실행하는데 직접적으로 포함되지 않지만 고객대면의 기회와 목표시장의 고객들에게 영향을 미칠 기회가 있는 종업원들이 있다. 그리고 마케팅믹스나 고객대면의 기회가 거의 없는 종업원들도 있다. 이러한 종업원들을 가상의 산업재 제조업체를 기준으로 [그림 7-4]와 같이 분류하였다. 이는 전통적인 마케팅믹스와 고객대면 기회를 기준으로 종업원들을 분류한 것으로 각각의 역할은 다음과 같다.

2) 종업원 종류별 역할

대면자(contactor)는 일반적으로 고객대면의 기회가 자주 또는 주기적으로 발생한다. 이들은 마케팅전략을 계획하고 실행하며 서비스를 제공하는데 포함된다. 대면자는 기업의 마케팅전략과 목표시장의 욕구에 아주 정통해야 한다. 기업은 이들이 고객지향성을 달성하고 경쟁우위를 획득하는 데 핵심요인임을 알아야 한다. 대면자가 잘 훈련되고, 호의적인 매너로 고객에 봉사하고 기업에 대한 우호적인 이미지를 향상시키도록 동기부여하는 것은 기업의 책임이다. 대면자는 고객의 욕구에 책임감을 느끼는 자질을 감안하여 채용하여야 하며, 그에 따라 평가되고 보상받아야 한다.

조정자(modifier)는 기업과 고객 양자의 관점에서 변화 과정을 이해할 기회가 필요하다. 이들은 전통적인 마케팅믹스의 직접적인 일부가 아니며, 그들의 고객대면은 대체로 직접대면이 아니다. 그럼에도 불구하고 조정자가 고객대면을 하게 되면 기업의 마케팅믹스와 전체 조직에 관해 고객의 신념, 태도, 의지 및 행위를 설정할 위치에 있게 된다. 조정자는 조직의 마케팅전략과 고객욕구를 충족하기 위해 기업이 어떻게 노력하는지를 이해할 필요가 있다. 그들은 고객욕구에 대한 자신들의 반응성이 고객의 시각에서 기업에 대한 우호적인 감정을 창출하는 데 도움이 됨을 깨달아야 한다. 조정자는 의사소통 기술에 의해 선발되어야 하며, 이러한 기술을 더욱 발전시켜야 한다. 이들은 고객관계 관리 기술에 따라 업무의 일부로 평가하고 보상해야 한다.

영향자(influencer)는 일반적으로 기업의 전통적인 마케팅전략 실행의 일부분이 된다. 이들 노력의 결과가 목표시장에 실현될 수 있으므로 기업과 마케팅믹스에 대한 고객의 인상은 이들이 직무를 얼마나 잘 수행하는지에 따라 크게 영향을 받는다. 영향자가 만약 마케팅전략의 설계와 실행에 효과적으로 참여한다면 기업의 역량, 자원 및 고객욕구를 상당히 잘 알 것으로 여겨지지만 대체로 고객과 직접적인 대면은 하지 않는다. 그리고 기업의 고객지향성을 발전시키고 유지하는 데 있어 영향자가 중요한 역할을 한다. 따라서 영향자를 고용할 경우 경영층은 고객반응성에 대한 감각을 발전시킬 잠재력이 있는 사람을 선택하여야 한다. 영향자는 고객지향적 성과기준에 따라 평가되고 보상받아야 한다. 필요한 경우에는 고객대면도 그들의 직무요건에 포함되어야 한다.

고립자(isolated)는 고객대면도 하지 않고 마케팅믹스의 설계와 실행에도 직접 포함되지 않는 지원부서 인력(support people)이다. 지원부서 인력으로서 그들의 효율성과 효과성은 고객의 욕구를 충족시켜주는 기업의 성과에 영향을 미친다. 일반적으로 고립자는 고객과 직접 대면이 가능하지 않다. 하지만 고객에게 기업의 역할과 관련된 자료 제공 등에 따른 고객대면 기회는 존재하게 된다.

모든 부분의 종업원들은 그들이 인력 요소를 통해 마케팅전략에 포함되어 있으며, 인력은 기업이 고객지향성을 달성하는 데 도움을 주는 자산이 된다. 경영진은 인력과 고객지향성을 조직문화의 핵심요소로 만들어야 하며, 조직 내 모든 계층에서 고객지향성과 고객반응성이 중요하다는 점을 인식하도록 만들어야 한다.

사례 : 고객만족 비법? 직원들은 알아요

하나금융그룹의 일원이 된 외환은행의 윤용로 행장(57). 윤 행장에게 은행의 미래를 아는 것은 중요하지 않다. 고객이 가는 길로 뚜벅뚜벅 걸어갈 뿐이다. 그 길이 맞닿는 곳에 은행의 미래가 있을 것이기 때문이다. "고객은 왕이며 모든 것"이라는 게 윤 행장의 경영철학이다. "저는 하여튼 고객중심입니다. 가장 쉬운 얘기지만, 은행이 잘 되려면 고객들이 무엇을 원하고, 어느 방향으로 나가고 있는지를 잘 알아야 하지요. 고객의 욕구를 만족시키는 서비스를 제공하는 은행만이 미래에 살아남고 성공을 즐길 수 있는 권한이 있는 게 분명하다고 생각합니다."

그렇다면 고객을 제대로 따라가려면 어떻게 해야 할까. 지상에 존재하는 모든 기업은 윤 행장처럼 고객 중심을 외친다. 그러나 이들 중 "어떻게 고객을 만족시킬 것인가"라는 질문에 대해 정답을 찾아낸 기업은 소수에 불과하다. 이에 대해 뜻밖에도 윤 행장은 "이미 정답은 나와 있다"고 말한다. "직원들이 이미 정답을 알고 있으니까요. 어떻게 가야 하는지 잘 알아요. 하지만 말을 하지 않을 뿐이죠." 윤 행장은 "직원들이 말을 하면 괜히 밉보일 것 같고, 그렇지 않더라도 실행에 옮겨지지 않으니까, 말을 하지 않는 것"이라고 말했다. "말을 해도 밉보이지 않고, 실제로 실행이 되면, 직원들이 더욱 열심히 하게 됩니다. 좋은 아이디어 있으면 가져와서 서로가 소통하고 실행을 하는 것이죠. 모든 것에 대해 의견을 개진할 수 있는 문화가 되어야 하는 것이죠." 그렇게 되면, 은행은 자연스럽게 고객의 행동을 예측하고, 고객이 원하는 서비스를 제공해 커다란 성과를 낼 수 있다는 게 윤 행장의 지론이다.

자료 : 매일경제 2012년 4월 30일 A25면 일부 인용

종업원에 대한 인력관리의 접근방법이 다음 [표 7-2]에 정리되었다. 이 접근방법은 총괄적인 것이 아니며, 경영진이 마케팅믹스에 인력을 포함시키는 하나의 방안으로 제시한 것이다.

표 7-2 ▮ 종업원 종류별 인력관리방법

조직원 분류	전통적인 마케팅 역할	새로운 규범 : 조직원이 알고 느껴야 할 것	경영진의 대응
대면자	• 마케팅전략의 계획 및 실행 • 서비스 '제안'의 창출 • 대면 또는 높은 고객 대면 가능성 • 개인 판매 시 전통적 마케팅믹스의 일부 요소 가능 • 촉진의 구성요소임	• 조직의 마케팅전략과 계획에 대한 구체적인 지식 • 고객의 욕구와 고객의 활동 이해 • 고객지향성을 달성하는데 고객의 욕구에 대한 반응성이 핵심요인	• 고객의 욕구에 대한 감각과 반응성을 발전시킬 능력이 있는 사람의 선택과 채용 • 개인 간 관계 기법에 대해 조직원 훈련 • 고객지향적 성과표준의 개발과 그에 따른 평가와 보상
조정자	• 마케팅전략의 계획과 실행을 하지 않음 • 대면 또는 높은 고객 대면 가능성, 대면이 직접대면이 아닐 수 있음	• 조직의 마케팅전략과 계획에 대한 일반적인 비판 • 조직이 고객의 욕구에 봉사하는 방법 제시 • 고객에 대한 이들의 반응이 조직에 대한 고객의 신뢰, 태도, 의지 및 행위를 결정 • 그 성과는 조직에 대한 우호적인 지각이 될 수 있음	• 필수적인 의사소통 기술을 갖춘 사람을 채용 • 개인 간 관계 기법에 대해 조직원 훈련 • 고객지향적 성과표준의 개발과 그에 따른 평가와 보상 • 고객위치로 방문하여 계획된 직접대면을 통해 고객을 구체화
영향자	• 마케팅전략의 계획 및 실행 • 고객대면이 없거나 낮은 가능성	• 조직의 마케팅의 구체적인 계획과 자신들의 특정한 전략적 역할 • 구체적인 고객의 욕구와 활동 • 이들이 고객지향성 달성에 핵심적인 요인	• 고객반응성 감각을 발전시킬 잠재력을 최소한이라도 가진 사람의 채용 • 고객지향적 성과표준의 개발과 그에 따른 평가와 보상 • 직무요건으로 고객대면을 설정

고립자	• 마케팅전략의 계획 및 실행 • 고객대면이 없거나 낮은 가능성	• 조직의 마케팅전략과 계획에 대한 일반적인 비판 • 조직이 고객의 욕구에 봉사하는 방법 • 이들의 책임은 고객에 직접 서비스하는 직원을 지원 • 지원이 좋을수록 고객에 대한 서비스가 개선됨	• 직무요건으로 고객친밀성을 설정 • 종업원이 고객을 방문하는 것이 가능하지 않으나 고객 활동을 보여주는 시청각 자료와 고객이 사용하는 조직의 제품을 통해 고객이 실제 창출 가능
모든 직원		• 가치사슬의 맥락에서, 직접적으로 또는 내부직무 간 관계를 통해 고객에 대한 가치창출에 모두가 책임이 있음 • 모든 사람이 조직의 고객지향성 달성에 도움이 될 수 있는 인력을 통해 조직의 마케팅 전략과 계획에 포함됨 • 첨단 경쟁력과 잘 서비스된 고객 없이는 조직이 생존할 수 없음	다음에 대해 내부마케팅 프로그램 개발 • 가치사슬 기능 간 협력 촉진 • 조직문화의 핵심요소로 인력과 고객지향성을 설정 • 조직의 모든 계층에서 고객 반응성의 태도를 발전 • 조직원과 의사소통하는 고객의 중요성 및 만족한 고객 없이는 조직임무 달성 곤란 강조 • 고객으로부터 피드백 공유

자료 : Judd(2003), *op. cit.*

2.4 내부고객지향성

내부고객지향성은 기업내부 구성원들에게 서비스를 제공하는 공급자인 기업이 자신이 제공하는 서비스의 이용자가 되는 내부고객(종업원)들에게 마케팅 철학, 이론 및 관행과 관련한 조치나 정책 등을 통해 거래 및 관계를 지속하는 고객으로 취급하려는 마음가짐으로 정의된다.

공식적인 내부마케팅 프로그램이 조직내부에 실행될 때, 내부서비스 공급자(기업)와 고객(종업원) 간 내부거래는 공식적인 의사소통 노력, 내부마케팅 교육, 목적의 일치 및 거래 조건에 의해 윤곽이 그려진다. 구체적으로는 보상체계 조정, 의사결정의 집중화, 통합의 정도나 수평적 의사소통 및 프로그램에 대해 고위 경영층이 보여준 몰입이 내부고객 지향성에 상당히 영향을 미칠 수 있다.

한편 내부마케팅은 내부거래 파트너인 종업원과의 관계의 질이 개선되는 것뿐만 아니라 개선된 직무만족 및 직무에서 느낀 인상의 개선과 그에 따른 내부고객의 자발적인 이직의지 감소와 같이 대체로 내부고객에게 긍정적인 영향을 미치는 것으로 나타난다.

1) 내부고객지향성을 결정하는 4가지 요소

(1) 개인적 특성

일부 개인은 다른 사람보다 내부적으로 다소 고객지향적일 수 있다. 기업이 통제하는 행위와 프로그램은 모든 종업원을 일률적으로 관리하므로 내부고객지향성에서는 이러한 차이를 쉽게 설명할 수 없다. Donavan 등 (2004)[22)]은 고객지향성을 표면적 수준의 특성이나 적절한 환경요인이 제시된 상황에서 나타난 개인적인 성향으로 취급하였다.

(2) 고용보장(organizational tenure)

고용보장이 혁신의 채택과 통계적으로 의미있게 '부(–)'의 관계를 가진 것은 당연해 보인다. 개인이 상당 기간 동안 기업에 근속할 경우 기업의 규범에 대한 심리적인 몰입의 증대로 인해 변화에 저항적이게 된다. 따라서 새로운 아이디어를 만들어내고 새로운 관행을 채택하는 것이 재직기간이 증가함에 따라 줄어든다는 연구결과가 있다.

(3) 조직 내 위상

경영학 분야에서는 내부고객(종업원)을 쉽게 대체될 수 있는 상품으로 취급했다는 지적이 있다. 종업원은 전문기술 중 매우 특정한 분야만을 담당했고 기업의 의사결정에 참여하거나 의견을 제시하도록 장려되지 않았다. 기업은 내부고객의 관리에 따른 성공 정도를 측정할 때 기본적으로 수익성에 초점을 두었다.

(4) 보상체계와 상부 경영층의 관여

내부마케팅 프로그램을 실행하는 담당자들은 경영층이 높은 수준의 내부고객지향성을 나타내기 전에 적절한 보상체계를 설계하여야 한다. 보상체계에 있어 내부고객지향성 관련 기준을 조정하는 것 외에 고위 경영층은 내부마케팅 교육, 프로그램 실행 지원, 부서별 자원할당과 같은 노력을 통해 내부마케팅 프로그램에 대한 공식적인 관심을 표명해야만 한다. 다시 말해 만약 경영층이 예산 배정 등의 촉진요소를 이용하여 내부고객지향성을 채택할 정도가 되면, 기업 전체적으로도 자연스럽게 내부고객지향성을 채택하려는 시도가 늘어나게 될 것이다. 만약 혜택이 비용보다 많지 않다면 종업원들은 내부고객지향성을 채택하는 데 저항하게 될 것이다.

사례 : "이윤보단 사람" … 신세계 정용진의 '통 큰 경영'

CEO 2년차인 정용진 신세계그룹 부회장은 사고뭉치(?)다. 남들이 전혀 예상치 못한 기발한 아이디어를 경영에 접목해 사람들, 특히 경쟁사들을 깜짝 놀라게 하기 때문이다. 그런 정 부회장이 또 대형사고(?)를 쳤다. 임직원이 퇴직한 뒤에도 10년 동안 중고등학교는 물론 대학생 자녀 학자금까지 모두 지원하겠다고 선언한 것.

정 부회장은 "내부고객을 우선 배려해야 한다"는 경영철학을 갖춘 최고경영자다. 퇴직 임직원을 향해 파격적인 복지제도를 내놓은 것도 같은 맥락이다. 정 부회장은 평소 임직원들에게 "퇴직 후 자녀 학자금 걱정이 으뜸인데 신세계 임직원으로서 자긍심이 생길 수 있도록 학자금 지원제도를 시행하자"는 말을 자주 했다. 직원들이 회사에 무한 감동하며 사기가 올라야 고객을 최고로 섬긴다는 생각에서다.

2009년 신세계호의 지휘봉을 잡은 정 부회장은 말보다는 행동을, 이윤보다는 사람을 남기는 경영철학을 실천했다. 특히 임직원을 향한 정 부회장의 통 큰 경영도 이번이 처음은 아니다. 지난해엔 직원 임금을 국내 최고 수준으로 올리는 등 파격적인 임금 인상을 단행했다. 정 부회장은 또 연간 매출 200억 원을 보장하던 서울, 인천, 광주 등 신세계 이마트와 백화점의 1, 2층 매장들을 밀어내고 사원과 협력업체 직원만을 위한 어린이집도 세웠다. 고객을 직접 대면하는 직원의 복지야말로 최선의 고객서비스라는 경영철학 없이는 힘든 선택들이다.

정 부회장은 한 경영전략회의에서 "유통업은 사람이 곧 설비이고, 사람에게 쓰는 돈은 투자"라면서 "이를 비용으로 생각하지 말라"고 말한 바 있다. 그는 당장의 이윤을 남기기보다는 사람을 남겨야 한다는 경영철학을 실천해 나가고 있다.

자료 : 투데이, 2011년 4월 4일자 인용

2.5 직무만족과 내부마케팅

직무만족은 판매력과 관련하여 많이 연구된 주제 중 하나로, 특히 직무만족이 어떻게 창출되며 직무의 여타 결과들에 어떻게 영향을 미치는지에 대한 관심이 높다.

직무만족의 개념은 아직 명확하지 않은데, 감정적(affective) 및 인지적(cognitive) 차원이 모두 포함된 것으로 보고 있다. 하지만 대부분의 연구에서 직무만족을 측정하기 위해 기본적으로 인지적 차원을 사용한다.

감정적 접근방법에서는 직무만족의 정의를 "작업상황의 측면에 대한 느낌이나 감정적 반응"이라 했고, 유사한 정의로 "직무나 작업경험에 대한 자신의 평가로부터 나타나는 긍정적 또는 즐거운 감성적 상태(emotional state)"가 있다. 이를 정리하면 직무만족은 종업원이 갖는 직무에 관한 긍정적 또는 부정적 느낌, 즉 직무에 대한 감정적 평가인 것이다.

인지적 접근방법에서는 직무만족을 "작업환경의 양호함에 대한 의견"으로 보았다. 또한 직무만족을 태도로 보고 "어느 정도의 호감 또는 비호감을 가지고 경험한 직무를 감정적 또는 인지적인 평가에 의해 표현되는 내적 상태"라는 주장이 있으며, 보다 명확히는 "직무나 작업환경에 대한 긍정적(또는 부정적) 평가"라는 견해도 있다.

직무만족에 대한 연구는 다음과 같은 이유로 기업이 고객지향성을 제고하기 위한 내부마케팅 활동에 필요하다.

첫째, 직무만족은 충성이나 동기부여와 같은 작업환경과 관련하여 종업원의 행위 과정을 설명한다. 둘째, 직무만족은 서비스품질, 효율성, 생산성 및 서비스에 대한 고객의 평가와 같은 특정한 고객관련 변수들과 연관되어 있다. 예를 들면, 직무만족의 변화는 생산성을 제고시킬 뿐만 아니라 고객서비스의 개선이나 고객만족을 증가시키는 잠재력도 가지고 있다. 다시 말해 종업원의 직무만족과 그에 따른 소속감 및 조직에 대한 몰입이 커질수록 판매원이 보다 높은 수준의 고객만족을 위해 더욱 노력하게 될 것이다. 따라서 직무만족은 고객지향적 행동의 배경이 되어 직무에 만족한 종업원이 고객들에게 보다 나은 서비스를 제공하게 되는 것이다.

참 | 고 | 문 | 헌

1) Hartline, M. D., J. G. Ⅲ Maxham and D. O. McKee(2000), "Corridors of Influence in the Dissemination of Customer-oriented Strategy to Customer Contact Service Employees", *Journal of Marketing*, 64, 35-50.

2) Drucker, P. F.(1954), *The Practice of Management*, Harper & Row, New York.

3) Parasuraman, A(1987), "Customer Oriented Corporate Cultures are Crucial to Service Marketing Success", *Journal of Service Marketing*, 1(1), 39-46

4) Narver, John C. and Stanley F. Slater(1990), "The Effect of a Market Orientation on Business Profitability", *Journal of Marketing*, 54(4), 20-35.

5) Donovan, D. T., T. M. Brown and J. C. Mowen(2004), "Internal Benefits of Service-Worker Customer Orientation: Job Satisfaction, Commitment, and Organizational Citizenship Behaviors", *Journal of Marketing*, 68, 128-146.

6) Brown, T. J., J. C. Mowen, D. T. Donovan and J. W. Licata(2002), "The Customer Orientation of Service Worker: Personal Trait Effects on Self- and Supervisor Performance Ratings", *Journal of Marketing Research*, 34(Feb), 110-119.

7) Swenson, M. J. and Herche, J.(1994), "Social values and salesperson performance: and empirical examination", *Journal of Academy of Marketing Science*, 22, 283-289.

8) Dunlap, B. J., M. J. Boston and T. M. Chambers(1988), "Perceptions of Real-Estate Brokers and Buyers: A Sales-Oriented, Customer-Oriented Approach", *Journal of Business Research*, 17, 175-187.

9) Hunt, Shelby D. and Robert M. Morgan(1995), "The Comparative Advantage Theory of Competition", *Journal of Marketing*, 59(April),

1-15.

10) Shapiro, B. P.(1988), "What Hell is 'Market Oriented'?", *Harvard Business Review*, 66, 119-125.

11) Deshpandé, Rohit, John U. Farley, and Frederick E. Webster(1993), "Corporate Culture, Customer Orientation, and Innovativeness in Japanese Firms: A Quadrant Analysis", *Journal of Marketing*, 57(January), 23-37.

12) Kohli, Ajay K. and Bernard J. Jaworski(1990), "Market Orientation: The Construct, Research Propositions, and Managerial Implications", *Journal of Marketing*, 54(2), 1-18.

13) Siguaw, Judy A., Gene Brown and Robert E. Widing, II(1994), "The Influence of the Market Orientation of the Firm on Sales Force Behavior and Attitudes", *Journal of Marketing Research*, 31(1), 106-116.

14) Berry, Leonard L.(1981), "The Employee as Customer", *Journal of Retail Banking*, 3, 25-28.

15) Rafiq, M., & Ahmed, P. K. (2000), "Advances in the Internal Marketing Concept: Definition, Synthesis and Extension", *Journal of Service Marketing*, 14(6), 449-462.

16) Liao, Jun-Fang(2009), "The Effects of Internal Marketing on Customer Orientation in the Banking Industry", *Golden Gate University*, Doctor of BA program Dissertation.

17) [표 7-1] 참고문헌을 정리함.

-Sasser, W. E., & Arbeit, S. F.(June 1976), "Selling Jobs in the Service Sector", *Business Horizons*, 61-62.

-George, W. R.(1977), "The Retailing of Services-A Challenging Future", *Journal of Retailing*, 85-98.

-Thompson, T. W., Berry, L. L., & Davidson, P. H.(1978), *Banking Tomorrow: Managing Markets Through Planning*, New York, Van Nostrand Reinhold Company.

-Berry, Leonard L.(1981), "The Employee as Customer", *Journal of Retail Banking*, 3, 25-28.

-Berry, Leonard L. and Parasuraman A.(1991), Marketing Services:

Competing Through Quality, New York: The Free Press.

-Bekkers, M., & Van Haastrecht, R.(1993), "The Foundations of Internal Marketing", *22nd, EMAC Conference Proceedings*, 1, 140-164.

-Bak, C. A., Vogt, L. H., George, W. R., & Greentree, R. I.(1994) "Management by Team: An Innovative Tool for Running A Service Organization through Internal Marketing", *Journal of Services Marketing*, 8, 37-47.

-Liao, J. F., Wu, C. H. J., Jou, Y. H., & Huang, Y. Y.(2004), "A Study of the Relationship between Internal Marketing, Job Satisfaction and Customer-Oriented Behaviors", *Sun Yat-Sen Management Review*, 5.

-Cahill, D. J.(1995), "The Managerial Implications of the Learning Organization: A New Tool for Internal Marketing", *Journal of Service Marketing*, 9(4), 43-51.

-Grönroos, Christian(1994), "From Marketing Mix to Relationship Marketing: Toward A Paradigm Shift in Marketing", *Asia-Australia Marketing Journal*, 2(1), 9-13.

-Kotler, P., and G. Armstrong(1991), *Principles of Marketing* (5th ed.). Englewood Cliffs, Prentice-Hall.

-Kotler, P.(1977), "'From Sales Obsession to Marketing Effectiveness", *Harvard Business Review*, 55, 67-75.

-Gummesson, E.(1987), "The New Marketing-Developing Long Term Interactive Relationships", *Long Range Planning*, 20(4), 10-20.

-Thomas, M.(1987), "Customer Care: The Ultimate Marketing Tool", *Proceedings of Marketing Education Group Conference*, 283-294, Warwick Business School.

-Johnson, E. M., & Seymour, D. T.(1985), "The Impact of Cross-Selling on the Service Encounter in Retail Banking", In Czepiel, J.A., Soloman, M. R., & Surprenant, C. F.(Eds.), *The Service Encounter: Managing Employee/Customer Interaction in Service Businesses*, Lexington, MA, D.C. Heath.

-Grönroos, Christian(1981), "Internal Marketing: An Integral Part of Marketing Theory", In Donnelly, J. H., & George, W. R. (Eds.),

Marketing of Services, 236–238. Chicago: American Marketing Association.

–Piercy, N. F.(2002), *Market–led Strategic Change: A Guide to Transforming the Process of Going to Market*, Oxford: Butterworth–Heinemann.

–Joseph, W. B.(1996), "Internal Marketing Builds Service Quality", *Journal of Health Care Marketing*, 16(1), 54–59.

–Rafiq, M., & Ahmed, P. K.(1993), "The Scope of Internal Marketing: Defining the Boundary between Marketing and Human Resource Management", *Journal of Marketing Management*, 9, 219–232.

–Glassman, M., & McAfee, B.(1992), "Integrating the Personnel and Marketing Functions", *Business Horizons*, 35(3), 52–59.

–Martin, R. A.(1992), "Creating and Maintaining Service Culture", *International Journal of Quality and Reliability Management*, 9(1), 9–19.

–Christopher J. Easingwood, Chris Storey(1991). "Success Factors for New Consumer Financial Services", *International Journal of Bank Marketing*, 9(1), 3–10.

–George, W. R.(1990), "Internal Marketing and Organizational Behavior: A Partnership in Developing Customer–Conscious Employees at Every Level", *Journal of Business Research*, 20(1), 63–70.

18) Heskett, James L., Thomas O. Jones, Gary W. Loveman, W. Earl Sasser, Jr., and Leonard A. Schlesinger(1994), "Putting the Service–Profit Chain to Work", *Harvard Business Review*, March–April, 164–170.

19) Grönroos, Christian(1985), "Internal Marketing Theory and Practice in Services Marketing in a Changing Environment". In Bloch, T. M., Upah, G., & Zeithaml, V.(Eds.), *Services Marketing in a Changing Environment* (41–47), Chicago, American Marketing Association.

20) Kotler, P.(2000), "*Marketing Management: Analysis, Planning, Implementation, And Control*", 10th eds., Prentice–Hall, Eaglewood Cliffs, NJ.

21) Judd, Vaughan C.(2003), "Achieving A Customer Orientation Using

"People–Power", the "5th P", *European Journal of Marketing*, 37(10), 1301–1313.

22) Donovan 등(2004), *op. cit*.

고객참여

CHAPTER • 08

1. 고객참여의 중요성
2. 고객참여의 정의
3. 고객참여와 관련 개념의 관계
3. 고객참여 활용 전략

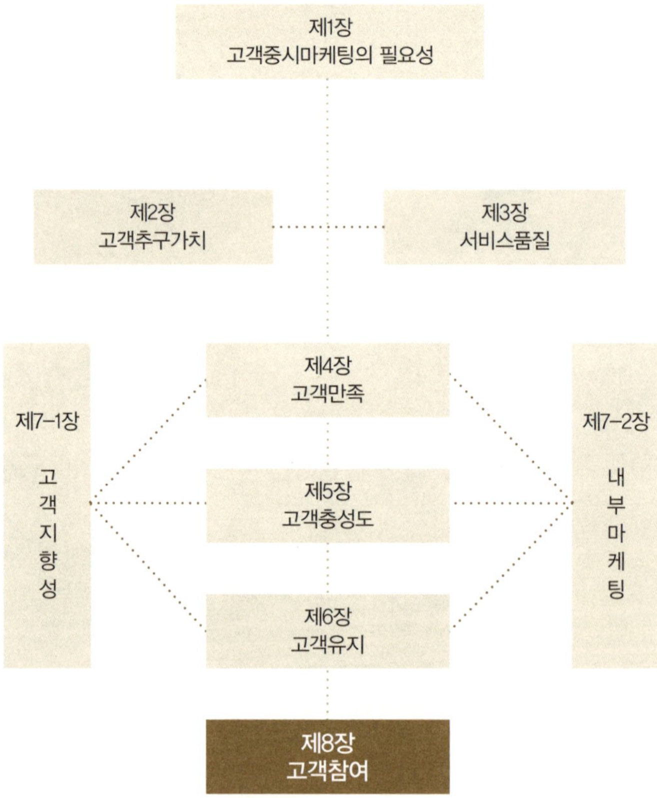
제1장
고객중시마케팅의 필요성
제2장
고객추구가치
제3장
서비스품질
제7-1장
고
객
지
향
성
제4장
고객만족
제5장
고객충성도
제6장
고객유지
제7-2장
내
부
마
케
팅
제8장
고객참여

1. 고객참여의 중요성

이번 장에서는 고객참여(customer participation)에 대해서 살펴보기로 한다. 고객참여의 문제는 고객을 생산과 판매 활동과정의 일부에 참여시키는 것이므로 이 책의 다른 주제들과 성격이 다를 수 있기 때문에 같이 다루는 것이 적절치 않다고 생각할 수 있을 것이다. 그러나 달리 생각하면 기업이 고객을 참여시키는 것은 보다 나은 서비스를 산출하고 고객의 만족도와 서비스품질을 제고시키려는 데 그 목적이 있는 것이므로 이 책의 다른 주제들과 같은 맥락에서 다뤄져야 할 필요성이 있다.

기업활동을 효율화한다는 관점에서 고객참여는 고객상황에 맞춰 고객의 요구 및 욕구(needs and wants)를 충족시키기 위한 전략이다. 예를 들어, 맥도널드 햄버거와 같은 프랜차이즈 유통점의 경우 시간압박이라는 고객상황에 맞춰 최대한 신속하게 적정한 서비스를 제공한다는 점에서 고객의 상황을 반영한 유통형태라고 할 수 있다. 어떤 경우에는 기업이 담당해야 할 과업을 고객 스스로 수행함으로써 지불하는 대가를 할인받으려는 일부 고객집단의 요구를 충족시키고자 하는 마케팅전략의 일부로 고객참여를 생각할 수 있다.

고객참여는 디지털환경에서 더욱 활발해지고 갈수록 중요성이 더해지고 있다. 과거에는 장소적, 시간적, 환경적 제약으로 인하여 불가능하였던 생산 및 유통현장에서의 고객들의 실제적 참여가 인터넷과 웹으로 대표되는 디지털환경의 도래로 인하여 많은 부분이 가상환경에서도 실현할 수 있게 되었다. 디지털환경의 출현으로 인하여 소비자의 참여활동이 가능해지고 이는 결국 기업의 마케팅활동에 영향을 미치게 되었다. 고객이 기업의 가치사슬상에 참여하고, 공헌할 수 있는 부분이 많아지면서 고객이 가치체계의 주도권을 갖게 된다는 점에서 고객참여는 기업의 관점에서 매우 중요한 패러다임이자 변화 동향이라고 할 수 있다.

다양한 서비스상품을 취급하는 서비스기업에서는 고객의 기여도에 따라 마케팅 프로그램을 차별화하고 새로운 사업 모델을 창출하기도 한다. 예를 들어, 은행에서는 지점내방, ATM, 인터넷 뱅킹 및 모바일 고객 등과 같은 고객의 은행서비스 이용 방법에 따라 수수료 등의 서비스 차별화를 시행하고 있다. 증권회사에서도 주식을 사고파는 서비스를 어떻게 제공하느냐에 따라 고객이 지불하여야 할 비용을 다르게 설정하게 된다. 인터넷 환경의 도래로 인해 거래수수료를 중심으로 하는 증권회사의 수입원이 한계에 도달하여 사업환경에 많은 영향을 받고 새로운 사업 모델을 발굴해야 하는 입장에 처한 지는 이미 오래되었다.

이러한 금융기관은 물론 다양한 서비스기업들의 경우에도 고객참여활동은 대세가 되고 있으며, 이러한 참여활동의 적극성과 품질에 따라 서비스 성과수준이 결정되는 경우도 빈번해지고 있다. 한편 제조업에서의 신제품 개발, 가격설정, 유통 및 판매촉진활동에서도 이와 같은 고객참여는 매우 일반적인 현상이 되고 있다. 더 나아가 이를 잘 활용하는 것이 기업의 핵심 역량이자 경쟁력을 결정하는 중요한 수단이 되고 있다. 본장에서는 고객참여의 기본 개념과 함께 관련된 다양한 이슈 및 주제에 대해서 고찰하고 마케팅에서 차지하는 의미를 반추하고자 한다.

2. 고객참여의 정의

고객참여에 대한 정의를 살펴보기 위해서는 '참여'(participation)에 대한 의미를 파악하는 것이 순서이다. 우선 참여(participation)의 사전적 의미는 '일부분을 가진다'라는 라틴어에서 유래된 것으로, 성과공유, 공동결정 및 고통분담 등과 같은 의미를 포함한다.[1] 이러한 참여의 다의성은 적용 대상 및 상황에 따라 다른 의미를 가질 수 있으며 여러 분과학에 따라 다르게 정의할 수 있다.[2] 참여를 통해 달성하고자 하는 목적에 관여하는 정도에 따라서 그리고 많은 부분 적극 공헌하는 것에서부터 주어진 것을 받아들이거나 이에 대해 의사결정을 하는 것까지 다양한 형태를 보일 수 있다.

참여와 구별해야 하는 개념으로 관여(involvement)를 들 수 있다. 관여는 제품이나 서비스에 대해 소비자가 갖는 개인적 관련성 또는 중요성(personal relevance or importance)이라고 할 수 있으며, 참여는 서비스의 사양(specification) 및 전달(delivery)과 관련된 소비자행동이라고 구분할 수 있다. 관여도가 높다는 것은, 소비자에게 중요한 의미를 갖고 있는 선물(gift), 의약품 및 자녀를 위한 교육서비스 구매 등의 경우에 보다 신중하게 생각하고 행동하는 것을 의미한다. 참여는, 소비자가 중요한 의미를 부여하는 고관여(high involvement)와는 상관없이, 고객이 신제품 개발, 교육과정에 투입되는 학생 및 조제 약품에 대한 환자의 처방전 준수 등을 가리키는 것에서부터 보다 적극적으로 기업의 생산 및 마케팅과 같은 경영활동에 소비자가 적극 개입하고 행동함으로써 자신의 요구나 욕구를 충족시키고자 하는 것으로 구분할 수 있다.

고객참여는 생산활동에 적극적으로 참여하는 형태와 고객이 서비스 등을 이용하기 위해서 수행하는 참여활동으로 크게 나눌 수 있다. 전자는 공동생산자(coproducer)로서의 고객참여 행태이고, 후자는 부분적 종업원(partial employee)으로서의 고객참여 형태라고 할 수 있다.[3] 예를 들어, 은행의 새로운 상품에 대한 아이디어 제공이나 브랜드 공모전에 참여했다면 생산 활동의 참여 형태라고 볼 수 있고, 은행에서 서비스를 제공받기 위해서 서류를 작성하고 정보를 제공하는 등의 활동을 하는 것은 부분적 종업원으로서의 고객참여라고 간단히 설명할 수 있다.

지금까지 마케팅 및 관련 분야에서 고객참여 개념이 도입되어 발전된 흐름을 정리하면 [표 8-1]과 같다. 1990년대를 전후하여서는 고객의 존재 및 고객이 관여되는 정도로 파악하는 개념적 정의가 일반적이었다. 1990년대 중반 이후로 고객의 활동이나 서비스 프로세스에 참여하는 유형이나 방법을 중시하는 과정적 접근이 중시되고 있음을 알 수 있다. 이는 서비스의 객체로서 고객의 참여를 파악하던 전통적 시각에서 서비스의 생산성이나 품질을 개선하고 서비스 마케팅의 효과성을 제고하려는 보다 적극적인 시각으로 발전되어왔음을 의미한다.

표 8-1 ▮ 고객참여 개념의 발전[4)]

연구자	의미	접근
Larsson and Bowen(1989)	정보의 투입, 고객의 존재 자체, 고객의 노동으로 정의	고객의 역할 중시 접근
Dobholcar (1990)	서비스 생산 및 전달 활동에 고객이 관련되는 정도	개념적 접근
Cermak and File(1994)	기업이 서비스 제공과정에서 생산 및 전달 활동에 대한 고객의 일정한 물질적, 비물질적 행위로 인한 이익	개념적 접근
Zeithaml and Bitner (1996)	정보기여와 서비스 프로세스에 관여하는 노력	고객의 역할 중시
Kellog, Youngdahl and Bowen(1997)	고객이 종업원으로부터 보다 높은 서비스를 받아내기 위하여 행동하는 네 가지 활동(서비스에 대한 준비작업, 종업원/기업과의 관계형성, 정보교환, 서비스에 대한 간섭)	고품질의 서비스 창출을 위한 고객의 역할
Meuter and Bitner (1998)	고객참여를 기업생산, 공동생산(joint production) 및 고객생산의 세 유형으로 구분	생산활동 참여로 본 구분
Rodie and Kleine (2000)	서비스 생산과 제공 과정에서 심리적, 물리적 및 감정적 희생을 포함하여 고객이 제공하는 활동 및 자원	보상적 접근
Harris et al.(2001)	고객 간 구전활동을 통한 지식의 공유 혹은 획득, 행위에의 참여 등으로 구분하여 설명	참여 유형을 중시
Haijun(2004)	참여 프로세스에서 고객의 지각된 참여 방법과 기대된 방법 사이의 일관성	지각과 기대와의 일관성 중시

Jing and Peng (2005)	고객참여를 ① 사전 준비, ② 정보교환, ③ 협력행위, ④ 상호작용, ⑤ 피드백 제안의 다섯 가지 차원으로 구분	과정적 접근

고객참여의 측정에 대하여도 여러 학자가 연구하여 발표하였는데, 참여의 정도에 따라 미미한 참여(서비스 제공 시 존재하는 고객행위), 중간 정도의 참여(서비스 창출과정에 고객을 투입시키는 행위) 및 강력한 참여(서비스 제품을 생산하기 위해 기업과 협력하는 행위)와 같이 세 가지로 구분할 수 있다.[5)]

고객참여를 측정하기 위한 도구로서 참여와 서비스품질의 SERVQUAL을 원용하여 PARTIQUAL을 제시한 연구가 있다.[6)] 동 연구에서는 고객참여가 서비스 품질에 기여하고 고객참여라는 행동품질에 의하여 서비스품질 차이가 발생할 수 있다고 하면서 이의 선행요인으로 적극성(activity effort), 소통성(communication effort), 교감성(sympathy effort) 및 순응성(compliance effort)의 네 가지 요인을 들고 있다.

3. 고객참여와 관련 개념의 관계

3.1 고객참여와 고객만족의 관계

고객이 생산이나 서비스 제공과정에 참여하는 것이 고객만족도를 제고시키는가 여부는 매우 흥미진진한 주제이다. 일반적으로 고객참여는 고객만족을 가져온다고 생각할 수 있다. 이러한 가설에 근거하여 1990년대 이래 고객참여로부터 이끌어지는 고객만족이 고객충성도, 나아가 기업 성과로 연결되는가에 대한 연구가 많이 수행되었다.[7] 이런 이유로 고객참여와 고객만족 사이의 관계에 대한 연구가 충성도 등의 연구에 비해 많이 축적되지는 않았지만 여기서는 둘 사이의 관계에 대한 기존 연구들을 [표 8-2]에서와 같이 정리하기로 한다. 특히 본서의 중요한 연구 대상인 금융서비스를 중심으로 한 서비스산업에서의 적용가능성을 고찰한 연구에 있어서는 둘 사이에 매우 긍정적인 관계가 있다고 주장된 바 있다.[8]

인지일관이론(cognitive consistency theory)에 의하면, 서비스 과정에 참여하는 고객은 그렇지 않은 고객보다 그들의 기대 상황과 일관되거나 우월한 시나리오가 진행된다면 더욱 만족하는 경향이 있다.[9] 그리고 규제초점이론(regulatory focus theory)에 의하면 개인이 '자기 지시(self-guides)'를 따르면 다른 규제적 상태가 유발된다고 한다. 촉진에 초점을 맞추면(promotion focus) 개인의 희망, 바램 또는 열망으로 정의되는 이상적 자기 희망을 달성하고자 하는 개인의 욕구가 촉진된다.[10] 이와 대조적으로 금지에 초점을 맞추면(prevention focus) 개인이 의무, 책임 등으로 정의되는 자기 지시(ought self-guides)와 같은 상이한 규제 상황이 전개된다는 주장이다. 이러한 규제초점이론에 의하면 서비스 창출 과정에 참여하는 고객은 더욱 많은 시간과 에너지를 투입하는 경향이 있기 때문에 결과가 그들의 기대에 미치지 못하는 경우에는 더욱 불만족하게 되는 경향이 있다.

한편, 고객 참여도가 높으면 서비스 생산, 마케팅 및 제공 과정에 대한 지식이 많아지게 되므로 서비스에 대해 보다 객관적, 이성적 판단을 할 수 있게 된다.[11] 이는 서비스에 대한 적절한 기대감을 갖게 하고 이의 충족으로 이어진다면 고객만족을 확보할 수 있는 결과를 가져올 수 있음을 의미한다.

고객참여를 위한 측정도구로서 PARTIQUAL을 제시한 연구에서 고객참여와 고객접점 만족 및 고객만족과의 관계를 탐색한 결과 유의적인 영향을 미치는 것으로 밝혀졌다.[12] 이 결과는 고객만족과 고객접점만족을 구분하였다는 점에서 차별성이 있으며 고객이 서비스제공자와의 관계에서 적극적인 역할을 수행하면 상호작용이 촉진되어 서비스에 대한 만족도도 제고된다는 것이다.

표 8-2 ▮ 고객참여와 고객만족과의 기존 연구흐름[13)]

연구자	연구 결과	비고
Bateson(1985), Mills and Morris(1986)	고객참여와 고객만족 사이의 촉진 관계에 대한 연구를 개척	
Silparkit and Fisk(1985)	고객참여의 정도가 높으면 보다 많은 고객이 불만족스러운 서비스를 제공 기업보다는 그들 스스로에게 돌림	
Kelly et al.(1990)	기업은 고객이 참여를 독려하는 방법을 연구하는 수단으로서 조직의 사회화 프로세스를 활용	금융산업 적용 강조
Reicheld and Sasser(1990)	효과적인 고객참여는 고객만족, 고객충성을 이끌고 조직의 성과에 기여함	
Dobholcar(1990)	고객참여는 고객인지를 개선하는 서비스 상호작용성으로 기업에 의해 제공되는 서비스품질 인식(대기시간, 지각된 통제 등)에 영향을 미침	
Cermak and File(1994)	고객참여가 평가되고자 하면 서비스제공자와 고객 사이의 관계 범위가 고려되어야 함	
Ennew and Binks(1999)	고객서비스 관계의 참여 활동은 품질 지각, 만족 및 유지에 긍정적 영향을 미침	
Sierra and McQuitty(2005)	서비스참여는 서비스품질에 대한 공유된 책임감을 바탕으로 감정적 반응을 일으키게 되고 결국 긍정적인 평가를 하게 된다고 함	
서문식 · 안진우(2008)	측정도구의 개발을 통해 고객참여가 접점만족과 고객만족에 긍정적인 영향을 미침	병원 서비스 대상 연구

고객참여와 고객만족의 관계에 대해 비교적 간명한 연구 모델을 구성하여 수행한 실증 연구로서 교육 및 의료 서비스를 대상으로 성과와 기대를 매개로 한 관계를 고찰한 것이 있다.[14)] 이 연구에서는 서비스 제공 상황에서 고객은 부분적 종업원으로서 노동과 정보를 제공하여 자신의 요구수준

을 반영하기 때문에 성과에 대해 정(正)의 영향을 미치고 이는 다시 고객의 만족도를 높인다는 결과를 제시하고 있다.

한편 기대의 매개효과에 대해서는 많은 논의가 지속되어 왔으나, 이원적 상호작용(dyadic interaction)이 이루어지는 서비스 접점에서 서비스 종업원이 고객의 참여에 의한 적극적인 협력과 지원을 지각하게 된다면 호혜주의 규범(norm of reciprocity)에 따라 서비스 직원의 과업 수행 노력을 초래하고 이는 결국 고객의 기대에 긍정적인 영향을 가져온다고 설명하고 있다.

만족에 대한 기대의 직접 효과 유의성에 대해서는 일반적으로 일치된 견해를 보이지 않았으나 이 연구 결과에서는 고객은 참여하게 되면 자신의 판단이나 입장과 일치되는 감정을 지각하고자 하는 노력으로 만족도를 제고한다고 주장하고 있다. 이러한 연구 결과는 결국 고객참여가 성과와 기대라는 매개변수를 통해 만족도에 긍정적인 영향을 미친다고 할 수 있을 것이다.

3.2 고객참여와 서비스품질의 관계

서비스 생산과정에의 고객참여 활동이 서비스품질 지각에 어떤 영향을 미치는가도 서비스기업 관점에서 기업의 서비스 제공 및 마케팅 전략을 결정하는 매우 중요한 주제라고 할 수 있다. 여기서는 둘 사이에 대한 기존의 연구를 우선 고찰하고 전략적, 실무적 시사점을 살펴보기로 한다.

고객참여는 서비스 생산과정에 있어서 고객의 자생적 기능을 부각시킨다고 주장하며 고객참여의 중요성을 설명하기도 한다. 서비스가 성공적이라고 생각하면 고객은 스스로에게 귀인시키고, 서비스가 실망스러우면 책임을 떠맡는다고 하며 서비스 성과가 매우 성공적이면 이를 자신의 참여 내지는 공헌 탓으로 돌리고 더욱더 만족하는 경향이 있다고 한다.[15)]

고객은, 결함 있는 서비스에 의한 불만족은 그에 상응하는 역할을 하지 못한 자신들의 능력 부족으로 돌리는 경향이 있다고 한다.[16] 예를 들어, 금융기관의 권유에 의해 펀드 상품에 투자한 고객은 성과가 좋지 않은 경우에도 자신이 보다 많은 정보를 검토 · 분석하지 않고, 보다 신중하게 결정하지 않았다는 것을 강조하면서 금융기관의 과실에 대해서는 너그러운 경우가 흔하게 발생하는 것을 생각하면 알 수 있을 것이다.

고객참여는 서비스품질 지각에 긍정적인 영향을 미치며 이는 고객유지에도 같은 영향을 끼치게 된다고 한다.[17] 고객참여와 서비스품질 사이의 관계를 공유된 책임감과 서비스 접점 만족을 통해 설명한 연구가 있다.[18] 실증 분석 결과, 고객이 스스로 결정하려는 심리적 특성이 강할수록 참여활동이 활발해지고 이는 서비스기업과의 접점에서 만족의 형태로 나타나 결국 서비스품질에 대한 지각수준을 높이는 효과를 가져온다는 것을 알 수 있다. 이러한 결과는 기업의 효율성을 저해하지 않는 범위에서 고객에게 개인화된 선택권을 부여하는 것이 고객의 서비스품질 지각 수준을 높이는 방안이라는 시사점을 제공하고 있다.

3.3 고객참여 연구체계 종합

지금까지 고객참여 및 관련되는 주제에 대해서 다양한 기존 연구 및 관련 문헌을 고찰하였다. 서비스 마케팅 분야에서 오랜 역사를 가진 고객참여의 문제가 학계는 물론 실무에서 관심이 고조된 것은 인터넷으로 대표되는 디지털환경의 도래라고 할 수 있다. 과거에는 분산되고 격리되어 있었던 개별 고객이 다양한 매체와 플랫폼을 통해서 집합적 의견을 보이고 이것이 다시 기업의 활동에 영향을 미치기에 이르고 있다.

최근에는 집단지성(collective intelligence)[01]이라 하여 인터넷으로 대표

01 집단지성에 대한 일반적 정의는 '다수가 참여해 서로 협력 및 경쟁하는 과정을 통해 집

되는 디지털 시스템을 통한 사람들의 적극적 참여 활동이 더욱 가치를 인정받고 있다. 이것이 가능하게 된 것은 인터넷을 통해서 전지구촌이 하나의 네트워크로 연결되고 여기에 전문가만 국한된 것이 아니라 모든 사람들이 적극 참여하게 되었음을 의미한다. 이와 같이 중차대한 파급효과를 가져온 디지털환경의 고객참여 문제를 살펴보기 위하여 우선 고객참여에 대한 기존 연구들을 정리하는 것이 의미 있을 것이다.

먼저 디지털환경의 도래에 따른 차이를 확인하기 위하여 연구대상 환경을 오프라인환경과 온라인환경으로 구분할 수 있다. 21세기의 가장 큰 기업환경의 변화 중 하나는 인터넷을 기반으로 한 정보풍부성과 고객과 기업 간의 연결이 매우 실재적이고 긴밀해졌으므로 고객참여 활동도 다른 특성을 보일 수 있다. 또한 연구대상을 고객참여를 통한 성과 및 결과에 초점을 맞출 것이냐, 고객참여로 인한 과정에 초점을 맞추느냐에 따라 크게 구분할 수 있다. 환경의 차이와 고객참여에 대한 초점을 두 개의 축으로 구분하면 다음과 같은 사분면으로 세분화할 수 있으며, 각각의 영역에 기존의 대표적인 국내외 연구를 포함시킨 결과이다.

단 수준에서 종합적으로 발현되는 새로운 지적 능력'이다. 최근 기업의 내부역량 한계를 극복하기 위해 집단지성이 부각되고 있는 바, 기업 관점에서는 기업조직 내 특화된 소수 전문가 집단만으로는 풀기 어려운 문제를 다양한 내 · 외부 참여자의 협력과 경쟁을 통해 해결하는 활동을 의미한다. 이러한 집단지성은 2000년을 전후한 개방형 혁신(open innovation) 개념에서 부상하여 2006년에는 기업활동의 전 영역(제품개발, 마케팅, 고객지원 제품생산)으로 확대되는 클라우드소싱(crowdsourcing) 개념으로 발전되어 왔다. (자료 : 삼성경제연구소, 「가치창출의 원천, 집단지성」, CEO Information, 2010. 11. 3.

표 8-3 ▮ 고객참여 연구체계 분류 : 양석준(2005)[19] 연구에 추가함

	오프라인 환경	온라인 환경
참여성과 지향연구	• Lovelock and Young(1979) • Fitzsimmons(1985) • Mills and Morris(1986) • Mills, Chase and Marguilies(1983) • Bendapudi and Leone(2003)	• 임종원, 이동일(1999) • Holland and Baker(2001) • 송창석 · 신종칠(1999) • Wind and Rangaswamy(2001)
참여과정 지향연구	• Bowen(1986) • Bowen and G. R. Jones(1986) • Kelly, Donnelley and Skinner(1990) • Larsson and Bowen(1989) • Song and Adams(1993)	• 양석준(2005) • 양석준 · 송상연(2007)

고객참여를 오프라인환경에서의 성과 측면에서 검토하고 있는 연구들은 고객참여를 통한 생산성 향상에 대해서 초점을 맞추고 있다. 부분적 종업원이나 자원으로서의 고객의 역할을 활용하여 생산성을 제고시키는 한편, 기업을 이해하고 기업목표를 공유함으로써 만족이라는 성과로 이어질 가능성이 높다는 관점의 연구들이다.

고객참여에 대한 오프라인환경에서의 과정중심 연구는 고객과 기업 간의 접점구조 설계, 고객의 사회화과정, 고객과 기업의 상호작용 형태 및 프로세스에 대한 연구가 주종을 이루고 있다. 그리고 고객의 참여과정이 고객만족에 미치는 영향에 대한 연구도 고객참여를 설명하는 중요한 관심사로 다루어져 왔다.

온라인상에서의 고객참여 행동은 우리에게 많은 실무적 시사점과 학문적 관심을 불러일으키고 있다. 이러한 주요 연구도 성과와 과정의 관점에서 파악할 수 있는데 [표 8-3]에서 보는 바와 같이 성과 측면의 연구는 정보통신기술과 보급 측면에서 세계 최고수준을 자랑하는 우리나라에서 활발하게 진행되어 왔다. 한편 과정 측면의 연구는 비교적 최근 활성화되어 현재까지도 계속 진행된 것을 알 수 있다.

이러한 관심과 활동의 증가는 결국 소비자 대중의 참여를 기반으로 하는 최근 모바일 기기의 스마트화를 통한 변화와 빅데이터의 처리 및 활용으로 이어지고, 이는 결국 기업의 중요한 과제이자 핵심역량을 발휘할 수 있는 주요한 이슈로 자리매김하게 되었다. 여기서 이러한 최근의 변화를 모두 반영하는 것은 어렵기 때문에 인터넷환경의 변화에 따른 고객의 거래 및 관계에서의 역할과 기업이 고객을 보는 관점의 변화에 대해서 다음 절에서 고찰하기로 한다.

4. 고객참여 활용 전략

4.1 기업과 고객관계의 재설정

고객을 보는 조직의 시각은 오랫동안 매우 중요한 논쟁거리였고 많은 석학들이 고민한 연구주제이기도 하다. 일반적으로 시장에서 좋은 이미지를 가지고 있고 고객참여가 활성화된 조직은 고객과 상호작용이 활발하고 고객의 의견을 경영 의사결정과 활동에 적극 반영하는 것이라고 이해할 수 있으나 여러 분과학에서 다소 다른 접근과 관점을 통해 고객을 파악하고자 하는 시도가 이루어져 왔는데 다음 [표 8-4]에서 이에 대해 간략히 살펴보고자 한다. 여기서 경제학과 조직론 및 마케팅 관점에서는 제조업 중심의 기업을 위주로 파악하고 있어 서비스기업에 적용하기에는 한계를 보일 수 있기 때문에 고객참여가 필수적인 서비스 마케팅에 있어서는 보다 선행적인 관점에서 고객의 역할을 중시할 필요가 있다.

표 8-4 ▮ 조직-고객관계에 대한 여러 분과학의 관점 비교

분과학	관점
경제학	가격 메커니즘에 의한 보이지 않는 손에 의해 조정되는 총수요와 총공급의 교차점
조직론	조직은 고객이 구성원인 환경 상황에 적응하는 개방시스템
마케팅	조직은 고객에 후행적(reactive)으로 반응하지만 마케팅믹스를 통해 능동적으로 영향을 미침
전통적 고객 참여 마케팅	고객은 단순히 수요의 원천이 아니라 정보, 자기 자신 또는 노동의 형태로서 생산의 투입물임
디지털 고객 참여 마케팅	서비스를 제공받기 위한 투입을 초월하여 자신이 원하는 것을 만들어가고 이를 다수의 힘으로 구현시킬 수 있는 적극적 존재

자료 : Larsson and Bowen(1989) 논문을 정리하고 디지털 고객참여 마케팅에 대해서는 저자가 추가함.[20)]

서비스산업에 있어서 고객참여에 대한 연구는 전통적으로 조직론에서 많이 연구되어져 왔는데 여기서 그 중 일부를 간략히 고찰하기로 한다. 고객참여는 생산성을 증대시키는 효과를 가져온다는 전제 하에, 생산 프로세스에 더욱 많은 소비자 관여를 유도할 수 있도록 서비스전달시스템을 설계함으로써 생산성 효과와 고용의 개념에 대한 전환이 필요하다고 주장한 연구가 있다.[21)] 고객은 서비스 산출물 생산에 있어서 중요한 역할을 수행한다고 하면서, 효과적인 '부분 종업원(partial employee)'이 되기 위해서는 서비스 창출과정에서 필요한 지식, 기술 및 성향(dispositions)이 잘 갖춰져 있어야 한다.[22)] 서비스기업의 운영에 있어서 고객참여를 투입 불확실성(input uncertainty) 관점에서 파악하고 이것이 수요의 다양성과 고객의 참여 성향에 기인한다고 논의한 연구가 있다.[23)] 이러한 투입 불확실성은 상호의존성 패턴과 매칭이 되고 다시 이를 해결하기 위한 조정 메커니즘 포트폴리오를 도출하는 체계를 제시하고 있다.

고객이 마케팅 프로세스에 적극적으로 참여함으로써 서비스기업에 투입을 제공하게 되면 서비스기업은 이를 충족시킬 수 있는 서비스 프로세스를 설계하고 고객에게 더욱 더 많은 환류와 투입을 요구하고 참여를 고취시키는 활동을 하게 된다. 이러한 고객의 참여에 대해서는 부정적인 결과를 초래한다는 문제도 있으나 일반적으로 고객의 만족을 증대시키고 기업의 성과를 향상시킨다. 이러한 선순환 시스템이 제대로 작동할 수 있는 기업 내 부조직, 인력, 시스템, 커뮤니케이션 및 조직문화도 중요하다.

서비스 마케팅에서의 고객참여는 제조업에서의 그것과 다르게 명확한 설계가 수반되지 않으면 가치사슬 전반에 무계획적으로 확대되고 문제의 원인이 될 수 있다. 서비스기업은 고객의 참여가 중요하고 필요한 가치사슬의 부분이 어디이고 여기서 어느 정도까지 참여시킬 것인가에 대해서 체계적인 분석을 통한 전략수립과 실천이 요구된다. 막무가내식의 고객참여는 지양하면서 고객참여의 범위와 형태를 어느 정도 명확히 규정하되 신축적으로 대응함으로써 경영활동의 효율성과 효과성을 동시에 제고시킬 필요가 있다. 예를 들어 금융기관은 고객정보를 생명으로 하는 데 고객참여를 빌미로 이에 대한 잘못된 취급이나 관리가 유발되면 매우 큰 위험을 초래할 수 있다.

관계관리 측면에서 기업-고객, 고객-고객, 고객접점 종업원-고객 등 여러 상황에서의 고객참여 모델을 개발하고 이를 기업의 핵심 경쟁우위로 자산화할 가능성을 항상 열어 놓을 필요가 있다. 마케팅활동에서 중요성이 증대해지고 있는 고객관계관리(customer relationship management)를 실현할 수 있는 효율적이면서도 중요한 계기로서 고객참여를 촉진시키고 기업의 통합적 관점에서 고객의 존재를 파악하고 이를 중시할 필요가 있다. 이를 위해서 고객중심적 참여 구조를 설계하고 이를 활용하여야 한다. 참여적 프로세스가 활성화되기 위해서는 고객들이 어떤 과업에 얼마나 참여할 수 있는지 명확히 규정하여야 하고, 효과성만을 추구하는 것이 아니라 효율성과의 균형을 모색하는 전략적 접근이 강조되어야 한다.

4.2 고객참여 기업문화 창달

서비스기업은 고객접점에서 벌어지는 실패를 두려워하지 않는 기업문화를 갖출 필요가 있다. 기업에서 완결적인 서비스를 제공하는 경우보다 고객의 참여도가 높은 경우에는 고객의 태도, 의지, 경험 및 지식 등과 같은 요인으로 인하여 서비스의 품질이 낮아지거나 심지어는 실패할 가능성도 있다. 이러한 문제를 극복하는 것이 고객참여를 활성화하기 위해서 매우 중요한 선결과제라고 할 수 있다.

서비스를 제공받은 후 아무 반응도 없는 고객보다 불평하는 고객이 기업 입장에 있어서 가치가 있고 도움이 되는 고객으로 전환시킬 가능성이 크다고 한다. 이와 마찬가지 논리로 서비스 생산 및 제공 과정에 적극적으로 참여한 고객은 그렇지 않은 고객에 비해서 잘못된 서비스나 결과에 대해서 너그러울 수 있다. 이는 고객참여도가 높은 기업은 서비스 실패가 발생했을 때 이의 원인을 제공 기업보다는 고객 자신의 역량 부족이나 잘못된 참여에 돌리는 경우가 있는데 이는 한편으로는 서비스 실패에 따라 기업이 받게 될 손해를 줄여주고 신속하게 서비스 회복(service recovery)을 할 수 있는 기회를 제공한다. 물론 기업에서 이를 악용하여 책임을 회피하는 것은 지양해야겠지만 고객의 참여를 적극 독려함으로써 위기를 극복하고 새로운 기회로 전환할 수 있는 것이다.

고객참여 활동에 대한 성격을 고려할 때 기업은 실패를 두려워하지 않고 실패 후 이를 신속하게 회복할 수 있는 조직 전체적으로 열린 문화를 가지고 있는 것이 중요하다. 이를 위해서는 조직의 인력, 구조, 제도, 시스템 및 분위기와 관련된 마케팅전략을 실천에 옮기기 위해서 완비되어야 하는 실행 요소들이 잘 설계되고 구축되어 있어야 한다. 예를 들어, 금융서비스를 취급하는 금융기관은 고객에게 촉진적 활동을 다양한 수단을 통해서 제공하게 되는데 고객에게 서비스의 내용이나 가치를 장밋빛으로 알리는 것보다는 미래의 성과가 원하는 대로 잘 나오지 않을 수 있고 이에 대해서 기업과 함께 고객이 적극적인 관심과 조치를 취해야만 한다는 점을 알리고 중시하는 문화를 가지는 것이 중요하다.

아이디어 제안 단계에서부터 서비스 제공이 완수되는 전 과정에서, 고객지향적일 뿐만 아니라 고객참여지향적(customer participation oriented) 접근을 채택할 필요가 있다. 제품과 달리 서비스는 고객이나 고객의 소유물이 서비스 제공과정에서 투입되어야 하고 정확한 정보제공, 서비스 제공기업의 요구조건에 대한 충실한 이행 및 서비스 제공 이후 피드백 제공 등과 같은 기업의 미래 활동에 소중한 자료가 될 수 있는 과정에 고객이 적극 참여할 수 있는 방안을 연구하여야 한다. 형식적인 해피 콜(happy call)이나 만족도 설문조사가 아닌 이를 고객참여의 중요한 수단으로 인식하여 이에 대한 인센티브를 강화하고 다양한 문제해결적 전략방안을 획득할 수 있는 기회로 인식하여야 한다.

서비스기업에서는 고객참여지향적 접근활동에 적극적으로 투자할 수 있는 조직문화를 갖추는 것이 중요하다. 이는 고객관계관리적 접근을 채택하는 기업과 그렇지 않은 기업의 조직문화가 현저하게 다른 것처럼 고객을 최우선시 하고 그들의 참여를 적극 수용하고 활용하는 것이 바람직하다. 고객참여는 매출의 증가를 통한 이익 확대에서만 효과가 나타나는 것이 아니라 고객의 서비스 생산과정에 대한 이해도를 높이고 기업이 원하는 바를 더욱 솔선수범하여 이행함으로써 기업의 원가를 줄이는 역할을 할 수 있으므로 이를 인식하고 사전적이고 적극적으로 노력하는 문화가 요구된다. 이러한 문화 속에서는 고객참여를 경영활동에서 우연적으로 발생하는 사건으로 파악할 것이 아니라 기업이 활용할 수 있는 중요한 전략적 수단으로 간주하여 이를 기업의 사업모델과 함께 기획단계부터 고려하여야 한다.

4.3 디지털환경에서의 고객참여 전략

일반적으로 고객참여는 긍정적인 성과를 가져온다고 알려져 있지만 부정적인 결과를 초래한다는 연구 결과도 있다. 고객참여는 기업의 프로세스에 불확실한 요소일 수 있기 때문에 기업이 이를 잘 다루지 못한다면 오히려 부정적인 성과를 초래할 수 있다고 주장된다.[24] 이를 해결하기 위해서는 고객에게 충분한 혜택이 돌아가도록 하든지, 고객의 역할을 명확하게 부여하든지, 혹은 고객이 자신의 참여에 대해 명확한 지식을 갖도록 하여야 한다고 주장한다. 이러한 오프라인환경에서의 고객참여의 불확실성을 해소시켜 준 것이 인터넷환경의 일반화인데 여기서는 이에 대해 살펴보기로 한다.

인터넷이 보편화되기 이전에는 기업의 가치사슬 중 매우 일부분(특히, 고객접점)에서만 고객참여가 가능하던 것이 이제는 인터넷을 통해 전체 프로세스에 커뮤니티 단위의 참여가 가능해짐으로써 고객에게 충분한 혜택을 제공할 수 있게 되었다. 또한 고객에게 잘 설계된 웹사이트를 제공함으로써 고객의 역할과 참여과정을 보다 효율적으로 알려줄 수도 있게 되었다. 그리고 참여활동이 성공적이기 위해서는 반드시 필요한 기업의 웹사이트, 인터넷 커뮤니티 게시판 등을 통해 충분한 지식 습득이 가능하도록 하는 것도 디지털환경의 도래로 인해 고객참여가 활성화되도록 한 것이다.

이제 인터넷환경이 도입된 이후에 실제 전통적인 마케팅활동이 어떻게 변화되었는가에 대해서 살펴볼 필요가 있다. 인터넷으로 인해 과거에는 분산되어 개별적으로 존재하였던 개별 소비자들이 커뮤니티를 형성하여 의견제시, 공동구매 등과 같은 조직적 행동을 할 수 있게 되었으며 기업은 과거에 개별적으로 상대하던 때에 비해서 훨씬 큰 부담을 안고 대응하여야 한다. 이는 기업의 부담으로만 작용하는 것이 아니라 한꺼번에 다양한 마케팅활동을 전개할 수 있는 기회로 파악하고 접근할 수 있다는 장점도 가지고 있다. 전통적으로는 고객접점에서 기업을 대신하여 서비스접점 요원이 대응하고 그의 경험, 지식에 의존하는 것이 일반적이었다.

그러나 인터넷이라는 새로운 매체가 생기고 최근에는 여기서 스마트폰에 의한 모바일환경이 일반화됨에 따라 고객과의 실시간이면서 장소에 구애를 받지 않은 상호작용이 가능해지고 기업의 모든 부서에서 이에 따른 정보를 이용하여 의사결정을 하고 고객의 니즈를 충족시키기 위해서 노력할 수 있게 되었다. 전통적인 고객참여 마케팅활동과 인터넷환경 도입 이후의 마케팅활동의 차이를 비교하면 [그림 8-1]과 같다.[25)]

그림 8-1 ▮ 인터넷환경 이전 이후의 고객참여 마케팅활동 변화

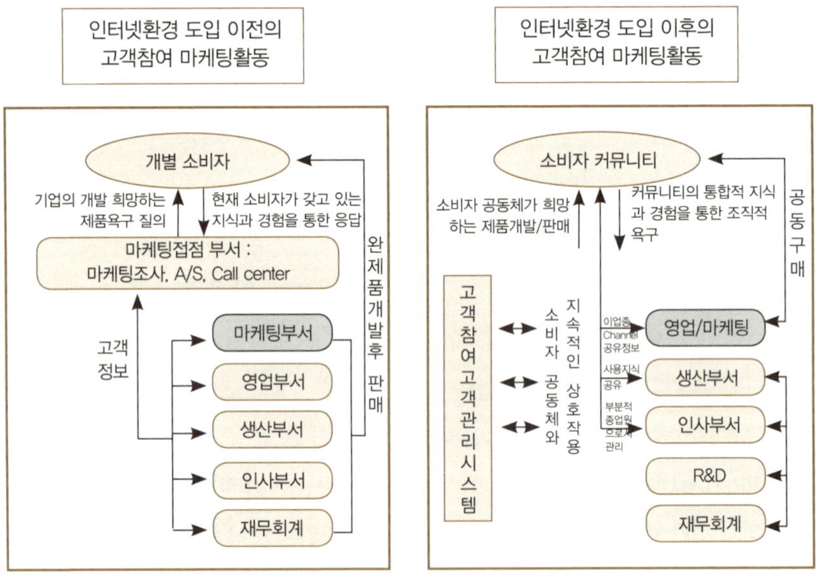

자료 : 주석 25)의 자료를 저자가 수정 · 추가함.

4.4 Mass customization vs. Mass customerization

고객대중화(mass customization)의 문제는 '고객은 동일하지 않다'는 기본 전제하에 고객의 개별적 니즈를 충족시키고자 하는 기업의 노력에서 출발하였다고 할 수 있으며, mass customerization도 이 개념과 큰 궤를 같이 한다고 할 수 있다. 이를 실현가능하도록 만든 것이 IT의 발달이라고 할 수 있는데 전자가 생산관점에서 IT를 활용한 고객욕구충족이라면 후자는 마케팅관점에서의 그것이라고 할 수 있다.[26] Customerization은 고객과의 관계를 재정의하려는 기업의 욕망에서 출발하고 어떤 의미에서는 생산, 물류 및 다른 자원의 일부를 고객에게 할애해주고 그들이 원하는 것을 탐색, 선택, 설계 및 사용할 수 있도록 한다는 점에서 고객의 참여가 결정적 역할을 한다고 할 수 있다.

일 대 일 마케팅이나 개인화 마케팅이 기업이 주도한다고 한다면 customerization은 디지털환경에서 고객이 스스로 원하는 바를 확인하고 정의하도록 하는 구매자중심 마케팅이라고 할 수 있다. 이는 고객의 욕구에 가장 적합한 제품과 서비스를 제공하는 'build-to-order' mass customization process라고 명명된 바 있다(Wind and Rangswamy, 2001). [표 8-5]에서 일 대 일 마케팅, 개인화 마케팅의 핵심 특성을 customerization과 구분하여 정리하기로 한다.

표 8-5 ▮ 일 대 일 마케팅, 개인화 마케팅 및 customerization의 차이 비교

	일 대 일 마케팅	개인화 마케팅	customerization
통제범위	기업/고객	기업	고객
설계에의 고객참여	낮음	낮음	높음
고객에 대한 사전 정보보유	낮음	높음	중간
생산/공급시스템과의 연결	낮음	낮음/중간	높음

고객시스템과의 연결 (특히 B2B)	낮음	중간	높음
주문 후 생산(build to order) 시스템 요구	없음	없음	있음

자료 : Wind and Rangaswamy(2001), *op. cit.*

Mass customerization전략은 실제로 기업이 활용하는 데 있어서 고객으로부터의 정보획득, 제공물을 좋게 하거나 망칠 수 있는 무형적 요소들의 확인, 고객기대 상승에 대한 대응, 과도한 옵션 복잡성의 해소, 고객화된 제공물에 대한 가격설정 이슈, 기업의 사업 및 마케팅전략에 대한 획기적 변화 요구 등과 같은 많은 문제를 야기시킨다.[27] 이러한 문제들은 고객의 만족도를 제고시키기 위해서 선결되어야 할 과제이기는 하지만 비용을 증가시키고 과도한 시간을 소요하게 하여 기존의 대안보다 나쁜 영향을 미칠 수도 있으므로 이의 해결을 위해서는 고객을 참여시키는 것이 중요하다. 이에 대해 고찰하기 위해서 대중마케팅 및 STP(Segmentation-Targeting-Positioning, 세분화-표적화-정위화)를 근간으로 하는 전통적인 마케팅과 새로운 디지털환경에서의 customerization을 기반으로 하는 그것과를 비교해 보기로 한다.

성공적인 mass customerization전략이 달성된다면 고객은 서비스를 제공받기 위해서 서비스 생산 및 전달 과정에 단순히 참여하는 전달자가 아니라 혁신자로서 가치를 창출하는 주체로 파악할 필요가 있다. 이는 전통적으로 기업의 연구개발 활동이 비용과 시간이 많이 들고 그나마 성공확률도 높지 않다는 문제를 안고 있다는 점에서 전향적인 자세로 출발할 필요가 있다. 이에 착안하여 고객을 혁신가(innovators)로 파악하려는 새로운 접근이 시도된 바 있는데, 전통적 접근과 고객을 혁신가(customers-as-innovators)로 보는 접근법의 차이를 보면 [그림 9-2]와 같다.[28]

그림 8-2 ▮ 전통적 접근과 고객-혁신가접근법의 차이

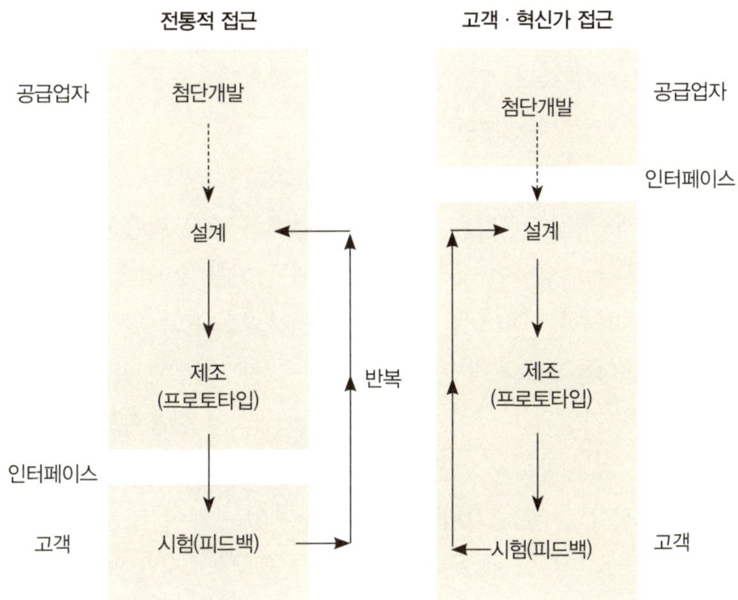

자료 : Thomke and Hippel(2002), *op. cit.*

고객-혁신가접근법(customers-as-innovators approach)으로의 변화는, 기업에 전유적이었던 역량이 장기간의 경쟁우위 원천인 경우에는 예상치 못한 피해를 가져올 수도 있으며, 특히 영업 및 마케팅부서의 저항에도 부딪칠 수 있다. 이는 과거의 제품개발을 위한 아이디어가 사람과 사람 사이의 활발한 접촉(person-to-person contact)에 있다고 생각해 온 사고를 컴퓨터와 컴퓨터 간의 상호작용(computer-to-computer interaction)으로 대체할 수 있게 하는 도구모음(tool kits)의 역할이 크다는 것을 인정하여야 하는 데 있다. 기술지향적인 분야에서 특히 유용하겠지만 이와 같이 도구모음을 활용해서 고객을 혁신가로 전환하는 데는 다음과 같은 다섯 단계가 필요하다고 한다.[29]

① 고객을 위한 사용자 친숙한 도구모음(tool kits) 개발
② 생산 프로세스에 탄력성을 증가시킴
③ 도구모음을 가장 먼저 사용할 고객의 신중한 선정
④ 도구모음의 지속적 개량과 최첨단의 고객욕구충족
⑤ 비즈니스 프로세스 개선

이러한 고객-혁신접근법은 기술지향기업에서 주로 적용되겠지만 서비스기업에서도 잘 수정하여 적용하면 큰 효과를 거둘 수 있을 것이다. 기업이 제공하는 다양한 서비스를 고객은 자신의 필요와 능력에 맞추어 아주 다양하면서 흥미롭고 효과적인 모습으로 사용하는 경우가 있다. 이와 같은 고객의 모습을 기업의 다양한 비즈니스 프로세스에 활용함으로써 고객의 가치를 제고시켜 제공하고 이를 통해 기업에게는 기존시장을 넓히고 새로운 시장을 개척할 수 있는 기회를 제공해줄 수 있는 것이다.

앞으로 고객을 바라볼 때 우리의 수요자나 시장으로서만이 아닌 보다 전향적인 관점에서 공급자이자 기업을 이끄는 리더로서 바라보는 사고의 전환이 필요하다. 고객은 기업의 생산된 제품이나 서비스를 소비하는 고객에 그치기보다는 기업의 생산 및 제공 과정에 적극 관여하는 고객참여자로 전환하고 있음을 지금까지 여러 차례 강조해 왔다. 이제 고객은 기업의 혁신활동을 주도하고 기업을 대신하는 주장자의 역할을 할 지경에 이르고 있다. 고객은 곧 기업활동의 최첨병으로서 혁신자, 주장자 및 주도자의 역할을 할 수 있고 기업으로서는 고객을 내부 구성원으로 인식하고 동류의식을 가질 수 있도록 하는 것이 기업의 핵심 경쟁력이자 역량이라고 할 수 있다. 이는 디지털환경의 도래는 물론 새로운 고객의 출현으로 인해 고객을 보는 기업의 인식 전환이 빠르게 변화하고 있고 이에 맞춰 기업활동과 전략도 수행하여야 함을 의미하는 것이다.

이제 기업은 고객의 만족과 감동에 기초하는 전통적인 전략보다는 고객이 기업의 마케팅 및 경영전략을 이끌어가고 주도하는 시기에 걸맞는 경영

전략 및 시스템 구축과 고객을 바라보는 관점의 재설계가 중요한 과제라는 사실을 염두에 둬야 한다. 지금까지 고찰한 고객참여 중시 마케팅 패러다임 변화에 따른 전통적 접근과 새로운 접근(customerization approach)의 차이를 [표 8-6]에서와 같이 인용할 수 있고 여기에 금융산업에의 적용가능성을 추가적으로 구상해보았다.

표 8-6 ▮ 마케팅 패러다임 변화에 따른 기업의 과제

	구 모델 : 대중 및 세분화 마케팅	신모델 : Customerization	금융산업에의 적용 예
고객과의 관계	교환거래 수동적 참여자로서 고객	적극적 공동생산자	금융상품 제안, 설계
고객니즈	고객이 밝힌 명확한 니즈	명확한 니즈 + 밝히지 못하는 불명확한 니즈를 관찰 및 파악해야 함	고객의 욕구를 정확하게 파악할 수 없는 경우가 많아짐
세분화	대중 시장/표적 시장	고객화된 세분시장/개인적 세분화	VIP고객 중심에서 일반 고객 개인화 마케팅으로 이동함
제품/서비스 마케팅	라인 확장 및 변경	맞춤형 제품, 서비스 및 마케팅	맞춤형 상품 개발 및 출시
신제품 개발	마케팅과 연구개발이 신제품 개발을 촉진	고객과의 상호작용이 중요, 연구개발의 목표는 customerization을 실현할 플랫폼 개발	고객 공모전, 고객의 사용 후기 및 스토리텔링 활용
가격	가격 고정제 및 할인	가격설정의 주도권을 고객이 갖게 됨 예) 가치기반 가격 설정 모델	성과 및 이익에 대한 고객의 보상 결정
커뮤니케이션	광고 및 PR	통합적, 상호작용적 및 고객화된 마케팅 커뮤니케이션, 교육 및 엔터테인먼트	고객의 특성에 따른 개별적 고객관계관리 전략 수행
유통	전통적 소매 및 직접 마케팅	온라인 유통과 제삼자 로지스틱 서비스 보강	비대면, 온라인, 모바일 유통 강화

브랜딩	전통적 브랜딩, 공동브랜딩	브랜드로서 고객 이름 : My Brand 또는 Brand 4 Me	개인별 브랜드 상품 강화
경쟁우위 기반	마케팅 파워	마케팅, 운영, R&D 및 정보를 통합할 수 있는 파트너로서 고객 확보와 마케팅	개별 고객의 요구를 플랫폼을 통해 자산화할 수 있는 역량

자료 : Wind and Rangaswamy(2001)[30]를 기반으로 하여 금융기관의 적용 사례를 저자가 추가함.

참 | 고 | 문 | 헌

1) 신유근(1997), 인간존중의 경영 – 조직행위론적 접근 – , 다산출판사

2) 홍성태(2003), 고객참여의 이론적 고찰과 활용 방안, 사회과학연구, 상명대학교

3) Bendapudi, Neeli and Robert P. Leone(2003), "Psychological Implications of Customer Participation in Co-production", *Journal of Marketing*, 67(January), 14–28.

4) [표 8–1] 참고문헌을 정리함.

–Larsson R., and D. E. Bowen(1989), "Organization and Customer : Managing Design and Coordination of Services", *Academy of Management Review*, 14(2), 213–233.

–Dobholcar, P.(1990), How to improve perceived service quality by improving customer participation, In Dunlap B J, eds. Developments in Marketing Science. Cullowhee", *NC: Academy of Marketing Science*, 483–487.

–Cermak, D. S. P. and K. M. File(1994), "Customer participation in service specification and delivery", *Journal of Applied Business Research*, 10(2), 90–100.

–Zeithaml V. and M. J. Bitner(1996), *Services Marketing*, New York, McGraw-Hill.

–Meuter and Bitner(1998), "Self-Service Technologies: Extending Service Frameworks and Identifying Issues for Research", *American Marketing* Association, 12–19.

–Rodie, A. R. and S. S. Kleine(2000), Customer participation and in services production and delivery, In Swartz T.A. Iacobucci D, Eds. Handbook of Services Marketing and Management, California, Sage Publications, Inc., 111–126.

–Harris, K., R. Harris and S. Baron(2001), Customer Participation in Retail Service : Lessons from Brecht, International *Journal of Retail and Distribution Management*, 29(8), 359-369.

-Wang Haijun(2004), *Would Customer Participation Certainly Cause Customer Satisfaction?*, IEEE.

-Jing, F. J., Y. J. Peng(2005), Customer participation in service and its impact on customer satisfaction: on the perspective of self-service bias, In Jing F. J. eds. Service Marketing on the Background of economic globalization, Beijing, China Financial & economic Publishing House, 383-388.

5) Hubbert, A. R.(1995), Customer Co-creation of Service Outcomes: Effects of Locus of Causality Attributions, Unpublished doctoral dissertation, Arizona State University.

6) 서문식 · 안진우(2008), 서비스 산업에서의 고객참여 측정도구 개발 : PARTICQUAL, 마케팅연구, 23(4), December, 105-135.

7) Gao, Fang and Quanhong Liu(2008), Customer Participation in the Service Industry: A Theoretical Discussion and its Application, IEEEXPLORE.

8) Kelly, S., J. Donnelley, and S. Skinner(1990), Customer participation in service production and delivery, *Journal of Retailing*, 66(3), 315-335.

9) Festinger, L. and J. M. Carlsmith(1959), Cognitive Consequences of Forced Compliance, *Journal of Abnormal and Social Psychology*, 58, 203-210.

Wang(2009), *op. cit.*

10) Higgins, E. T.(1997), *Beyond pleasure and pain. American Psychologist*, 52, 1280-1300.

Higgins, E. Tory(1987), Self-Discrepancy: A Theory Relating Self and Affect, *Psychological Review* 94(3), 319-340.

Avenet, T. and E. T. Higgins(2006), Response to comments on how regulatory fit affects value in consumer choices and opinions, *Journal of Marketing Research*, 43, 24-27.

11) Gao and Liu(2008), *op. cit.*

Wang, Haijun(2009), *op. cit.*

12) 서문식 · 안진우(2008), *op. cit.*

13) [표 8-2]의 참고문헌을 정리함.

-Bateson, J. E. G.(1985), Self-service consumer: an exploratory study, *Journal of Retaling*, 61(3), 49-76.

-Mills, P. K. and J. H. Morris(1986), Clients as 'partial' employees of service organizations: role development in client participation, *Academy of Management Review*, 11(4), 726-735.

-Silpakit, P. and R. P. Fisk(1985), 'Participating' the service encounter: a theoretical framework, In Block T. M., Upah G. D., Zeithaml V. A., eds. Service Marketing in a Changing Environment. *Chicago: American Marketing Associations*, IL, 117-121.

-Kelly, Scott W., James H. Donnelly, Jr. and Steven J. Skinner(1990), "Customer Participation in Service Production and Delivery," *Journal of Retailing*, 66(Fall), 315-335.

-Reicheld, F. F. and W. E. Sasser, Jr.(1990), Zero defection: quality comes to services, *Harvard Business Review*, 68(5), 105-111.

-Dobholcar, P.(1990), How to improve perceived service quality by improving customer participation, In Dunlap B. J., eds. Developments in Marketing Science. Cullowhee, *NC: Academy of Marketing Science*, 483-487.

-Cermak, D. S. P. and K. M. File(1994), Customer participation in service specification and delivery, *Journal of Applied Business Research*, 10(2), 90-100.

-Ennew, C. T. and M. R. Binks(1999), Impact of Participative Service Relationships on Quality, Satisfaction and Retention: An Exploratory Study, Journal of Business research, 46, 121-132.

-Sierra, J. J. and S. McQuitty(2005), Service Providers and Customers: Social Exchange Theory and Service Loyalty, *Journal of Services Marketing*, 19(6), 392-400.

-서문식 · 안진우(2008), *op. cit.*

14) 최윤기 · 한장희 · 최지호 · 김세윤 · 서동근(2011), 서비스 접점에서 고객참여와 고객만족간의 관계, 대한경영학회지, 제24권 제4호(통권 76호), 8월

15) Gao and Liu(2008)에서 재인용

16) Zeithaml, V. A.(1981), Zeithaml, V. A.(1981), How consumer evaluation process differ between goods and services. In J. H. Donnelly & W. R. George (Eds.), *Marketing of services*. Chicago: American Marketing Association

17) Ennew, C. T. and M. R. Binks(1999), Impact of Participative Service Relationships on Quality, Satisfaction and Retention: An Exploratory Study, *Journal of Business Research*, 46, 121–132.

18) 서문식 · 안진우 · 노태석(2010), 서비스 접점에서의 고객참여, 그 자발적 결정 요인과 서비스 품질에의 영향 : 자기결정성 이론을 중심으로, 소비문화연구, 제13권 제2호, 6월, 61–94.

19) 양석준(2005), 디지털 환경에서의 Reverse Marketing 에 관한 연구 – 소비경험정보와 제품속성정보에 대한 고객의 정보 참여를 중심으로 – , 서울대학교 경영학박사학위논문, 2004년 12월

–Lovelock, Christopher H. and Robert F. Young(1979), Look to Consumers to Increase Productivity, *Harvard Business Review*, 57(May–June), 168–178.

–Fitzsimmons, James A.(1985), Consumer Participation and Productivity in Service Operations, Interfaces, 15(3), 60–67.

–Mills, P. K. and J. H. Morris(1986), Clients as 'partial' employees of service organizations: role development in client participation, *Academy of Management Review*, 11(4), 726–735.

–Mills, Peter K., Richard B. Chase and Newton Margulies(1983), Motivating the Client/Employee System as a Service Production Strategy, *Academy of Management Review*, 8(2), 301–310.

–Bendapudi and Leone(2003), *op. cit*.

–Bowen, D. E.(1986), Managing customers as human resources in service organizations, *Human Resource Management*, 25(3), 371–383.

–Bowen, D. E. and G. R. Jones(1986), Transaction Cost Analysis of Service Organization – Customer Exchange, *Academy of Management Review*, 11(2), 428–441.

–Kelly, S., J. Donnelley, and S. Skinner(1990), Customer participation in service production and delivery, Journal of Retailing, 66(3), 315–335.

-Larsson, R. and D. E. Bowen(1989), Organization and Customer : Managing Design and Coordination of Services, *Academy of Management Review*, 14(2), 213-233.

-Song, Jae H. and Carl R. Adams(1993), Differentiation through Customer Involvement in Production or Delivery, *Journal of Consumer Marketing*, 10(2), 4-12.

-임종원 · 이동일(1999), 디지털 시대의 정보중간상, 서울대학교 경영대학 전자상거래 지원센터, 전자상거래 교재 개발 시리즈

-Holland, J. and S. M. Baker(2001), Customer Participation in Creating Site Brand Loyalty, *Journal of Interactive Marketing*, Volume 15, 4, Autumn, 34-45.

-송창석 · 신종칠(1999), 인터넷상의 상호작용성 제고방안에 관한 연구, 마케팅연구, 14(3).

-Wind, Jerrry and Arvind Rangaswamy(2001), Customerization: The Next Revolution in Mass Customization, *Journal of Interactive Marketing*, 15(1)(Winter), ABI/INFORM Global, 13-32.

-양석준(2005), 전게서

-양석준 · 송상연(2007), 인터넷 환경에서 기업 생산성 향상을 위한 고객참여의 방향성 관리 방안에 관한 연구, 생산성논집, 제21권 제4호, 통권 제51호, 12월, 55-77.

20) Larsson, R. and D. E. Bowen(1989), Organization and Customer : Managing Design and Coordination of Services, *Academy of Management Review*, 14(2), 213-233.

21) Fitzsimmons, James A.(1985), Consumer Participation and Productivity in Service Operations, Interfaces, 15(3), 60-67.

22) Mills, P. K. and J. H. Morris(1986), Clients as 'partial' employees of service organizations: role development in client participation, *Academy of Management Review*, 11(4), 726-735.

23) Larsson and Bowen(1989), *op. cit.*

24) Bowen and Jones(1986), *op. cit.*

-Larsson and Bowen(1989), *op. cit.*

-Bendapudi and Leone(2003), *op. cit.*

25) 양석준 · 이은영(2005), 인터넷 환경에서 고객참여의 전략적 활용에 관한 연구, 산학경영연구, 제18권 제1호, 4월, 81-108.
26) Wind and Rangaswamy(2001), *op. cit.*
27) Wind and Rangaswamy(2001), *op. cit.*
28) Thomke, Stefan and Eric von Hippel(2002), Customers as Innovators A New Way to Create Value, Harvard Business Review, April, 74-81.
29) Thomke and Hippel(2002), *op. cit.*
30) Wind and Rangaswamy(2001), *op. cit.*

▪ 찾 아 보 기 ▪

{ ㅇ }

{ ㅈ }

저/자/약/력

최창복 박사는 현재 한국은행 국장급(1급)으로 금융감독원에 파견근무 중이다. 한국은행 총무국, 금융안정분석국, 국제국, 경제통계국 등에서 근무하였으며 한국금융연수원 교수를 지낸 바 있다. 한양대학교 경영학과를 졸업하고 서강대학교에서 경영학석사학위, 강원대학교에서 경영학박사학위를 취득하였으며 University of Washington Business School VEP를 이수하였다. 주요 논문으로 "은행고객의 금융민감도를 반영한 서비스품질-고객만족-고객충성도 구조에 관한 연구" (박사학위 논문 2009년), "은행서비스에서 고객지향성, 금리민감도, 고객애호도의 구조에 관한 연구 : 예금이자율과 대출이자율의 조절효과" –공저(마케팅연구 2010년) 등이 있다.
은행분석업무 경력과 국제재무위험관리사(FRM) 자격 등을 보유하고 있어 금융업을 중심으로 한 서비스산업에서 마케팅을 보다 효과적으로 활용하는 방안을 마련하는 데 주로 관심을 갖고 있다.

홍성태 교수는 현재 상명대학교 경영대학 국제통상학과 교수로 재직하고 있다. 그는 서울대학교 경영대학을 졸업하고 동대학 대학원에서 경영학 석사 학위를 받았으며 한국은행과 KT(구 한국통신) 경영연구소에서 근무한 바 있다. 서울대학교 대학원 경영학과에서 마케팅 전공으로 경영학 박사 학위를 받았으며 박사과정 수료 후 미국 Carnegie Mellon University에서 Visiting Researcher로 1년간 연구하였다. 1998년 3월부터 상명대학교 국제통상학과에서 마케팅, 국제마케팅, 인터넷 마케팅 등을 강의하고 있다. 〈Information and Management〉, 마케팅연구, 마케팅 저널, 국제경영연구, 국제경영관리연구, 생산성논집, 한국항공경영학회지 등 국내 외 학술지에 다수의 논문을 발표한 바 있다. 주된 관심 분야는 정보기술이 기업의 마케팅 활동에 미치는 영향, 정보기술이 국제화 및 국제마케팅에 미치는 영향, 신제품 수용에 대한 국가별 비교 연구 등이고 산업별로는 정보통신 분야, IT 분야 및 항공, 금융 등 서비스 산업 분야에 대한 연구에 흥미를 갖고 있다.

고객중시마케팅

2012년 12월 25일 1판 1쇄 인쇄
2012년 12월 28일 1판 1쇄 발행

저　자 최창복 · 홍성태
발행인 이수영
발행처 도서출판 청람

㊗ 121-811
서울시 마포구 독막로 288(대흥동, 세양상가 109호)
TEL : 02)3272-2601(대)~2　FAX : 02)3272~2603
E-mail : crbooks@hanmail.net
http://www.crbooks.co.kr

등록 : 2000. 8. 26 제6-0509호

ISBN 978-89-5972-302-7 93320　[정가 19,000원]